„In höchster Berliner Eile…“

„In höchster Berliner Eile…“

Gerhart Hauptmann – Ivo Hauptmann

Briefwechsel

Herausgegeben von Harriet Hauptmann und Stefan Rohlfs

vbb verlag für berlin-brandenburg

Gefördert aus Mitteln des Landes Brandenburg und des Landkreises Oder-Spree

LAND
BRANDENBURG

Landkreis
Oder-Spree

1. Auflage 2012

Binzstraße 19, D–13189 Berlin
www.verlagberlinbrandenburg.de

Lektorat: Sarah-Christin König, Jan Behrs
Satz und Gestaltung: Florian Behr, Berlin
Umschlag: Pina Lewandowsky, Berlin
Druck: Druckhaus Nomos, Sinzheim
Bindung: Josef Spinner Großbuchbinderei, Ottersweier
Printed in Germany

ISBN 978-3-942476-32-4

Inhalt

GERHART HAUPTMANN
zum 150. Geburtstag am 15. November 2012

In memoriam
OTTO BLUMENFELD
Er musste 1938, im letzten Moment, nach England emigrieren,
der beste Freund und großherzige Förderer Ivo Hauptmanns.

Vorwort

Die Herausgabe des Briefwechsels zwischen Gerhart und Ivo Hauptmann ist ein Beitrag zum Jubiläumsjahr 2012 von Seiten des Ivo-Hauptmann-Archivs und des Gerhart-Hauptmann-Museums Erkner. Damit werden der 150. Geburtstag des Dichters Gerhart Hauptmann sowie der 100. Jahrestag der Nobelpreisverleihung gewürdigt.

Der Briefwechsel zwischen Gerhart und Ivo Hauptmann, also zwischen Vater und Sohn, zwischen Dichter und Maler, offenbart ein sehr ambivalentes Verhältnis und zeigt eine Beziehung voller Zuneigung und Empathie. Die Korrespondenz kann nur in Teilen wiedergegeben werden. Zum einen soll die Auswahl den Fokus auf die künstlerische Beziehung setzen, deshalb sind einzelne Briefe und Postkarten mit ausschließlich familiären Äußerungen und Informationen weggelassen worden. Zum anderen ist ein Großteil der Briefe, die im Laufe von über 50 Jahren von beiden Seiten geschrieben wurden, durch verschiedene Umstände nicht mehr erhalten. Bezugnahmen und Antworten auf Schreiben sind im Briefwechsel häufig nicht zu finden, da sich Gerhart und Ivo Hauptmann oft per Telefon oder im persönlichen Gespräch verständigten.

Ivo stand als ältester Sohn Gerhart Hauptmanns seinem Vater von allen Geschwistern vielleicht am nächsten. Die Hinwendung zur Kunst und deren Ausübung war ein wichtiges Bindeglied in der Vater-Sohn-Beziehung und förderte ihr Verhältnis zueinander. Die Kunst war für sie ein Verständigungsmittel, auch wenn sie auf verschiedenen Gebieten tätig waren.

Ivo stand anfangs im Schatten seines Vaters, von dem er sich befreien wollte und musste. Und doch hat er seinen Vater liebevoll verehrt, wenn auch kritisch betrachtet. Für Ivo war es ein schwerer Weg, sich zu emanzipieren und ein geistig und künstlerisch unabhängiger Künstler zu werden.

Der frühe Beginn des Briefwechsels zwischen dem erst neunjährigen Ivo mit seinem Vater ist auf die schwierige familiäre Situation der Hauptmanns zurückzuführen. In der Schreiberhauer Zeit, also in den frühen 1890er-Jahren, kam es zur Ehekrise zwischen Marie, Ivos Mutter, und Gerhart Hauptmann. Diese blieb nicht ohne Auswirkungen auf die Kinder. Ivo berichtete, dass er an Alpträumen litt, die Mutter zu verlieren. Der Grund: Gerhart Hauptmann hatte sich nach der Premiere des Bühnenstücks *Hannele* (später *Hanneles Himmelfahrt)* in Berlin 1893 näher mit der Schwester des Komponisten Max Marschalk, Margarete, befreundet. Marie beriet sich mit den Schwestern und zog energische Konsequenzen. Im selben Jahr reiste sie mit ihren Söhnen über Hamburg nach New York und von dort nach Meriden/Connecticut zu den Freunden Paula und Dr. Alfred Ploetz, die dort eine Praxis betrieben. Marie informierte ihren Ehemann brieflich und stellte ihm frei, seiner Familie zu folgen. Gerhart fuhr mit dem nächsten Dampfer hinterher. Hauptmanns verbrachten vier Monate in Meriden. Die Kinder besuchten die Schule. Für die drei Söhne war es die letzte längere Phase des friedlichen Zusammenlebens mit den Eltern. Nach Schreiberhau zurückgekehrt verließ Hauptmann schnell das ihn einengende und belastende Familienleben und reiste nach Berlin zu Margarete.

Lange blieb die Situation ungeklärt. Marie zog mit ihren Söhnen nach Dresden, um ihnen den Besuch des Gymnasiums zu ermöglichen. Gerhart siedelte nach Berlin über und pendelte nach Dresden, um die Kinder zu sehen. Der Wohnsitz in Schreiberhau wurde bis 1904 beibehalten; in diesem Jahr ließ Hauptmann in Dresden-Blasewitz ein Haus für die Familie bauen, in dem auch Räume für ihn selbst vorgesehen waren. Er nutzte sie in den folgenden Jahren jedoch immer seltener. 1901 hatte Gerhart Hauptmann für sich und Margarete Marschalk das Haus Wiesenstein in Agnetendorf errichten lassen, das er im selben Jahr bezog. Ivo verbrachte mit ihm dort die ersten sechs Wochen.

Marie Hauptmanns Hoffnungen auf eine Wiederbelebung der Ehe erfüllten sich nicht, sie willigte 1904 resigniert in die Scheidung ein. Der Schmerz und die Trauer um die verlorene Liebe blieben den Söhnen nicht verborgen. Auch sie hatten unter der Situation sehr gelitten. Ivo besuchte in dieser Zeit die Dresdner Kreuzschule. Er wurde als intelligent eingeschätzt, trotzdem blieb er zweimal sitzen, was wohl als Folge der Zerrissenheit seiner Gefühle gewertet werden kann.[1]

Ivo Hauptmann interessierte sich schon seit frühester Kindheit für die bildende Kunst und begann sehr früh zu zeichnen. Er zeigte sich

1 Vgl. Harriet Hauptmann: Ivo Hauptmann, in: Carl-und-Gerhart-Hauptmann-Jahrbuch, Jg. 5 (2010), S. 195–224, hier S. 195ff.

fleißig und war talentiert. Früh zeigte sich der Wunsch, Maler zu werden. Die Eltern gingen darauf ein und unterstützten ihn auf vielfältige Weise. Zudem wuchs Ivo sowohl bei der Mutter als auch beim Vater in einem durch Künstler geprägten Umfeld auf. „Marie Hauptmanns Bereitschaft, Otto Mueller[2] und seine Freunde jederzeit in ihrem Heim willkommen zu heißen, sorgte für eine durch Kunst bereicherte, lebendige Atmosphäre in dem Haus in der Hochuferstraße. Ivo Hauptmann bewunderte die Künstler, welche er kennenlernte".[3]

Gerhart Hauptmann zeigte sich an der künstlerischen Entwicklung seines Sohnes interessiert und bemühte sich um bestmögliche Förderung. Ivo legte ihm häufig kleinere Arbeiten vor und besprach mit ihm seine technischen Fortschritte. Der Vater legte sie beispielsweise dem Freund und Maler Ludwig von Hofmann vor und erbat ein Urteil von ihm.

Im Haus Wiesenstein richtete er seinem Sohn ein eigenes Atelier ein, und Ivo verbrachte viel Zeit beim Vater in Agnetendorf. So hatte Gerhart Hauptmann die Möglichkeit, die frühen Arbeiten seines Sohnes mitzuerleben und zu beeinflussen. „Er erteilte Ratschläge, arrangierte Stilleben, die Ivo malen sollte [...] und regte ihn zum Kopieren von Gemälden an. Später nahm Ivo Hauptmann auch an Porträtsitzungen Gerhart Hauptmanns teil und studierte im Kreise verschiedener Künstler die väterliche Mimik und Statur".[4] Häufig wurde der Sohn vom Vater nach Italien eingeladen, um auch hier zu arbeiten.

Die Kunst und die Gespräche über Kunst waren ein wichtiges Bindeglied zwischen Vater und Sohn. Ivo genoss die Aufmerksamkeit des Vaters, Gerhart empfand die Gegenwart seines erwachsen werdenden Sohnes als „tröstlich".[5] Seine prominente Stellung als Dichter, seine Kontakte zur Kunstszene und seine finanziellen Mittel ermöglichten ihm das in hohem Maß.

2 Otto Mueller (1874–1930). Lithograph, Maler des Expressionismus. Gerhart Hauptmanns Cousin.

3 Elisabeth Südkamp: Ivo Hauptmanns frühe und neo-impressionistische Werke, Phil. Diss. Kiel 1994, Bd. 1, S. 17.

4 Ebenda, S. 18.

5 Gerhart Hauptmann: Tagebücher 1897–1905, Hg. von Martin Machatzke, Frankfurt a. M., Berlin 1987, S. 323.

Gerharts Wunsch, Ivo frühzeitig zu fördern, beruhte auch darauf, dass er eigene Erfahrungen als bildender Künstler hatte und seinerzeit kaum Zuspruch und Anerkennung gefunden hatte. Als junger Mann hatte er lange geglaubt, dass die bildende Kunst auch seine Begabung, sein Talent und seine Berufung sei. Er hatte sich mit mäßigem Erfolg um eine Ausbildung als Bildhauer bemüht, in Breslau, in Dresden und in Rom. In seiner Autobiografie heißt es später: „Es war gewiss der Dichter in mir, dem ich einen so hohen Begriff von bildender Kunst verdanke."[6] Die besondere Beziehung, die Gerhart Hauptmann lebenslang mit seinem ältesten Sohn Ivo verband, war davon geprägt, dass Ivo verwirklichte, wovon der Dichter in seiner Jugend geträumt hatte: Maler und Bildhauer zu werden.[7]

Über diese grundsätzliche Verbundenheit hinaus ist dem Briefwechsel zu entnehmen, dass der Austausch zwischen Vater und Sohn auch durch das Aufsuchen gemeinsamer Orte geprägt ist. Das gilt besonders für die Insel Hiddensee, die Gerhart 1895, Ivo 1900 zum ersten Mal besuchte. Die Naturlandschaft der Insel war damals nahezu unberührt, und sie führte beide zu einer lebenslangen Liebe zu Insel und Meer. Während sich beim Vater die Faszination vorrangig in der Lyrik widerspiegelt, so zeigt sie sich beim Sohn in Aquarellen, Pastellen und Ölbildern.[8]

Ein Jahr nach der ersten gemeinsamen Hiddenseereise versuchte Ivo, seinen Vater von seiner künstlerischen Begabung zu überzeugen: „Ich hatte dem Vater ein Selbstporträt mitgebracht, das ich mit großer Sorgfalt hergestellt hatte. Eine Rötelzeichnung lag dem etwas unterlebensgroßen Bild zugrunde. Mit Pastellstiften hatte ich mehrere Farben angebracht, ein blaugrüner Hintergrund, angeregt durch Holbein in der Dresdener Galerie, schloß das kleine Bild ab. Auf dem Kopf ein großer, grauer Malerhut, den mir mein Vater in Berlin gekauft hatte, als ich mit ihm zusammen war, der auf dem Bild ein zinnoberrotes

6 Gerhart Hauptmann: Das Abenteuer meiner Jugend. In: Ders.: Sämtliche Werke. Centenar-Ausgabe, Bd. VII: Autobiographisches, Frankfurt a. M., Berlin 1962, S. 779.

7 Vgl. Sonja Kühne, Harriet Hauptmann: Nachwort. In: Lasst uns etwas Stilles lieben. Gedichte von Gerhart Hauptmann, Pastelle von Ivo Hauptmann. Fischerhude 1996, S. 35–46.

8 Vgl. ebenda, S. 38.

Band trug. Die Kleidung war erfunden. Ich hatte mir einen schmalen alten Blaufuchskragen meiner Mutter um den Hals gelegt, der auf einem schwarzen Gewand saß. Vater war ganz außer sich vor Begeisterung. Das Bildchen war unter Glas und bekam von ihm auf den goldenen Rahmen geschrieben den Namen ‚Fromme Einfalt'. Es hing seitdem im Arbeitszimmer auf einer rauhen getäfelten Wand und war das erste von ungefähr 30 Bildern, die später im Wiesenstein von mir hängen sollten."[9]

Ivo konnte sich von nun an der weiteren Unterstützung des Vaters sicher sein. Gerhart Hauptmann sorgte für die Ausbildung des Sohnes, wählte für ihn Lehrer aus und verfolgte seine künstlerische Entwicklung mit großem Interesse.

In Paris besuchte Ivo Hauptmann die Akademie Julian. Damit hatte er die Gelegenheit, in der französischen Metropole Ausstellungen, Museen und Ateliers zu besuchen. Die Arbeiten des Malers Claude Monet hinterließen bei ihm einen besonders nachhaltigen Eindruck. Aus der Schule von Pont-Aven lernte er Künstler wie Vuillard und Denis kennen, die gemeinsam mit Paul Gauguin in der Bretagne gearbeitet hatten. Sie beeinflussten ihn später in der Pastellmalerei. Damit nahm der angehende Künstler Anregungen auf, die für die moderne Malerei wegweisend waren.[10]

Nach seinem Parisaufenthalt kehrte Ivo Hauptmann nach Agnetendorf zurück, wo er unter Anleitung des Vaters sein erstes Stillleben in Öl schuf. Gerhart fand Freude daran. Er selbst hatte im Laufe der Zeit Porträtbüsten des Schriftstellers Bernhard Wilm-Saalberg,[11] des Skulpteurs Klein, seines Sohns Benvenuto und seines Enkels Arne geformt. In seinen Diarien[12] sind über hundert Bleistift- und Federzeichnungen zu finden, es sind meist originelle Skizzen und Karikaturen. Es mag Hauptmann wohl Spaß gemacht haben, den Sohn kunstverständig zu belehren und anzuregen, was Ivo stets anerkannte.

9 Ivo Hauptmann: Bilder und Erinnerungen, Hamburg 1976, S. 22f. Dieses von Ivo Hauptmann beschriebene Selbstporträt befindet sich in Privatbesitz, heute als Leihgabe im Gerhart-Hauptmann-Museum Erkner. Siehe Abbildung 12.

10 Vgl. Sonja Kühne, Harriet Hauptmann: Nachwort, S. 39f.

11 Die Skulptur befindet sich im Gerhart-Hauptmann-Museum Erkner.

12 Staatsbibliothek zu Berlin, Preußischer Kulturbesitz.

In Berlin machte Ivo Hauptmann auf Anraten des Vaters einen Vorbereitungskurs in der Malschule Lewin-Funcke, wo Lovis Corinth seine Arbeiten begutachtete und korrigierte. Seine eigentliche Grundausbildung erhielt er ab 1905 in Weimar bei Ludwig von Hofmann, dem Freund seines Vaters, bei dem er 1907 Meisterschüler wurde.

Gemeinsam mit von Hofmann unternahmen Vater und Sohn 1907 eine Reise nach Griechenland. Währen Ivo das Atmosphärische der eher kargen griechischen Landschaft einzufangen suchte, versenkte sich Gerhart Hauptmann in die Welt der griechischen Mythologie.[13] Ivo berichtet von der Reise: „Hofmann und ich unternahmen eine Reise mit einem Dolmetscher, nachdem die beiden Maler auf dem Panteon in Athen in der Umgebung des Phaleron, wo in den weißen Felsenbuchten Wäscherinnen wuschen und farbige Boote in grün, gelb, rot und blau herumlagen hinter roten Netzen, Pastelle gemacht hatten."[14] Wie auf Hiddensee stellte sich hier noch einmal eine künstlerische Gemeinschaft zwischen Dichter und Maler her. Gerhart Hauptmann schrieb seinen *Griechischen Frühling,* Ivo Hauptmann fertigte eindrucksvolle Pastelle.[15]

Des Sommers trafen sich Vater und Sohn an der Ost- oder Nordsee, in Hamburg, auf der Insel Sylt und regelmäßig auf der Ostseeinsel Hiddensee, deren herbe Schönheit Gerhart Hauptmann so sehr liebte, dass er 1930 in Kloster das Haus Seedorn als zweiten Wohnsitz erwarb. Regelmäßig kam Ivo ins wildromantische Agnetendorf im Riesengebirge. „Das alpin anmutende Bergpanorama ist Ivo Hauptmann ein vertrauter Anblick seit seinen Kindertagen in der nahegelegenen Künstlerkolonie Schreiberhau [...]. Gern hätte es der Dichter später gesehen, wenn sich der Sohn ebenfalls im Riesengebirge angesiedelt hätte. Das angespannte Verhältnis zwischen Margarete Hauptmann und den Söhnen aus erster Ehe macht dies jedoch unmöglich."[16] In seinen persönlichen Aufzeichnungen und Notizen[17] äußerte sich Ivo

13 Zitiert nach: Johanna Brade, Harriet Hauptmann: Ivo Hauptmann – Lebensschauplätze, in Poetische Orte. Bilder und Texte von Ivo und Gerhart Hauptmann, Görlitz 2012, S. 44.

14 Ivo Hauptmann: Bilder und Erinnerungen, S. 37.

15 Vgl. Sonja Kühne, Harriet Hauptmann: Nachwort, S. 40.

16 Johanna Brade, Harriet Hauptmann: Ivo Hauptmann, S. 44.

17 Ivo-Hauptmann-Archiv im Gerhart-Hauptmann-Museum Erkner.

Hauptmann mehrfach über das sich abkühlende Verhältnis zu Margarete Hauptmann, die ihn immer wieder brüskierte.

1909, nach Abschluss seiner Weimarer Ausbildung, ging Ivo wieder nach Paris, wo er bis 1912 lebte. Zunächst studierte er in der Akademie Ranson, dann arbeitete er als freier Maler. Ivo Hauptmann versuchte sich in dieser Zeit in vielen Techniken und Stilen. Seine künstlerische Entwicklung führte ihn von der Pastell- zur Aquarellmalerei, die einen freieren Umgang mit Farben ermöglichte. Er vertiefte seine Bekanntschaften mit Bonnard, Denis und Vuillard. Ebenso mit Paul Signac, mit dem ihn eine lebenslange Freundschaft verband. Diese Kontakte bestärkten ihn darin, die neoimpressionistische oder pointilistische Malweise zu perfektionieren. Der Vater lehnte diesen Stil ab und legte Ivo nahe, „wie Franz Hals zu malen."[18]

Gerhart Hauptmann pflegte zunehmend seine Freundschaften zu Malern, darunter Otto Mueller, Ludwig von Hofmann, Walter Leistikow, Leo von König, Max Klinger, Emil Orlik und Josef Block. Sogar Lovis Corinth und Max Liebermann haben ihn porträtiert. Vieles aus diesen Freundschaften findet sich in einigen seiner Dramen wieder. So schuf er mit *College Crampton*, *Michael Kramer* oder *Gabriel Schillings Flucht* eindrucksvolle Künstlerfiguren, die Züge seiner Malerfreunde trugen, und setzte sich immer wieder mit der Thematik der bildenden Kunst beziehungsweise mit künstlerischen Schaffensproblemen auseinander.

Das Jahr 1914 war für die Hauptmanns in mehrfacher Hinsicht einschneidend: Im Oktober starb völlig überraschend Ivos Mutter Marie wenige Tage vor der Geburt seines ersten Kindes. Seine Brüder Eckart und Klaus wurden zum Kriegsdienst eingezogen, und 1915 erhielt auch Ivo seine Einberufung. Bei Vater und Sohn zeigt sich eine unterschiedliche Einstellung zum Ersten Weltkrieg: Während Gerhart seine Söhne gerne im „graue[n] Ehrenkleid" sah,[19] hatte Ivo schon 1909 versucht, sich ausmustern zu lassen;[20] seine wenigen erhaltenen Briefe aus dem Feld sind von Resignation geprägt.

18 Ivo Hauptmann: Bilder und Erinnerungen, S. 51.

19 Brief GH an IH, 3. Juni 1915.

20 Vgl. den Brief GH an IH, 28. Juni 1909.

In den Jahren der Weimarer Republik avancierte Gerhart Hauptmann zum wichtigsten Repräsentanten der deutschen Literatur. Die Jahre der Unsicherheit, die Zeit, in der er und sein Werk im Zentrum literarischer Auseinandersetzungen standen, lagen längst hinter ihm. Bereits 1909 war er mit der Ehrendoktorwürde der Universität Leipzig ausgezeichnet worden; 1912 hatte er den Nobelpreis für Literatur erhalten. Sein Interesse und seine Liebe zur bildenden Kunst bewahrte er sich ein Leben lang. Zeitweise wendete er sich wieder künstlerischen Versuchen zu.[21] Die Zwanzigerjahre mit ihrer Vielfalt in Kunst und Wissenschaft auf der einen und den politischen und wirtschaftlichen Krisen auf der anderen Seite erlebte Ivo Hauptmann als Motivation, seine künstlerische Arbeit voranzutreiben.

Die Machtübernahme der Nationalsozialisten 1933 brachte einen tiefen Einschnitt in Gerhart Hauptmanns Leben. Mit seiner Entscheidung, in Deutschland zu bleiben, erlebte er zunehmende Entfremdung und Vereinsamung. Viele seiner Freunde und Bekannten waren gestorben, hatten Deutschland verlassen oder distanzierten sich von ihm. Ivo Hauptmann überstand diese Zeit unter schwierigen Bedingungen. Ausstellungsmöglichkeiten gab es kaum noch. Jüdische Freunde verschwanden aus seinem Leben. Er verlor seinen Arbeitsplatz. Eine direkte Auseinandersetzung mit dem Nationalsozialismus findet im Briefwechsel nicht statt. Es ist zu vermuten, dass Gerhart und Ivo es vorzogen, dieses heikle Thema in persönlichen Gesprächen zu diskutieren.

Eine wichtige Rolle in der Korrespondenz spielt das Thema des Geldes. Vom Verkauf seiner Bilder konnte Ivo lange nicht leben. 1912, nach der Eheschließung mit der Textilkünstlerin Erica von Scheel, erklärten sich die Eltern bereit, mit einer Summe zum Lebensunterhalt beizutragen. Nach dem Ersten Weltkrieg hatte sich die finanzielle Situation für Ivo weiter verschlechtert: Er klagte über Armut und bat den Vater um höhere Zulagen, die dieser ihm 1922 gewährte. Gleichzeitig schrieb Ivo ihm von der Idee, „kaufmännisch tätig zu sein,“[22] und nahm nach schwerem Ringen das Angebot des Hamburger Freundes Otto Blumenfeld an, bei diesem in der Bd. Blumen-

21 Vgl. Sonja Kühne, Harriet Hauptmann: Nachwort, S. 43f.

22 Brief IH an GH, 20. Mai 1921.

feld GmbH Reederei und Kohlehandel zu arbeiten. Allerdings litt er unter dieser Tätigkeit, da sie sein künstlerisches Schaffen stark einschränkte. Ivo erinnerte sich im Alter, dass über weitere finanzielle Zuwendungen nicht mehr gesprochen wurde, und dass der Vater auf solche Bitten sehr abweisend und moralpädagogisch reagieren konnte. Er empfand es auch als zynisch, dass der Vater ihm den Stoiker Mark Aurel zur Lektüre empfahl.[23]

Ivo wurde immer unzufriedener mit der angeblich mangelnden Freigiebigkeit des Vaters. Es war offensichtlich, dass der Halbbruder Benvenuto bevorzugt wurde.[24] Diese Problematik wurde in den Briefen nicht erörtert. Es ist wohl vorwiegend persönlich darüber gesprochen worden. Ivo blieb nichts übrig, als klein beizugeben und auf weitere Bitten zu verzichten. Er musste dem Vater und dessen Meisterwerken schmeicheln, regte eine Festspielidee für alle seine Dramen an.[25] Gerhart Hauptmann war sicher darauf bedacht, den Sohn selbstständig zu sehen. Darin hat er ihn auch immer wieder ermuntert.

Über Freunde und Bekannte versuchte Ivo Hauptmann Möglichkeiten zu recherchieren, um zu einem geregelten Einkommen zu gelangen. Bewerbungen für eine Dozententätigkeit an Kunstschulen schlugen fehl. Er schlug seinem Vater eine Form der Zusammenarbeit vor, indem er Dekorationen für seine Theateraufführungen anfertigen wollte, da er seine Intentionen am besten zu kennen glaubte. Darauf ging Gerhart Hauptmann nur zum Teil ein. Es ist zu drei Bühnenbildarbeiten zu Stücken seines Vaters gekommen: *Die Jungfern vom Bischofsberg* 1907 in Berlin, *Indipohdi* 1922 in Dresden und *Veland* 1925 in Hamburg.[26] Häufiger jedoch schlug Gerhart Hauptmann die Zusammenarbeit aus, weil er andere Dekorationsstile bevorzugte.

23 Nach Eberhard Hilscher: „Ich bin bisher mit Anerkennung nicht überhäuft worden". Gerhart Hauptmann und sein Sohn Ivo. In: Zeitschrift für deutsche Philologie, Jg. 118 (1999), H. 2, S. 286–296. Der Inhalt des Aufsatzes beruht teilweise auf mündlichen Äußerungen Ivo Hauptmanns gegenüber Eberhard Hilscher.

24 Ebenda.

25 Ebenda.

26 Ebenda, S. 291.

Andererseits schätzte der Vater seinen Sohn als Künstler und bezeichnete Ivo als „Könner hohen Ranges und Meister".[27] Er schlug ihm vor, zum 80. Geburtstag ein „gediegenes [...] repräsentatives Porträt" gemalt zu bekommen, „mehr im Sinne des Tintoretto als irgendeines manierierten Franzosen".[28]

Zeitlebens hat Ivo Hauptmann dem Dichter-Vater für Anregungen, gute Gespräche und finanzielle Unterstützung gedankt, auch wenn er bis ins Alter Erziehungs- und Bevormundungsversuche spürte.

Nach dem Tod des Vaters zeigten Ivo und seine leiblichen Brüder aufgrund der testamentarischen Verfügung große Verbitterung, da Margarete Hauptmann als Alleinerbin bestimmt und die drei ältesten Söhne zu unbedeutenden „Vermächtnisnehmer[n]" degradiert wurden.[29] Diese Enttäuschung wirkte sich rückblickend auch auf das Verhältnis zum Vater aus, dem Ivo in seinen Erinnerungen Vorwürfe machte: „40 bis 60 Bilder hingen im Wiesenstein, aber statt den Maler zu unterstützen, spendete er ihm keinen Pfennig dafür."[30] Er tat seinem Vater damit sicher Unrecht, denn er erhielt von ihm jahrzehntelang Unterhaltszahlungen und Hilfen.

Eine späte, zu späte, Anerkennung wurde Ivo Hauptmann zuteil: 1962 bekam er den Edwin-Scharff-Preis in Hamburg, der Berufsverband Bildender Künstler ernannte ihn 1963 zum Ehrenmitglied. 1965 übernahm er die Ehrenpräsidentschaft der Freien Akademie der Künste in Hamburg. Kurz vor seinem Tod 1973 verlieh ihm der Senat der Freien und Hansestadt Hamburg die Ehrenprofessur. Anfang der Achtzigerjahre gelangte eins seiner spätimpressionistischen Bilder, ein Porträt seiner Mutter, in die Gemäldesammlung des Louvre, nun benachbart von Liebermann, Seurat und Signac.[31] Heute befinden sich Arbeiten von ihm in vielen namhaften Museen Deutschlands und im Ivo-Hauptmann-Archiv im Gerhart-Hauptmann-Museum Erkner.

27 Brief GH an IH, 27.4.1939.

28 Brief GH an IH, 13.4.1942.

29 Gustav Erdmann: Das Gerhart-Hauptmann-Museum. Geschichte, Gegenwart und Zukunft, in: Ders. (Hg.): Gerhart Hauptmann. Neue Akzente – neue Aspekte, Berlin 1992, S. 161–176, hier S. 162.

30 Ivo Hauptmann: Bilder und Erinnerungen, S. 56.

31 Vgl. Eberhard Hilscher: „Ich bin bisher mit Anerkennung nicht überhäuft worden", S. 296.

Der vorliegende Band will mit dem Briefwechsel zwischen Gerhart und Ivo Hauptmann eine künstlerische und eine Vater-Sohn-Beziehung vorstellen. Er soll dem Leser zwei Künstler nahebringen, die gemeinsam den Weg zur Kunst gefunden haben, einander inspirierten und sich aneinander rieben.

Die Briefe wurden nach oben genannten Kriterien ausgewählt und chronologisch angeordnet. Sie liegen zum Teil handschriftlich, zum Teil als Typoskript, zu einem weiteren Teil in Abschriften von Erica Hauptmann vor; die uneinheitliche Schreibung vor allem von *ss* und *ß*, die sich daraus ergibt, wurde angeglichen. Insgesamt wurde der Text behutsam modernisiert, offensichtliche, unbeabsichtigte Schreibfehler wurden stillschweigend korrigiert, wobei markante Eigentümlichkeiten beibehalten wurden. Abgesehen von unleserlichen Stellen, die entsprechend markiert sind, wurde der Text vollständig wiedergegeben. Datierungen in eckigen Klammern wurden anhand des Poststempels oder aus dem Zusammenhang rekonstruiert.

Die Briefe befinden sich in der Handschriftenabteilung der Staatsbibliothek zu Berlin und im Deutschen Literaturarchiv Marbach. In diesem Zusammenhang danken wir an erster Stelle den Leitern der Handschriftenabteilung der Staatsbibliothek zu Berlin Preußischer Kulturbesitz, Prof. Dr. Eef Overgaauw und Dr. Jutta Weber, für ihr freundliches Entgegenkommen und ihre intensive Unterstützung. Auch ihren Mitarbeitern sei an dieser Stelle gedankt, insbesondere Rudolf Ziesche für die freundliche und kompetente Beratung. Wir danken weiterhin Dr. Johanna Brade vom Schlesischen Museum Görlitz für die Erlaubnis, ihren Beitrag abdrucken zu dürfen. André Förster, der von Seiten des Verlags für Berlin-Brandenburg wertvolle Hinweise gegeben hat, und Sabine Seifert, der wissenschaftlichen Mitarbeiterin im Gerhart-Hauptmann-Museum Erkner, danken wir ebenso ganz herzlich für alle Mitarbeit und Unterstützung.

Stefan Rohlfs
Leiter Gerhart-Hauptmann-Museum

Harriet Hauptmann
Ivo-Hauptmann-Archiv

1895

Ivo an Gerhart

14. August 1895

Lieber Palle!
Uns geht es allen gut. Ich habe einen neuen Tisch bekommen, damit ich allein in einiger Ruhe arbeiten kann. Ich habe auch einen neuen Lehrer bekommen mit dem ich täglich meine Aufgaben anfertige. Wir haben hier gutes Wetter. Ich und die Muttel fahren jetzt manchmal in den großen Garten, der jetzt aber schon ganz gelb ist. Auf unserem Boot hat nur der Ecke einen der Preise von Blasewitz gewonnen.
Komm Du doch bald einmal nach Dresden, vielleicht zu Deinem Geburtstag.
Viele Grüße Dein Ivo

Palle: Pallewitz oder Palle war der Kosename der drei Söhne für ihren Vater Gerhart Hauptmann.

Muttel: Marie Hauptmann, geborene Thienemann (1860–1914). Genannt Muttel von den Söhnen, Mimi von den Geschwistern. Erste Ehefrau Gerhart Hauptmanns von 1895 bis 1904. Drei gemeinsame Söhne: Ivo, Eckart und Klaus. Sie war die Zweitjüngste von fünf Töchtern und zwei Söhnen des Tuchgroßhändlers und Bankiers Berthold Thienemann und seiner Frau Rosamunde, geborene Merz, aus Berlin-Kreuzberg.

Ecke: Eckart Hauptmann (1887–1980). Absolvierte eine kaufmännische Ausbildung bei der AEG in Berlin und leitete später die Niederlassung der AEG in Holland.

einen der Preise von Blasewitz: Bootsrennen für Schüler auf der Elbe in Dresden.

1896

Gerhart an Ivo

[Berlin-Grunewald, 8.2.1896]

Liebes Piefkele,
Zehn Jahre bist Du nun gepilgert: eine schöne Zeit; schön, weil Du jung bist und der Weg auf dem Du gegangen bist eben war, er wird nicht immer so eben bleiben; er wird bergauf bergab führen in Zukunft; teilweise wird er gut, teilweise holprig sein. Aber behalte nur gesunde Füße! Gesunde Füße wünsche ich Dir, mein lieber, guter Junge: die braucht man zu allem, denn man muß immer wandern, so lange man lebt. Weder an guten Plätzen kann man, noch muß man an schlechten Punkten verweilen: das ist schlimm und gut und nicht zu ändern.
Du weißt, dass ich Dich herzlich lieb hab und alle Tage wünsche: Du möchtest ein Mann werden.
Grüß unser liebes Muttelchen und Ecke sowie Kläusel.
Dein Pallewitz

Piefkele: Piefkele, Piefke oder Ivke waren die Kosenamen des Vaters für Ivo Hauptmann.

Kläusel: Klaus Hauptmann (1889–1962), auch Klausevetter genannt. Studierte an der landwirtschaftlichen Hochschule in Berlin und verbrachte die Jahre 1911 bis 1914 auf einer Estancia in Argentinien. Nach dem Ersten Weltkrieg arbeitete er als leitender kaufmännischer Angestellter bei der Schiffsspedition August Bolten in Hamburg. Er war auch schriftstellerisch tätig.

Gerhart an Ivo

Hiddensee, d. 29. August 96.

Lieber Ivo,
Deine Karte und was Du mir darauf geschrieben, hat mich erfreut und beruhigt. Erstens ist Deine Schrift ein Stück von Dir und Du weißt, wie lieb ich Dich habe. Zweitens hast Du gut und sauber geschrieben, und drittens ersehe ich, daß Du in der Art fortarbeitest, die ich Dir in den wunderschönen Ferientagen anempfahl.

Ich möchte – um deinetwillen, wie um meinetwillen –, daß Du mir alle Wochen eine Karte oder einen Brief sendest. Ich rate Dir auch, diesen Brief hier selbst zu entziffern und Muttel möglichst wenig helfen zu lassen.
Ich küsse Dich, lieber Junge, gib Muttel in meinem Namen einen Kuß und bestelle Grüße an Ecke, Klaus und die Else. Bleibt alle gesund und vergesst nicht Euren
Pallewitz

Sag Muttel, daß der vierte Akt des neuen Märchens fertig ist.

Else: Nachname und Lebensdaten nicht bekannt. Hausangestellte der Hauptmanns in Dresden.

der vierte Akt des neuen Märchens: Es handelt sich hier um das Märchen *Die versunkene Glocke*, das zu schreiben Gerhart Hauptmann bei Lugano begonnen hatte und auf Wollin die letzten beiden Akte vollendete. Das Stück wurde am 2. Dezember 1896 im Deutschen Theater in Berlin uraufgeführt.

1897

Gerhart an Ivo

3. März 1897
Sorrento (Italien)

Lieber Ivo,
Du sollst hierdurch einen kurzen Gruß und einen Kuß haben.
Sage dem Eckele und dem Klausevetter, daß ich immer mit großer Liebe an Euch denke und daß ich mich freue, einmal in Zukunft, Euch das schöne Land zeigen zu können, in dem ich jetzt bin.
Denkt mal: ich sitze dies schreibend auf einem Dach, von dem aus man das Meer und den feuerspeienden Berg, den Vesuv, sieht und höre die Vögel aus einem Garten singen, dessen Bäume unter tausenden von Orangen (Apfelsinen) und Zitronen fast zerbrechen.
Aber so schön es auch ist und so gut ich auch hier werde arbeiten können, ich liebe doch unser Vaterland noch viel mehr und freue mich gewiß nicht weniger als Ihr auf die Wochen, wo wir in unserem alten Schreiberhau werden lustig sein und miteinander im Garten herumtollen.
Bleibt gesund, lernt was und freut Euch des Lebens.
Ich würde Dir dankbar sein für einen kurzen Brief.
Euer
Pallewitz

Schreiberhau: Heute Szklarska Poręba, Dorf im Riesengebirge in Schlesien. Die Familien Carl und Gerhart Hauptmann erwarben dort ein Bauernhaus, das sie ab 1891 gemeinsam bewohnten. Gerhart Hauptmanns Familie wohnte dort bis 1895 und nutzte ihren Hausteil bis 1904 für Ferienaufenthalte. Danach wurde das ganze Haus Eigentum von Carl Hauptmann, der dort bis zu seinem Tode 1921 lebte.

Ivo an Gerhart

[1897]

Lieber Palle!
Ich habe mich sehr über Deine Karte gefreut und danke Dir sehr dafür. Uns geht es allen sehr gut. In der Schule geht es mir auch gut und ich hoffe, daß ich durchkomme.
Viele Grüße von Deinem Sohn Ivo

Ivo an Gerhart

9. März 1897

Lieber Palle!
Mir geht es sehr gut. Infolge der Abiturientenprüfung habe ich jetzt immer nur bis 11 Uhr Schule. In den freien Stunden spiele ich bei schönem Wetter öfters auch Tennis und fange auch wieder an Rad zu fahren. Seit ein paar Tagen lernt es Lottel auch und ich fahre in der Radschule manchmal mit ihr zusammen. Heute Abend wollen wir zusammen Schach spielen, welches Lottel jetzt auch erst von Müller gelernt hat. Dein Brief hat mich sehr erfreut und ich danke Dir dafür. Heute bekam ich von Luise einen Brief und ein Besteck. Sie dachte, ich hätte heute am 9. März meinen Geburtstag.
Wir freuen uns auch sehr auf das Wiedersehen.
Viele Grüße Dein Sohn Ivo.

Lottel: Johanna Charlotte Hauptmann (1856–1943). Ältere und einzige Schwester von Gerhart Hauptmann. Sie blieb ledig und lebte einen großen Teil ihres Lebens mit ihrer Lehrerin und mütterlichen Freundin Mathilde Jaschke zusammen.

Müller: Max Müller (1856–1938), genannt Meo. Pianist und Komponist. Lernte Gerhart Hauptmann während seiner Studienzeit in Jena (1882–1883) kennen. Es entwickelte sich eine lebenslange Freundschaft. Müller besuchte oft das „Haus Wiesenstein", Wohnhaus von Gerhart Hauptmann in Agnetendorf (Jagniątków), zum gemeinsamen Musizieren. Hauptmanns unterstützten den in finanzieller Not lebenden Müller regelmäßig mit Lebensmitteln und Geld. Mit Marie Hauptmann blieb er auch nach ihrer Scheidung in enger Verbindung.

Luise: Nachname und Lebensdaten nicht bekannt. Hausangestellte der Hauptmanns in Dresden.

Ivo an Gerhart

[1897]

Lieber Palle;
uns und der Muttel geht es sehr gut. Wir haben hier bis jetzt gutes Wetter. Die Muttel will morgen mit dem Rad nach Leipzig fahren. O.T. ist heute nach Leipzig gefahren. Mein Rad habe ich wieder blank geputzt und fahre fast alle Tage früh oder nachmittags auf der Rundbahn. Heute sind wir und die Tilde auf das Stadtgut gegangen.
Mit freundlichen Grüßen verbleibe ich Dein Ivo.

O.T.: Olga Thienemann (1856–1933). Zweitältestes der sieben Thienemann-Kinder. Nach dem frühen Tod der ältesten Schwester Frida 1887 war sie ihren jüngeren Geschwistern mütterliche Freundin. Sie lebte in Leipzig zusammen mit dem Bruder Gottlob, der Buchhändler war, bis zu dessen Tod 1893.

Tilde: Mathilde Jaschke (Geburtsdatum unbekannt, Tod 1901). Jaschke war eine enge Freundin der Eltern und der Geschwister Gerhart Hauptmanns. Durch ihre Vermittlung lernten die drei Hauptmann-Söhne Georg, Carl und Gerhart die reichen Thienemann-Töchter Adele, Martha und Marie kennen und heirateten sie.

1898

Gerhart an Ivo

[Berlin-Grunewald, 8.2.1898]

Lieber Junge!
Gewöhne Dich, das vergangene Jahr zu überblicken, Dir klar zu machen, was Du darin gewonnen und was noch nicht erreicht hast. Für das neue fasse Deine Entschlüsse! Sage zu Dir selbst: ich will meinen Körper durch Bewegung entwickeln. Ich will mich gerade aufrecht halten, um meine Brust weiter zu machen. Ich will durch peinliche Sauberkeit mich immer mehr zu einem edlen und schmucken Gotteskind herausbilden. Ich will mir überall durch Beobachtung und Fragen Kenntnisse erwerben. Ich will mich bemühen, über alles nachzudenken. Ich will in der Malerei Fortschritte zu machen suchen und Anderes mehr.
Ich bin Dein Pallewitz. Ich kann Dich lieb haben – und lieb habe ich Dich! –, ich kann Dir in wichtigen Lebensaugenblicken beistehen, Dir helfen, Dich beraten und Du weißt, daß Muttel und ich Deine besten Freunde sind. Aber, worauf Du im Leben vor allem gestellt bist, das sind Deine eigenen zwei Beine, das bist Du, mit Deinem Kopf und mit Deinen Händen. Das muß alles gut und tüchtig sein, denn kein Vater, keine Mutter, kein Bruder und keine Schwester vermögen Dir sonst zu helfen. Du hast gute Anlagen Ivkelizel! Und wenn Du das Deine dazu tust und Gott Dich gesund hält, ist mir nicht bange um Dich.
Grüß Muttel und die Brüder und nimm einen Geburtstagskuß vom
Pallewitz

Sonnabend komme ich.
Sorgt, daß wir unter uns sind.

Ivo an Gerhart

11. September 1898

Lieber Palle!
Uns geht es allen sehr gut. Wir haben hier gutes Wetter. Ich habe angefangen Schmetterlinge zu sammeln. Mein schönster ist bis jetzt ein Admiral. Ich habe mir ein schönes Brett gekauft, wo ich sie alle sorgfältig aufspanne. Ich habe dem Fritz eine Uhr gekauft. Er hat mir einen Brief geschrieben, worin er sich sehr darüber gefreut hat. Gestern war ich bei einem Freund eingeladen, Ecke und Klaus waren mit. In vierzehn Tagen haben wir wieder Ferien. Ich freue mich sehr auf Schreiberhau.
Viele Grüße von uns allen.
Dein Ivo.

Fritz: Fritz Fischer (1886–1943). Kinderfreund Ivo Hauptmanns aus der „Schreiberhauer Zeit" seit 1891. Gerhart Hauptmann ermöglichte ihm eine Ausbildung zum Handwerker in Basel in der Schweiz. Zusammen mit seiner Frau seit 1902 im „Wiesenstein" beschäftigt als Hausverwalter, Diener, Tierpfleger bis zu seinem Tode 1943.

1899

Gerhart an Ivo

[Berlin-Grunewald, 21.2.1899]

Lieber Ivo!
Hab Dank für Deinen Brief und ganz besonders für die Käfer-Zeichnung, die mir große Freude gemacht hat und noch macht. Dein Fortschritt ist unverkennbar und Herr von Hofmann, der Maler, den Du ja auch mal gesehen hast, sprach sich sehr günstig darüber aus. Bleibe nun aber trotzdem bei der Schulstange, lieber Junge, und sieh, daß Du nicht hocken bleibst. Ich denke viel an Euch und zu Ostern komme ich. Jetzt muß ich arbeiten und etwas vor mich bringen. Gruß und Kuß von Palle

Herr von Hofmann: Ludwig von Hofmann (1861–1945). Maler und Grafiker, Hochschullehrer. 1892 begann im Umkreis der Berliner Secession und Walter Leistikows die lebenslange und enge Freundschaft zwischen Gerhart Hauptmann und Ludwig von Hofmann und ihrer Familien. Hofmann war in Berlin Mitbegründer der Künstlergruppe *Die Vereinigung der XI*, später der Berliner Secession. Er war Mitglied im Deutschen Künstlerbund. 1903 wurde Hofmann als Lehrer an die Großherzogliche Kunstschule in Weimar berufen. 1905 wurde Ivo Hauptmann dort sein Schüler, 1907 Meisterschüler. Hofmann und seine Frau Eleonore, genannt Elli, geborene Kekulé von Stradonitz (1878–1968), erweiterten ihre Freundschaft auch auf Ivo und Erica Hauptmann, mit denen sie lebenslang in Verbindung blieben. Ludwig von Hofmann illustrierte zwei Publikationen Gerhart Hauptmanns: *Die blaue Blume* (erschienen 1924 in der *Neuen Rundschau* des S. Fischer Verlags) und *Das Hirtenlied* mit 14 Originalholzschnitten (erschienen 1924 bei S. Fischer).

Gerhart an Ivo

Colonie Grunewald
7. September 1899.

Lieber Ivo,
Ich will wissen, wie's Euch geht! Gib mir bitte einen längeren Bericht!
Jedem einen Kuß
vom
Pallewitz

Ivo an Gerhart

15. September 1899

Lieber Palle!
Entschuldige, daß ich Dir nicht eher geschrieben habe. Wir hatten Prüfungsarbeiten und wir hatten, wie so oft, etwas mehr zu tun. Es ist jetzt alles gut überstanden. Wir sind alle froh und munter. Mieze kommt täglich abends zu uns und wir werden sehr gut verpflegt. Heute in acht Tagen beginnen schon wieder die Michaelisferien. Die sechs Wochen sind schnell vergangen, die wir im Polytechnikum Schule hatten. Nach Michaelis geht es wieder in die altgewohnte Kreuzschule. Die letzten acht Tage bis zu den Ferien sind nicht sehr anstrengend, denn es ist mehr Konferenz als Schule.
Es grüßt Dich herzlich
Dein Ivo.

Mieze: Hausangestellte der Hauptmanns in Dresden.

Gerhart an Ivo

[Berlin-Grunewald, 2.12.1899]

Mein lieber Junge.
Dank für das Licht! Du hast mir eine herzliche Freude damit gemacht. Nun muß noch eines Tages oben drauf die heilige Geistesflamme brennen: dann kannst Du Dir und uns wacker leuchten.

Ich bin auf. Es geht mir viel besser.
Sei gegrüßt, und Muttel und die Gebrüder.
Dein
Palle

das Licht: Farbige Zeichnung von Ivo Hauptmann, die eine Kerze mit Halter darstellt, siehe Abbildung 9.

1900

Ivo an Gerhart

Dresden
25. März 1900

Lieber Palle!
Ich freue mich sehr auf unsere Reise nach Genf. Wir fahren wahrscheinlich über Dresden, Leipzig, Frankfurt und Genf, das Rundreisebillet II. Klasse kostet ungefähr 108 Mark. Unsere Examensarbeiten sind schon vorüber. Freitag war die Entlassung der Abiturienten. In einem deutschen Vortrag wurden *Wilhelm Tell* und Deine *Weber* verglichen. Sonst ist nichts vorgekommen.
Viele Grüße
Dein Ivo.

unsere Reise nach Genf: Diese Reise unternahm Gerhart Hauptmann mit Ivo und Otto Mueller.
Wilhelm Tell: Drama von Friedrich Schiller.
Weber: Naturalistisches und sozialkritisches Drama von Gerhart Hauptmann, Uraufführung am 26. Februar 1893 in Berlin.

Ivo an Gerhart

2. Juni 1900

Lieber Palle.
Wir sind alle munter. In drei Tagen haben wir Examensarbeiten. Ich habe diesmal keine Angst. Wir haben gestern einen (ganz netten), schönen Fackelzug gesehen. Heute baute ich mit Otto einen [nicht lesbar]. Muttel wird von Otto gemalt.
Viele Grüße
Dein Ivo

Otto: Otto Mueller (1874–1930). Lithograph, Maler des Expressionismus. Mit Unterstützung Gerhart Hauptmanns Ausbildung zum Lithographen. Studium der Malerei 1894–1896 an der Dresdener Kunstakademie. Mitglied der Künstlergemeinschaft *Die Brücke*. Seit 1919 Professur an der Kunstakademie in Breslau. Durch Adoption seiner Mutter Gerhart Hauptmanns Cousin und in der Familie Hauptmann voll integriert. Enger Kontakt zu Marie Hauptmann und ihren Söhnen in Dresden. Freundschaft mit Ivo Hauptmann und dessen früher Mentor.

Gerhart an Ivo

[Berlin-Grunewald, 16.11.1900]

Lieber Ivo
Lieber Ecke!
Lieber Klaus!
Sagt zunächst der Muttel einen herzlichen Gruß und Dank für Blumen und Brief. Ich will Euch aber nicht verhehlen und Ihr sollt wissen, daß ich Eure Handschriften schmerzlich vermisst habe. Ein Brief von Euch, Schriftzeichen Eurer Hand sind ein Stück von Euch und wenn ich sie vor mir sehe, so seid Ihr mir gegenwärtiger, als wenn Muttel für Euch schreibt und unterschreibt. Denn dann weiß ich nur genau, daß Muttel an mich gedacht hat, ob auch Ihr, kann ich glauben und auch nicht. – Liegt es also künftig in Eurer Absicht mir eine Freude zu machen, es braucht nicht nur am Geburtstage sein, so wißt Ihr, wie es geschehen kann: es geht auf eine ganz einfache Weise.
Seid gegrüßt, liebe Jungens, und einen Schlußgruß an Muttel.
Euer Vater
Gerhart Hauptmann

1901

Ivo an Gerhart

Dresden
3. Februar [vermutlich 1901]

Lieber Palle!
Die Muttel hat mir gesagt, daß ich Dir schreiben soll, warum ich auf die Presse will. Der Grund weshalb ich dafür bin ist, daß ich glaube mir ein Jahr zu ersparen, woran mir sehr gelegen. Die Muttel werde ich bitten, sich bei Pollietz zu erkundigen, ob es auch möglich ist, mein Einjähriges in einem Jahr zu bestehen. Ich würde mich sehr freuen, wenn Du Deine Zustimmung dazu gibst. Ich möchte so bald wie möglich das Examen hinter mir haben, weil ich mich auf das Malen sehr freue.
Herzliche Grüße
Dein Ivo.

die Presse: Intensivschule, die es ermöglichen sollte, Klassen zu überspringen.
Pollietz: Daten nicht bekannt. Leiter der oben genannten Intensivschule.
Einjähriges: Schulabschluss, der der heutigen mittleren Reife entspricht. Benannt nach der mit diesem Bildungsabschluss verbundenen Option, einen verkürzten Wehrdienst (ein Jahr statt der üblichen drei) abzuleisten.

Gerhart an Ivo

[Agnetendorf, 27.6.1901]

Lieber Ivo.
Otto hat mir von einem Bilde gesprochen, das Du silbern gerahmt hast. Das schicke mir her. Ich will es sehen. Hernach kannst Du, wenn Du Wert darauf legst, es zurück erhalten. Ferner möchte ich genauen Bescheid wegen der Ferien und ich bitte Dich, mir umgehend zu antworten. Berede mit Muttel, welche Zeit Ihr für unsere Fußreise am Rügener Meer ansetzen wollt. Ich will Peter und Kunni benachrichtigen und muß selbst meine Dispositionen treffen.
Gruß und Kuß von Deinem Vater
Gerhart Hauptmann

Fußreise am Rügener Meer: 20. Juli bis August 1901. Aufenthalt in Vitte auf Hiddensee mit Ivo, Ecke, Klaus und Otto Mueller. Die Insel Hiddensee, neben Rügen in der Ostsee gelegen, wurde neben Agnetendorf zum zweiten Wohnsitz Gerhart Hauptmanns. Nach zahlreichen Sommeraufenthalten erwarb er 1930 ein Haus (Haus Seedorn) in Kloster und ließ es von Ivos Schulfreund Arnulf Schelcher, Architekt in München, um einen Arbeitsanbau erweitern. Bis 1945 verbrachte Gerhart Hauptmann dort fast jährlich einige Wochen im Sommer. Sohn Ivo besuchte den Vater dort fast jedes Jahr und nutzte die Aufenthalte zum intensiven Malen.

Peter: Peter Hauptmann (1883–1917). Chemiker, ältester Sohn von Georg und Adele Hauptmann. Enge Bindung an Gerhart und Ivo Hauptmann. Starb während des Ersten Weltkrieges 1917.

Kunni: Konrad Hauptmann (1888–1948). Zweiter Sohn von Georg und Adele Hauptmann. Lebte längere Zeit in Spanien und war dann bei der AEG angestellt. Nach dem frühen Tode von Gerhart Hauptmanns Bruders Georg 1899 in Hamburg, der dort einen Kaffeegroßhandel betrieben hatte, hinterließ dieser eine mittellose Ehefrau mit sechs Kindern. Gerhart Hauptmann unterstützte seine Schwägerin finanziell und war ihren Kindern ein väterlicher Freund.

Gerhart an Ivo

[6.8.1901]

Liebe Jungens,

Ihr müßt nun Freitag nach Dresden zurück, denn meine Arbeit drängt sich, es muß wieder Ernst werden. Auch kann ich augenblicklich nach ruhiger Überlegung Euch noch nicht in Agnetendorf unterbringen, weil dort erst Ordnung geschaffen werden muß, was dringend Not tut. Schreibe mir von Dresden aus und lege Rechnung über das noch verwendete Geld und den Rest v. d. Mk 200, die Du wohl schon in Händen hast, lieber Ivke! Hiddensee ist schön, Ihr werdet das noch mehr merken, wenn Ihr fort seid. Aber wir gehen wieder hin, wenn wir die nächsten Jahre leben und gesund sind.

Treulich immer

Euer alter

Palle

nach Dresden zurück: Die Söhne Gerhart Hauptmanns befanden sich auf Hiddensee, das sie zusammen mit dem Vater besucht hatten. Gerhart konnte aus Zeitgründen nicht bis zum Ferienende auf Hiddensee bleiben und gab Ivo Reisegeld für den restlichen Aufenthalt.

Gerhart an Ivo

Deutsches Theater zu Berlin
Berlin N.W. Luisenplatz 2
[21.11.1901]

Lieber Ivo.
Ich liege zu Bett, an einer Halsschwellung. Weiß noch nicht bestimmt, ob ich bei der Premiere werde sein können: Sie ist Mittwoch d 27ten. Nun sag mal, lieber Junge! Meinst Du, daß ein Brief an den Direktor Dich freimachen würde? Wenn „ja" so drahte.
Eure Briefe zum 15ten haben mein Herz erfreut. Deiner wird mir eine Stärkung sein. Seid gegrüßt und denkt, liebe Menschen, manchmal an Euren langgestreckten
Palle

Premiere: *Der rote Hahn* im Deutschen Theater Berlin, 27. November 1901.
Direktor: gemeint ist der Rektor der Kreuzschule Dresden Heinrich Stürenburg (1847–1934).
drahte: drahten (veraltend) für telegrafieren.

Ivo an Gerhart

[vermutlich 1901]

Lieber Palle!
Da die Premiere auf einen Mittwoch fällt, und es daher gut wäre, wenn ich den Donnerstag in der Schule bleiben könnte, so bitte ich Dich, doch an meinen Rektor zu schreiben. Dein Brief wirkt sicher am meisten. Das Schlimmste was geschehen kann, ist, daß er nicht schreibt. Dann könnte ich immer noch die Nacht wieder nach Dresden zurückreisen. Über die Antwort von Herrn Rektor Stürenburg werde ich Dir drahten. Seine Adresse ist: Herrn Direktor Professor Dr. Stürenburg, Dresden, Kreuzschule.
Mit Gruß Dein Ivo

Ivo an Gerhart

21. Dezember [vermutlich 1901]

Lieber Palle!

Ich habe Dir nicht eher geschrieben, weil ich eine Entzündung am Hals hatte und daher warten musste, bis Otto zu uns kommt, nur dem ist ja nie ernst, Bestimmungen mitzukriegen. Er hat sich nach langem Hin und Her entschlossen, nach Berlin zu fahren, was er seinen Eltern schon vorgeschlagen hatte, also nicht nach Agnetendorf. Der Rade kann auch nicht kommen, er sagt, er habe seine Mutter fertig zu malen. Ich habe die Zeit, die ich auf der Schule verbringen mußte, gut verwandt und habe Dir mein Portrait fertig installiert. Da nun Dienstag die Schule geschlossen wird, kann ich erst Mittwoch fahren. Gegen fünf Uhr bin ich in Hermsdorf, bitte schicke mir jemanden, meinen Koffer hinauf zu expedieren.

Mit herzlichen Grüßen

Ivo.

Otto: Otto Mueller.

Rade: Carl Rade (1878–1954). Maler und Hochschullehrer. Jugendfreund von Otto Mueller und Ivo Hauptmann in Dresden. Rade lehrte an der Kunstakademie Dresden 1909–1933 und seit 1945 an der staatlichen Kunstschule für Werkkunst Dresden. Ivo Hauptmann malte 1905 ein Porträt von Carl Rade.

habe Dir mein Portrait: 1901 malte Ivo Hauptmann ein Selbstporträt in Pastellfarben, das zeitlebens im oberen Arbeitszimmer Gerhart Hauptmanns hing. Vgl. das Vorwort zu diesem Band, S. 10f. sowie Abbildung 12.

1902

Ivo an Gerhart

14. Januar 1902

Lieber Palle!
Die alte Mühle ist wieder schön stark im Gang. Aber dabei geht die Zeit ziemlich schnell vorüber und es wird nicht lange dauern, dann ist Ostern. Ich denke oft an unsere gemeinsamen Tage in Agnetendorf, an den Sturm und die schöne Schlittenfahrt. Bis jetzt ist in Dresden von Schnee nicht viel zu merken, aber vielleicht kommt es noch. Ich freue mich, daß Dir der Pantheon gefallen hat, zu meinem Portrait bin ich allerdings noch nicht sehr gekommen, der Tag ist oft zu kurz und man muß doch jetzt intensiv an die Schule denken, daß man nicht hängen bleibt.
Ich grüße Dich herzlich
Dein Ivo

Bitte grüße die Grete und den Buzzi.

Grete: Margarete Hauptmann, geborene Marschalk (1875–1957), auch Grethe oder Bocchi genannt. Seit 1893 Hauptmanns Geliebte, 1904 wurde sie seine zweite Ehefrau. Schauspielerin und Violinistin.
Buzzi: Benvenuto Hauptmann (1900–1965), auch Buzzel genannt. Sohn von Gerhart Hauptmann und Margarete Marschalk. Studium der Volkswirtschaft und Promotion. Übersetzer, Dramaturg, Referendar im Auswärtigen Amt.

Gerhart an Ivo

Wiesenstein
Agnetendorf i. R.
[23.2.1902]

Mein lieber Ivo.
Ich habe, wie immer Geburtstage, so auch Deinen verschwitzt. Aber ich weiß, daß Du wächst und zunimmst an Körper und Geist: das freut

mich und ist mir ein gut Teil der Genugtuung meines Lebens. Grüß Deine Geschwister und denkt zuweilen an den, den Ihr kennt:
Palle

Gerhart an Ivo

Agnetendorf
18. April 1902

Liebes Ivkerle
Wir haben zwei schwere Tage hinter uns. Grüß Muttel und sag ihr, wenn Du meinst, daß sie von ihm hören will, daß unser Benvenuto sein rechtes Beinchen gebrochen hat, und zwar den Oberschenkel, ziemlich weit oben.
Die erste Nacht und der zweite Tag waren schlimm für ihn, weil alle 2 bis drei Minuten starke schreckartige Muskelzuckungen eintraten, immer dann, wenn er die übermüdeten Augen zumachen wollte. Er liegt nun im Verband, und muß 4 Wochen darin liegen so: [Zeichnung]: Das Beinchen hochgezogen und fest eingebunden. Die letzte Nacht war gut und so scheint das Schwerste vorüber. Alle Sorge ist nun, daß das Beinchen nicht kürzer bleibt.
Gott behüte Euch alle, Muttel und Kinder, dort in Dresden! Treue Grüße richte ich an alle aus, von Deinem
Palle

Ivo an Gerhart

6. September 1902

Lieber Palle!
Ich danke viele Male für Herrn Labos, der Mann ist entschieden nicht zu verachten.
Ich schicke einige Abzüge mit, von denen Otto schrieb, daß Ihr sie haben möchtet. Es freut mich, daß sie Euch gefallen haben, und wenn Ihr noch welche wollt, braucht Ihr nur zu schreiben.
Die Pin schrieb mir vor kurzem, daß es sehr schön dort wäre, jeder hätte zwei große Zimmer in einem Geschoß, das ungefähr 60 Personen

hätte. Sie führen vierspännig, gingen auf die Jagd und es sei alles hochfein.
Im Tennisturnier habe ich zwar mitgespielt, bin aber unnötigerweise geschlagen worden. Das Spiel mit meinem letzten Gegner hat fast drei Stunden gedauert. Wir konnten gar nicht fertig werden. Im ersten Satz schlug mich mein Gegner 6 zu 4, im zweiten Satz ich ihn 6 zu 2. Und nun das Entscheidungsspiel, dabei glaubte ich es gewonnen zu haben, da es für mich 8 zu 1 stand und ich Vorteil hatte, aber ich war meiner Sache zu sicher geworden, denn das Set verlor ich mit 8 gegen 10 Spiele. Es war ein heißer Kampf, geschwitzt haben wir beide, daß kein Faden mehr an uns trocken war. Was macht denn Dein Tennisplatz und Deine [nicht lesbar].
Seit einigen Tagen sind OT und Tante Frida bei uns und werden bis Michaelis bleiben. Tante Frida ist nicht ganz gesund. Sie hat Herzenskatarrh.
Ich muß Dir noch erzählen, wie es mir mit dem Aufsatz gegangen ist. Ich habe eine 3a darauf bekommen. Der Fisch hat natürlich nichts gemerkt, er sagte nur „Herr Hauptmann, die Gedanken sind nicht schlecht, sie sind ganz originell, nur hätten Sie ihn ein bisschen länger machen müssen, dann hätte ich Ihnen die 1b geben können."
Mit herzlichen Grüßen an Grete und Otto,
Dein Ivo.

Herr Labos: Vermutlich ein von Gerhart Hauptmann vermittelter Nachhilfelehrer.

Pin: Martha Hauptmann, geborene Thienemann (1862–1939). Jüngste Schwester von Marie Hauptmann. Erste Ehefrau von Carl Hauptmann von 1884 bis 1908. Nach der Scheidung blieb die geistige Verbundenheit zwischen ihr und Carl Hauptmann erhalten. Nach ihrem Tod 1939 wurde sie von der Familie auf der Grabstätte Carl Hauptmanns in Niederschreiberhau beigesetzt.

OT: Olga Thienemann.

Tante Frida: Frida Thienemann (1854–1887). Älteste Schwester von Marie Hauptmann.

Der Fisch: Vermutlich ein Lehrer Ivo Hauptmanns.

Gerhart an Ivo

[Berlin, 2.10.1902]

Mein lieber Junge.
Vorigen Sonnabend bin ich durch Dresden gekommen, von Wien her, und war traurig, dass Ihr meine Telegramme wohl nicht bekommen hattet und ich Euch also nicht an der Bahn fand. Ich bin noch hier, in Berlin, geschäftlich. Deshalb komme ich um die gute Zeit mit Dir, wo ich Dich doch sonst in Agnetendorf haben würde. *Der arme Heinrich* kommt zugleich in Wien und Berlin. Sei mir gegrüßt und geküßt, alter Junge, und grüße die andern
Vom Palle

Der arme Heinrich: Versdrama in 5 Akten, Uraufführung am 29. November 1902 im Burgtheater Wien.

Gerhart an Ivo

Wiesenstein
Agnetendorf i. R.
[12.10.1902]

Lieber Ivo,
Ecke und Klaus.
Grüßt mir die Muttel, seid Ihr gegrüßt und geküßt und vergeßt mich nicht ganz. Schreibt! Ich komme im November wohl mehrmals nach Dresden und freue mich einige Abende mit Euch zu verbringen. Diesmal ist es mir, zu meinem Schmerz, vorbeigeglückt.
Wie geht's Euch? Kannst Du, Ivo, nicht mal über Sonntag herkommen?
Handschlag!
Palle

Gerhart an Ivo

Wiesenstein
Agnetendorf i. R.
[15.12.1902]

Lieber Ivo:
Da wir zu Weihnachten hier sehr für uns sein werden – Krüger kommt erst am 28ten – so bringe doch Otto mit, auf meine Kosten, und lade ihn in meinem Namen ein. Schreib, ob er kann und will. Kann und will er nicht, so versuche doch Rade mitzubringen. Sei gegrüßt alter Junge und grüß die anderen.
Palle

Krüger: Albert Krüger, 1858–(Todesdatum unbekannt). Grafiker und Radierer für die Zeitschriften *PAN*, *Zeitschrift für Bildende Kunst* (Wien) und *Graphische Künste.* Mitglied in *Gerhart Hauptmanns Rosen- und Freundschaftsbund*, einem regelmäßig stattfindenden Gesprächskreis.
Otto: Otto Mueller.

1903

Gerhart an Ivo

Wiesenstein
Agnetendorf im Riesengeb.
[7.1.1903]

Lieber Ivo
Sei gegrüßt. Grüß Muttel und Brüder, und schreib, ob es Euch gut geht.
Mantegna ist ein großer Mann nicht?!
Palle

Mantegna: Andrea Mantegna (1430/31–1506). Italienischer Maler und Kupferstecher, einer der bedeutendsten oberitalienischen Vertreter des Quattrocento auf dem Gebiet der Tafelmalerei.

Gerhart an Ivo

[empfangen 13.1.1903]

Lieber Junge, schade, dass Du nicht hier bist, ich habe einen so unsäglich großartigen Eindruck, wie heut, noch nie hier oben gehabt. Böhmen ein Südmeer, Schlesien eine blasse, leuchtende See, die Berge, ein Stück Böhmen, das Hirschberger Tal und Falkenberge, alles eine wunderbare Halbinsel mit Landzungen (auch Seezungen). Ich kenne mein Gebirge nicht wieder. Gruß Euch allen
Palle

[auf der Karte haben außerdem unterschrieben:]
Meo
Walter Leistikow

hier: Die Bildseite der Ansichtskarte zeigt die „Alte Schlingelbaude" im Riesengebirge.
Meo: Max Müller.
Walter Leistikow: 1865–1903. Maler und Grafiker. Mitglied der Künstler-

gruppe *Die Vereinigung der XI* und 1898 mit Max Liebermann Begründer der Berliner Secession, deren Ehrenmitglied Gerhart Hauptmann wurde. 1903 Gründungsmitglied des Deutschen Künstlerbundes. 1907 Berufung an die Berliner Akademie. Seit 1915 war Leistikow Mitglied der Berliner und der Dresdener Akademie. Er war ein enger Freund Gerhart Hauptmanns. Um 1900 gründete er den „Gerhart Hauptmann Rosen- und Freundschaftsbund". Mitglieder waren: Ehepaar Hauptmann, Leistikow, Ludwig von Hofmann, Bernd Groenwold, Albert Krüger, Ernst Johann Sattler und Lovis Corinth. Leistikow nahm sich 1908 das Leben. Bei der Trauerfeier hielt Gerhart Hauptmann die Abschiedsrede.

Gerhart an Ivo

Wiesenstein Agnetendorf i. Riesengeb.
12. Januar 1903

Lieber Junge.
Ich danke Dir für Deine Zeilen. Besonders hat mich gefreut, daß Du gleich zu dem herrlichen Mantegna gegangen bist und was Du über ihn schreibst. Es ist mir eine Wohltat, dass er Dir so einschlägt. Ich lebe jetzt mit ihm und er erfüllt wirklich meine Tage. Wenn ich das Buch durch habe, erhältst Du's und Du wirst großen Gewinn davon haben. Zu sehen, wie eine große Individualität sich entwickelt, ist vorbildlich. Auch ein anderes Buch schicke ich Dir. Ein Reisetagebuch, das Lanskoronski verfaßt und mir geschickt. Ein Schatz von Eindrücken, die in bester Art, gesund, lebendig und bildend sind. Grüß Muttel und Brüder und sei Du gegrüßt von Deinem noch immer frisch mitschreitenden
Palle.

Lanskoronski: Karl von Lanckoroński (1848–1933). Schriftsteller, Kunstsammler, Mäzen, Forschungsreisender, Vizepräsident des Staatsdenkmalamtes und Generalkonservator für Galizien.

Gerhart an Ivo

1. Februar 1903.

Lieber Ivo
Hält Muttel die Zeitschrift *Kunst und Künstler*? Wenn nicht, grüß sie, und sag ihr, ich rate ihr, es zu tun. Es ist das Gediegenste, was man

haben kann. Jedenfalls kaufe Dir Heft IV sogleich und lies besonders Schlittgen über Leibl. Ich denke mir, es steht manches dort, das irgendwann in Dir fruchtbar werden kann. Sei gegrüßt, lieber Junge, grüß Ecke und Klausevetter und nochmals Muttel. Dein Bild macht mir täglich Freude. Leistikow hat sich sehr respektvoll darüber geäußert: Er sagte, man habe das beruhigende Gefühl, daß Du auf dem richtigen Wege seiest. Und ich habe es auch. Dagegen der gute Otto hat wieder ein so hilfloses, verzweifeltes Bildnis von Zarle zusammengequält, daß ich ihm nur aus wahrer Freundschaft die Erkenntnis wünsche, daß es so nicht weiter geht. Malen lernen, schuften! Das rettet ihm vielleicht noch sein Leben, das sonst gänzlich verfehlt ist. (Ich meine malen bei einem Meister, sklavisches Lernen des Abece's.) Er geht nun nach Tannwald. Er kann dort ohne Bildung und Anregung nur vollkommen versimpeln. Ich bin morgen mit ihm zusammen und werde, weil ich es für zwingende Pflicht halte, nochmals ernsthaft mit ihm reden. Traurig, traurig.

Werde dessen würdig, Pifke, – oder bleibe es immer! – was Dir in die Wiege gelegt worden ist.

Schreib ein Wort.

Ich erwarte auch Eckes Brief.

Ich drück Dir die Hand,

Palle

Schlittgen: Hermann Schlittgen (1859–1930). Maler und Illustrator, Gründungsmitglied der Münchener Secession. Verfasste in der Zeitschrift *Kunst und Künstler* einen Beitrag über Wilhelm Leibl: „Erinnerungen an Wilhelm Leibl". Kunst und Künstler 1 (1903), H. 4, S. 122–132.

Leibl: Wilhelm Maria Hubertus Leibl (1844–1900). Maler, bedeutender Vertreter des Realismus.

Zarle: Carl Hauptmann (1858–1921). Schriftsteller und Doktor der Naturwissenschaften. In erster Ehe verheiratet mit Martha Hauptmann, geborene Thienemann, Scheidung 1908. In zweiter Ehe seit 1908 verheiratet mit Maria Hauptmann, geborene Rohne. Älterer Bruder von Gerhart Hauptmann und in der Jugendzeit dessen Mentor.

Gerhart an Ivo

16. Februar 1903

Lieber Ivo

Sei bedankt für Deinen Brief. Ich kann mir schon denken, wie es mit dem *Armen Heinrich* gewesen ist. Es ist immer das gleiche: alte Schule. Das Publikum will das Falsche und pflegt das Falsche, also bekommt es das Falsche. Was Du von Segantini schreibst ist mir interessant. Ich wünschte, die Ausstellung mit Dir sehen zu können, um dahinter zu kommen. Ich glaube, daß Segantini etwas hat, was zu lernen ist: das ist die unsägliche Frische und Leuchtkraft seiner Farben. Du, mein Junge, tust Recht, Dich mit jeder Erscheinung, wenn auch in aller Bescheidenheit, auseinanderzusetzen. Ich glaube, Du wirst in einem klaren Drange in das Deinige hineinleben und das wird dem Holbeinschen wohl immer am nächsten sein. Wir leben still. Paul Kahn ist hier und es wird musiziert. Sonst passiert nichts. Buzzel ist lieb und lustig, wie immer. Ob es mit der Reise was werden kann, weiß ich nicht. Jedenfalls aber mußt Du sonst zu Ostern herkommen, wenn Muttel Dich gehen läßt, denn ich sehne mich danach, wieder ein bißchen bildender Kunst zu leben und von den dreiundzwanzig Jahren, die Du mir an Frische voraus bist, etwas abzubekommen. Ich mache augenblicklich, in regelmäßiger Arbeit, ein Buch, das vielleicht nicht übel wird: einen Roman oder wenigstens etwas romanartiges, das *Der Venezianer* heißen soll. Es schließt sich an die Venezianer-Sagen hier im Gebirge. Neulich hat van de Velde die Künstler Liebermann, Leibl und mich zusammengestellt. Von so jemand laß ich mir so was sehr gern gefallen. Er hat aber auch sonst Gutes gesagt. Nämlich: daß Kunst aus Kenntnis des Materials erwachse, also gleichsam aus dem Material erwachsen müsse. Ich habe das immer auch so gefühlt und deshalb z.B. Dir auch das frühe Beginnen mit Radieren angeraten. Aus diesem Grunde wäre es Dir vielleicht auch nicht undienlich, eine Zeitlang auf einem Polytechnikum zu sein und etwa Chemie zu studieren.

Sag Ecke einen Gruß und ich hätte seinen Brief erhalten. Wenn Muttel seine Absichten gutheißt, so habe ich auch nichts gegen sie. Ihm und Klausevetter berichte einen treuen Kuß von mir, den Du ihnen ja nicht in Natur geben wirst.

Grüß das gute Muttel und einen Kuß und Händedruck von
Palle

Segantini: Giovanni Segantini (1858–1899). Italienischer Maler des realistischen Symbolismus, später Neoimpressionist.

dem Holbeinschen: Hans Holbein der Jüngere (ca. 1497–1543). Porträtist und Maler der Renaissance.

Paul Kahn: Daten unbekannt. Er war gut befreundet mit der Familie Hauptmann und musizierte gemeinsam mit Margarete Hauptmann. Ivo Hauptmann malte ein Porträt von Paul Kahn.

van de Velde: Henry van de Velde (1863–1957). Maler, Designer, Architekt. Als Maler Mitglied der belgischen Künstlervereinigung *Le Vingt*. Gründung eines kunstgewerblichen Seminars in Weimar. 1903 Gründungsmitglied des Deutschen Künstlerbundes. 1907 Eröffnung der von ihm entworfenen Kunstgewerbeschule. Verließ Deutschland 1917. Bekanntschaft mit Gerhart Hauptmann. Ivo lernte ihn durch seinen Vater und Ludwig von Hofmann kennen. Vertiefung der Beziehung durch Erica von Scheel, engste Mitarbeiterin van den Veldes, der späteren Ehefrau von Ivo Hauptmann. Van de Velde beriet und unterstützte den jungen Maler. Nach dem Zweiten Weltkrieg besuchten Erica und Ivo Hauptmann van de Velde jeden Sommer in seinem Haus in Oberägeri in der Schweiz bis zu seinem Tod 1957.

Liebermann: Max Liebermann, Prof. Dr. phil. h. c. (1847–1935). Maler, Grafiker. Seine Malweise war dem Realismus verpflichtet, erst nach der Jahrhundertwende wandte er sich dem Impressionismus zu. Mitbegründer der *Vereinigung der XI* und Mitbegründer und Präsident der *Berliner Secession*. 1920 Ernennung zum Präsidenten der Preußischen Akademie der Künste. 1912 entwarf Liebermann die Bühnenbilder zu *Gabriel Schillings Flucht*, Uraufführung 1912 im Goethetheater von Lauchstädt. Liebermann zeichnete eine Szene, in der die modernen Dichter jener Zeit, Hauptmann und Sudermann, sowie der Theaterdirektor Otto Brahm die als Statuen gezeichneten Klassiker von den Podesten stürzten. Die Zeichnung hing im Flur von Hauptmanns Haus in Schreiberhau.

Gerhart an Ivo

März 1903

Lieber Ivo.
Eine kurze Nachricht von Dir trifft mich in Berlin, Hotel de Rome, aber sie muß gleich abgesandt werden. Wir reisen Freitag von Berlin nach Lugano, über Zürich, und ich erwarte Dich also Ostern in Lugano, wo

wir Natur und Kunst kneipen wollen. Ich mußte mal wieder aus der Monotonie der Winterberge. Schreib! Denn es ist mir wohltuend, eine Zeile von Dir auf der Reise mitzunehmen. Reisegeld langt Dir ja wohl! Grüß Muttel, Ecke und Klausevetter!
Palle

Gerhart an Ivo

[Hermsdorf Kynast, 28.3.1903]

Lieber Ivo
Seid mir alle von Herzen gegrüßt. Ich war in Holland und danke Gott, wieder zu Hause zu sein. Lehrreich und insofern genußreich war die Reise. Nun mußt Du Ostern hierher kommen.
Aber bestimmt kommen. Ich brauche Dich um Deinet- und meinetwillen. Es ist auch schöner, fördernder und genussreicher so. Am liebsten würde ich sehen wenn Klaus und Ecke mitkämen. Leider kann ich dabei nichts tun. Schreib umgehend, wann Du kommst.
Palle

Ich war in Holland: 18.–22. März 1903 Hollandreise über Amsterdam, Den Haag, Scheveningen, Haarlem und Leiden.

Gerhart an Ivo

Sestri Levante
1. April 1903

Lieber Ivo
Sei gegrüßt. Deine Karte hat mir ein lebhaftes Bewußtsein auch in der Ferne gemeinsamen und verwandten Wirkens erneut und mich damit besonders froh gemacht. Ich bin sehr beruhigt, dass Du nun dort bist, wo man in Deiner Kunst das Meiste und Beste lebendig wirken sieht und so übernehmen kann. Diese alte Stadt Paris ist in den Künsten noch immer die jüngste: erfüllt mit ihrem Geist wird man nicht leicht altern. Noch mehr: Glück zur Erneuerung und zum Fortschreiten – auch ich fühle, sympathetisch seit Deiner Karte, etwas wie Erneue-

rung. Wir können sie alle immer wieder brauchen. Ich arbeite etwas Griechisches auf täglichen Wegen in der Villa Piuma. Später musst Du übrigens auch einmal hierher, einstweilen werden wir Deiner beim Abend-Chianti gedenken. Wie lange bleibst Du in Paris? – Ich nehme an bis die Sommerhitze überhand nimmt. Also werden wir uns wohl in Agnetendorf wiedertreffen, im Hochsommer, eine Zeit auf die ich mich einstweilen freuen will. Grethe Buzzel und auch die Cöxin grüßen herzlich, ganz besonders der

Palle

den jede Nachricht von Dir erfrischt.

1. April 1903: Gerhart Hauptmann datierte den Brief versehentlich auf den 1. April 1902, die Erwähnung von Ivos erstem Parisaufenthalt lässt jedoch darauf schließen, dass der Brief aus dem Jahr 1903 stammt.

Villa Piuma: Häufiges Feriendomizil Gerhart Hauptmanns in Santa Margherita (Italien).

Gerhart an Ivo

[Agnetendorf, 26.4.1903]

Lieber Ivo.

Der beigefügte Brief von Elias wird Dir zeigen, daß Du in ihm einen ausgezeichneten, freundschaftlichen Förderer hast. Geh also am Sonnabend, in Berlin, sogleich zu ihm (ich habe Dich angemeldet) und nimm seine Informationen in Empfang. Du wirst dann auch an Herrn Wolf drahten, damit er die Güte hat, Dich Montag am Bahnhof in Empfang zu nehmen. Fritz Wolf muß Dir außerordentlich wertvoll sein. (Drahte, von Berlin aus an Wolf! Natürlich nimmst Du demnach Aufenthalt in Berlin!). Bestätige mir, bitte, den Empfang dieses Briefes. Zeige Muttel das Schreiben von Elias und bitte Sie, Dir den Wechsel auf drei Monate, also 450 Mk, mitzugeben. Von mir erhältst Du 550, wobei die erhöhten Ausgaben des ersten Monats berücksichtigt sind.

Lebe klug!

In einigen Tagen schicke ich Dir den Brief an Rilke.

Ich grüße Euch alle treulich

Palle

Ich freu mich für Dich!

Elias: Julius Elias (1861–1927). Schriftsteller, Übersetzer, Germanist. Leitete nach dem Ersten Weltkrieg das Lektorat der Kunstabteilung im Propyläen Verlag Berlin. War mit Gerhart Hauptmann befreundet.

Herr Wolf: Fritz Wolff (1876–1940). Zeichner und Karikaturist beim *Ulk*, der Beilage des *Berliner Tageblattes*. Sein Bruder Theodor war Redakteur dieser Zeitung und gut mit Gerhart Hauptmann bekannt. Fritz Wolff hatte den Auftrag, den jungen Ivo Hauptmann bei seinem ersten Parisaufenthalt 1903 in die Académie Julian einzuweisen, in der auch Wolff Kurse belegt hatte.

Rilke: Rainer Maria Rilke (1875–1926). Schriftsteller. Rilke zählt zu den bedeutendsten Lyrikern deutscher Sprache, darüber hinaus verfasste er den Roman *Die Aufzeichnungen des Malte Laurids Brigge*. Besuchte 1917 zusammen mit Lou Andreas-Salomé Gerhart Hauptmann im Grunewald. Er war ein großer Verehrer der Dramen Hauptmanns, insbesondere des *Michael Kramer*. Die beiden Schriftsteller standen im Briefwechsel miteinander. Rilke wohnte 1910–1912 im Palais Biron in Paris, in dem zur gleichen Zeit auch Ivo Hauptmann bei seinem zweiten Parisaufenthalt eine Wohnung gemietet hatte. Rilke und Ivo Hauptmann befreundeten sich und korrespondierten gelegentlich miteinander.

Gerhart an Ivo

[Agnetendorf, 28.4.1903]

Lieber Ivo.
Hier ein zweiter Brief von Elias. Sei also bestimmt Sonnabend 1 Uhr bei ihm. Verhalte Dich frei, freundlich und dankbar. Die Verbindung ist für Dich wichtig und sehr wertvoll. Sei nicht so faul und schreibe mir seine Bestätigungen: sonst weiß ich ja nicht mal, ob Du meine Briefe bekommen hast. Ich beneide Dich! Ein Billet nach Paris nimm also nicht vor Dr. Elias'sens Rat in Berlin.
Ich grüße Euch alle
Palle

Natürlich mußt Du bei Dr. Elias essen. Schreibe auch sogleich, also umgehend, ein paar Zeilen an ihn, mit denen Du Dich für Sonnabend ein Uhr anmeldest.

Gerhart an Ivo

Wiesenstein
Agnetendorf i. Riesengeb.
[6.5.1903]

Mein lieber Junge.
Aller Anfang ist schwer! und aller Anfang ist auch meistens unschön! Jedenfalls geh ganz kaltblütig in Deine Schule und vertiefe Dich in die Arbeit. Laß die Rüpel rüpeln! Vielleicht findest Du auch unter den Rüpeln einen, oder den anderen, der keiner ist. Die Philosophie des Herrn W. ist mir nicht neu! Solche Leute kenne ich aus meiner Vergangenheit in Menge. Es ist notwendig, sie zu kennen und seinerzeit dort stehen zu lassen, wo sie sich selbst hingestellt haben. Gesellschaft fürs Leben ist das nicht! Überhaupt, die Genossenschaft dieser Kunstbeflissenen, die wirklich nur in einer kleinen Minderheit Berufene sein können, ist schrecklich, überall: Lächerlich aber ist es, sich von diesen Nichtsen entmutigen zu lassen. Dazu liegt nicht der geringste Anlaß vor. Im Gegenteil! Wer weiß, daß er was in sich trägt, braucht seine Heiterkeit nicht einbüßen: Und Du trägst was in Dir! Lernen, was zu lernen ist, – und das wirst Du ja sehen, was zu lernen ist! – Und wenn nichts mehr zu lernen ist, Deiner Wege gehen. Kunstbetätigung ist eine aristokratische Betätigung: und dieses Massenlernen hat nur seinen Wert im Anfang.
Also Ivo! wirf Deine Pariser Flinte nicht zu früh ins Korn. Sieh erst genau und bestimmt zu! Fürchte Dich nicht vor dem rauen Wind! Und wenn Du dann zu der Überzeugung kommst, daß nichts für Dich in Paris zu holen ist, mach kehrt und komm nach Deutschland. Du bist ganz frei! Das weißt du ja!
Besuche sofort Mangold, 15, Rue Delambre: Ich !!! bedaure, daß er Dich nicht hat gleich bei der Hand nehmen können. Grüß ihn von mir herzlich. Du wirst Frische bei ihm finden und guten Rat und es wird Dir heimelig sein. Hernach gehe auch zu Rilke. Es ist so wichtig für Dich, Deine Einsamkeit zu durchbrechen: es gibt so viele ganz andere Menschen, wie den selbstquälerischen Herrn Wolff. Rilkes Adresse: 3, Rue de l'Abbé-de-l'Épée. Und nun, alter, guter Junge, schreib jede Wendung Deines Lebens, oder Deiner Ansichten. Halte mich auf dem Laufenden und sei gegrüßt von Deinem, Dich herzlich liebenden
Palle.

Schreib mir bald, daß Du Mangold und Rilke besucht hast
Schreib immer Deine genaue Adresse!

Mangold: Anton Mangold (1863–1907). Porträtmaler.

Gerhart an Ivo

Wiesenstein
Agnetendorf i. Riesengeb.
12. Mai 1903

Lieber Junge
Mit wirklich herzlicher Freude habe ich Deinen letzten Brief gelesen, worin Du mir von der guten Wirkung schreibst, die Dein Dantekopf auf Herrn Léfebvre gemacht hat. Kaum ein Ereignis meines eigenen Lebens hat mich so von innen herauf freudig gestimmt. Ehe ich auf den sonstigen Inhalt Deiner Mitteilungen eingehe, möchte ich Dir im voraus sagen, daß Du unbedingt Paris verlassen sollst, sobald die Hitze den bekannten, schwer zu ertragenden südlichen Grad erreicht und daß ich Dich dann hier oder in Hiddensee erwarte. Also: Ich gratuliere nochmals zunächst! Im übrigen schreibst Du mancherlei was ich mit Vergnügen gelesen habe, weil eine bestimmte Art und Stellungnahme daraus spricht. Möchtest Du sie behalten: denn nur aus ihr und auf ihr entwickelt sich künstlerische Persönlichkeit. Horche auf das, was Deine Natur spricht, halte Dir auch diese Stimme rein und tue das, ohne rechts und links zu blicken, worauf sie Dich hinweist. Von mir aus sollst Du in dieser Beziehung niemals beengt oder im Eigenen behindert sein. – Im Sachlichen nun, lieber Ivo, bin ich nicht ganz Deiner Ansicht. Wenn Du zum Beispiel sagst, Du glaubst, in Paris sei nichts weiter für Dich zu holen, so mag das, in Hinblick auf den speziellen Kreis Deiner dortigen Erfahrungen, mit Einschränkung richtig sein. Erstlich jedoch ist aber dieser Erfahrungskreis zu klein – er umschließt den Inhalt von acht unruhigen Eingewöhnungstagen! – und dann ist das Wesen des persönlichen Fortschritts nicht so leicht zu erfassen: Der größte Fortschritt geschieht unbewußt! So magst Du sicherlich recht haben, wenn Du die meisten Fabrikate in Deiner Umgebung Kitsch nennst: das liegt aber nicht an dem genialen Vorbilde, dem die Schüler nachstreben,

sondern eben daran, daß diese Schüler wahrscheinlich gute Menschen und schlechte Musikanten sind. Du sollst ja auch nicht direkt von den Schülern lernen: aber indem Du z. B. gezwungen worden bist, Farbe zu bekennen, und damit sogar Deinen Triumph errungen hast, hast Du bereits, im Gegensatz, gelernt: und das, sowie alle Deine angeregten Überlegungen, sollst Du durchaus nicht unterschätzen. Es ist gut, daß Du den Dante gemacht hast und nun versuchst, die Tiefe Beethovens zu erfassen: zu beidem gehört Größe der Auffassung, in die man auch hineinwachsen muß, durch Übung: aber nun tust Du auch recht, Dich vor den Akt zu stellen! Jene andere Schulung wirst Du in Zukunft für Dich nicht vernachlässigen, aber vor allem scheint mir wichtig, daß Du das größte Kopfzerbrechen gegenüber dem nackten Leben kennen lernst und das damit verbundene tiefste, künstlerische und bedeutende Interesse. Ich bin überzeugt, im Laufe dieser Art Arbeit wirst Du, ganz anders wie an dem Gips, merken, wie du Boden gewinnst und daß Du, bei solchem Bemühen, Deine Minuten vollwertig erfüllst. Nun, Ivo, schreibst Du von anatomischen Vorlesungen, die Du hören willst. Warum denn nicht? Nur brauchst Du das eben nicht zum Aktzeichnen. Sehen! Sehen! Darauf kommt alles an. Meinetwegen kannst du wie Holbein und Rembrandt Kadaver zeichnen: Indessen Kadaver bleibt Kadaver und ersetzt das lebendige Leben nicht. Und überhaupt: höre! ja, wenn Du Vorlesungen sehen könntest! Kurz, Dein Anatomie-Interesse ist wissenschaftlich, nicht künstlerisch: Es ist natürlich voll berechtigt, nur muß man es stricte auseinander halten. Ich bitte Dich also, glaube nicht, und laß es dir auch von niemand einreden, daß man zum Aktzeichnen etwas anderes nötig hat, als seine Augen, Bleistift, Papier und Modell: die akademische Einpaukung von dem, was sich unter der Haut abspielt, kann für den Anfang uns irre machen und schädlich sein. Sieh, was Du siehst und empfindest und weiter nichts! Willst Du Dich, parallel mit der Arbeit, über gewisse anatomische oder physiologische Grundlagen etwa vorhandener Bewegungen etc. unterrichten, so kaufe Dir irgend ein instruktives Buch oder ich werde, auf Deinen Wunsch, hier eins ausfindig machen.

Du hast ein Leben zum Studium. Jede Phase Deines Lebens ist in gewissem Sinne zugleich Studium und Meisterschaft. Also Du hast Zeit! Vervollkommne Auge und Hand und es wird über kurz oder lang ein Leichtes und ein Genuß für Dich sein, mit dem Bleistift oder Pinsel in irgend einer Anatomie zu sitzen und mit Ernst und Meisterschaft weit mehr, als jene zerstückelte und spielerische „Anatomie" zu treiben, die in Akademien gelehrt werden kann. Lieber Junge, mein Brief wird sehr lang, vielleicht liest Du ihn gar nicht zu Ende. Ich möchte Dich aber davor bewahren, den so überaus glücklichen Anfang voreilig zu unterschätzen, den Du in Paris gemacht hast. Du sehnst Dich nach deutschen Akademien, ja, lieber Junge, Du kennst sie nicht! Und außerdem glaube ich, daß Du Dich mehr nach Deutschland, als gerade nach den Akademien sehnst. Allein der hier geübte Zwang hat schon etwas Lähmendes. Dort hast Du den bei der künstlerischen Arbeit so notwendigen Vorteil freier Selbstbestimmung. Ich möchte eben um jeden, jeden Preis Dir den unberechenbaren Vorteil zuschanzen, der, gerade für unsere Natur, ein längerer Aufenthalt in Paris, in menschlicher und künstlerischer Hinsicht mit sich bringt. Wenn Du jetzt, nach wenigen Monaten, auf Nimmerwiedersehen die Stadt verlässt, so wirst Du bis zu dem Wertvollsten was sie geben kann, ganz einfach nicht durchdringen. Du wirst von ihrer tiefen Kultur, die nicht zu leugnen ist, nicht einmal was merken, geschweige, daß etwas davon in Dich eindringen kann. Sieh mal, Ivo, ich möchte Dir, wenn Du in der heißen Zeit bist, und nicht mehr nach Paris willst, das schriftliche ehrenwörtliche Versprechen abnehmen, daß Du dann, innerhalb der nächsten fünf Jahre Paris nachholst und unbedingt ein ganzes Jahr dort zubringst: so bombenfest bin ich von dem Wert des dortigen Aufenthaltes für Dich überzeugt. Und Du wirst mir dann auch, wie ich weiß, das Versprechen geben. Aber einstweilen hoffe ich noch, daß Du zum Herbst doch die Fahrt nach Paris wieder antreten wirst. Deutschland läuft Dir nicht fort. Hier bist Du zu Hause! Hier wirst Du wahrscheinlich den Löwenanteil Deiner späteren Arbeit verrichten, sowieso! Und daß ich Dich tausendmal lieber hier, als in Paris wüßte, an sich, brauche ich, lieber Junge! Dir nicht zu sagen. Aber ich fühle ebenso zwingend bestimmt, wie sehr es zu Deinem besten dient: und da muß denn der Egoismus stillschweigen. Ehe ich abschließe für heute Einiges: Hotel de la Tamise, Rue d'Anger wohnen Hofmanns. Geh hin und suche sie auf, wenn sie Dich nicht schon ausgefunden haben. Ferner stelle ich Dir anheim – es ist immer gut, wenn man so etwas tut! – nach der rue Visconti 24 zu Herrn Siegfried Benignus zu gehen, ihn von mir zu grüßen und zu fragen, ob er es Dir erlauben wolle, seiner Vorlesung

am 20ten d.M. über den *Armen Heinrich* beizuwohnen. Du lernst die Universität dadurch kennen und könntest vielleicht durch ihn erfahren, ob eine Möglichkeit, an der Sorbonne eine anatomische Vorlesung zu hören, für Dich bestände. Er hat bei mir angefragt: ob Georg, dem der A.H. gewidmet ist, noch lebe. Du könntest ihm sagen: nein! und ihm mitteilen, daß er früh gestorben ist und jahrelang hoffnungslos leidend war. Du könntest ihm auch mitteilen, daß Züge von ihm im *Armen Heinrich* nicht vorkommen: auch darüber hat er eine Auskunft erbeten. Schließlich könntest Du ihm sagen, daß ich Dramen, die den gleichen Stoff behandeln, nicht gelesen habe und könntest ihm beigefügte Kritiken übergeben, weil er um einige, die mir gut erschienen, gebeten hat. Allerdings werde ich diese Kritiken zurück erbitten. Endlich müßtest Du ihm sagen, daß ich mich herzlich freuen würde, ihn im Sommer hier in Agnetendorf begrüßen zu können. Er hat seinen Besuch in Aussicht gestellt. Du siehst: es ist beinahe ein Auftrag.
Genug für heut, braver Junge, vielleicht zu viel auf einmal? Der Gong schellt (!) zum Abendbrot. Es wird bald genug sein, daß wir uns werden zu Tisch setzen und was erzählen können. Das Bild von Butzel ist wundervoll! Eine Perle! Grüß Hofmanns!
Grethe grüßt Dich ebenfalls. Und ich drücke Dir in treuer Kameradschaft die Pfote. Schreib, wenn Du Zeit hast, das Neueste! Meine Seele freut sich daran!

13. Mai morgens
Ich habe mirs überlegt: Kritiken für B. lege ich nicht bei. Sag ihm nur, ich hätte keine. Ferner, Ivo, kaufe Dir andere Briefbogen oder klebe auf Deine Briefe 50 statt 25 Ctms, denn ich musste hier jedes Mal bis jetzt 40 Pfg. Strafporto zahlen.
Weißt Du schon, daß Muttel in den Ferien nach Norwegen geht? Ein Kuß auf die Stirne, alter Kerl! Und auf ein frohes Wiedersehen
Palle

Léfebvre: Jules Léfebvre (1836–1912). Maler. Dozent an der Académie Julian in Paris. Léfebvre leitete die Malklasse für Herren in der Rue du Dragon.
Rembrandt: Rembrandt van Rijn. 1606–1669, Maler und Radierer aus den Niederlanden. Gerhart Hauptmann hielt 1922 in Holland eine Vorlesung in der „Schouwburg" in Den Haag. Er hielt eine kurze Vorrede:„Ich bin ein

Rembrandt-Schüler. Denn Rembrandt ist das, wonach ich gestrebt habe, das unbeirrbare Gefühl für alles, was schlicht und tatsächlich ist. Die Absicht meines Werkes aber ist es gewesen, durch Verstehen zur Versöhnung zu führen."1903 hatte Hauptmann das Rijksmuseum besucht und Rembrandt-Bilder bewundert.

Siegfried Benignus: Keine Daten vorhanden. Germanist, hielt in Paris eine Vorlesung über Hauptmanns *Der arme Heinrich*.

Georg: Georg Hauptmann (1853–1899), ältester Bruder Gerhart Hauptmanns.

Gerhart an Ivo

Wiesenstein.
Agnetendorf i. Riesengeb.
14. Mai 1903

Lieber Junge,
Wieder ein Auftrag: gehe bald zu Rilkes. Diese lieben, herzlichen, grundbraven Künstlerleute erwarten Dich. Grüße sie von mir aufs Wärmste. Danke ihm für seinen letzten Brief und laß Dich nicht durch seine, Dir vielleicht, ähnlich wie Wilms Art, nicht ganz adäquate Weise abregen. Es steckt sehr viel in Rilke. Und nun will er so freundlich sein, mir Rodin-Photographien auszusuchen. Frage doch einmal, wenn Ihr bei dem Photographen aussucht, an: für wieviel Geld man das Gesamtwerk – es sollen etwa 300 Photographien sein! – haben könnte. Die Idee sitzt mir im Kopf. Man hätte da eine Quelle der Freude und Anregung mehr im Haus. Rilke ist öfter mit Ignazio Zuloaga zusammen, dem spanischen Maler, den Du vielleicht auch kennen lernst. Du müßtest übrigens mit Rilke verabreden, ob Ihr vielleicht nicht eine Erschwinglichkeit des Gesamtwerkes dadurch ermöglicht, daß Ihr betont, Ihr solltet für einen Künstler kaufen. Gib mir dann sogleich Nachricht.
Gruß und Kuß von
Palle

Sag Herrn Rilke, ich würde ihm bald schreiben. Ich glaube, daß Du an ihm und seiner Frau den vielleicht angenehmsten Anschluß finden wirst.

Wilms: Bernhard Wilm (Lebensdaten unbekannt). Schriftsteller, Freund Gerhart Hauptmanns, lebte im unweit von Agnetendorf gelegenen Saalberg.

seiner Frau: Clara Rilke Westhoff (1878–1954). Bildhauerin und Malerin.

1901 Heirat von Clara Westhoff und Rainer Maria Rilke. 1903 Trennung. Im Winter 1909/10 gestaltete Westhoff-Rilke eine Büste Gerhart Hauptmanns.

Ignazio Zuloaga: Ignacio Zuloaga (1870–1945). Spanischer Maler.

Gerhart an Ivo

Wiesenstein
Agnetendorf i. Riesengeb.
18. Mai 1903

Lieber Ivo

acht Stunden Arbeit: das ist ein schöner Anfang. Ich beneide Dich und zugleich freue ich mich, mehr als ich sagen kann, daß Du ins Wasser gesprungen bist und gefunden hast, daß es nicht halb so eisig ist, als Dir Herr Wolff vorgespiegelt hat. Damit hast Du das Schlimmste hinter Dir und es ist hundertmal besser, Paris gefällt Dir nicht und die Schule gefällt Dir, als umgekehrt: Paris gefiele Dir und die Schule nicht.

Ich bin im Geiste stündlich bei Dir, mein lieber Junge, und das Bewußtsein, daß Du arbeitest, reißt mich mit. Ich bin so froh darüber, daß Du Deine Zeit nicht mehr vergeuden brauchst, sondern anwenden kannst, und einigen Grund und Boden gefunden hast. Lerne, lerne, lerne mit Lust, denn es gibt nichts Lustigeres in der Welt! Schreib mir doch gelegentlich, wie Ihr Eure 8 Stunden hinbringt? Zeichnet Ihr immer Akt? Ihr müßt doch verschiedene Modelle haben? Ich wünschte, ich säße unter Euch! Solltest Du irgendetwas fertig bringen sei meiner Warnung eingedenk und vernichte nichts! Ich will alles sehen, womöglich chronologisch, wenn Du zu Anfang August herkommst!

Grüß Herrn Wolff unbekannterweise von mir, wenn Du ihn einmal wiedersiehst, Luft schnappst, oder in Gesellschaft bist, und bedecke ein Stück Papier mit Deinen Krähenfüßen, ich will Dir dann immer bald eins mit den meinen dagegen schicken. Jeder kleine Umstand Deines Leben, den Du mir mitteilen willst, interessiert mich auf das allerlebhafteste: Ich kann mit Dir dadurch leben und sogar bis zu einem gewissen Grade wieder jung werden. Hier ist bedeckter Himmel. In einigen Tagen will Karl Bauer kommen, ein Radierer, und mich für

die *Jugend* zeichnen. Im übrigen gelingt es mir vielleicht bis Anfang August auch einiges fertigzubringen. Gruß von Grethe und von mir noch einen Kuß, alter Junge! Gott behüte, fördere Dich und erhalte Dich gesund!
Palle

Brief mit Adresse hast Du wohl erhalten

Karl Bauer: 1868–1942. Grafiker, Maler und Schriftsteller.

Ivo an Gerhart

Paris, Sonntag [o. D., vermutlich 1903]

Lieber Palle!
Täglich große Hitze, ich freue mich, wieder in etwas kühlere Gegenden zu kommen, wo man nicht gänzlich verschmort. Heute war ich bei Herrn Rilke, der mir einen sehr angenehmen Eindruck gemacht hat. Er fühlt sich noch nicht wohl nach seiner Influenza. Er leidet ebenfalls sehr unter der Hitze und gedenkt nächstens Paris zu verlassen und nicht sobald wieder dahin zurück zu kommen, denn er hat genug davon und ich kann es ihm nicht verdenken. Dies ist der erste Mensch, dem ich begegne, der genau so Paris empfindet wie ich. Ein leichtsinniges Leben, nur Vergnügen suchend, dem jede Spur von Ernst fehlt. Sehr unangenehm wird Paris durch den Lärm. Eine Dampfstraßenbahn zum Beispiel fabriziert auf viererlei Weise Radau: da ist es erstens das Fahren auf Schienen, dann kommt schon zweitens das Zischen von Dampf wie bei einer Lokomotive, drittens hat der Kutscher vorn zum Warnen eine Tute, die alleine genügt, um jemanden einen Begriff von Lärm zu machen und viertens hat der Schaffner noch ein ganz schrill klingendes Horn um anhalten zu lassen, sodaß, wenn alles im Gange ist, ein Radau den andern übertönt. Das ist ein Beispiel, nun gibt es aber viele solche Lärmapparate, von denen keiner dem zu dem nachsteht, außer den zahllosen Automobilen, die in dieser Hinsicht unübertroffen sind. Für all dies scheinen die Franzosen kein Gefühl zu haben. Ich habe Herrn Rilke wegen der Photographien gefragt, er sagte, es seien über 300 und jede koste ungefähr 6 Franken. Er will mich be-

nachrichtigen, damit wir an einem Tage zusammen aussuchen können. Wieviel sollen wir schicken lassen? Oder soll ich sie mitbringen? Schreib mir bitte darüber.
Herzliche Grüße und fröhliche Pfingsten. Ivo.

Ich soll von Rilkes grüßen.

Gerhart an Ivo

Wiesenstein
Agnetendorf i. Riesengeb.
[3.6.1903]

Lieber Ivo
5 Photographien von Rodin, vier Sachen müssen mir diesmal genügen, [bringe sie] mir mit oder besser lasse sie schicken. Es wäre mir dann lieb wenn Du vor der Abreise auch Benignus noch aufsuchtest, ihm meinen Gruß entrichtetest und ihm sagtest, ich würde mich herzlich freuen, ihn im Sommer einmal hier zu sehen.
Pfingsten hier wieder turbulös aber vielfach schön und es war schade, dass Du R. Kahn und Grethe nicht konntest musizieren hören. Halte Dich! Sei fleißig und wenn es nicht mehr auszuhalten ist, wie gesagt, Piefke, dann komm. Es ist mir doch sehr lieb, daß du meiner Drahtung ungeachtet, nun am Platze ausgehalten hast.
Grüße und einen Kuß vom Palle

R. Kahn: Robert Kahn (1865–1951). Pianist und Komponist. Bruder von Paul Kahn. Seit 1903 Professor an der Hochschule für Musik in Berlin. Freund vor allem von Margarete Hauptmann. Gemeinsame Konzerte auf dem „Wiesenstein“.

Ivo an Gerhart

Paris, Montag [vermutlich Juni 1903]

Lieber Palle!
Meine Wohnung habe ich nun für den 17. Juni gekündigt. Auch die Sache mit dem Vierteljahresabonnement ist geordnet, sodaß mir der Rest

nach meiner Rückkehr gut gerechnet wird. Damit fahre ich also nach Dresden.
Vorige Woche habe ich oft skizziert, da ich im Atelier vor Hitze und schlechter Luft nicht allzu viel arbeiten konnte. Herr Wolff, dessen starke Seite das zu sein scheint, hat mir viel gesagt und genützt, sodaß ich dabei gelernt habe. Er hat mich auf Sachen aufmerksam gemacht, die ich bis dahin so gut wie gar nicht beobachtet hatte, ich bin ihm sehr dankbar dafür. Mit ihm habe ich auch einen feinen Monet betrachtet und bewundert. Er hängt in einer der vielen Kunsthandlungen, so daß ich es sicher nicht ohne seine Führung gesehen hätte. Dieser Monet sieht Farben über Farben und in diesem rücksichtslosen Nebeneinandersetzen derselben liegt seine große Kraft. Im Louvre bin ich auf ein Selbstportrait von Poussin gestoßen, was mir großen Eindruck gemacht hat.
Mit Herrn Rilke habe ich Rodin-Photographien ausgesucht, ich glaube, daß sie Dich freuen werden. Sie müssen mit meinem Brief kommen.
Herzliche Grüße
Ivo

Zu Benignus gehe ich noch.

Monet: Claude Monet (1840–1926). Französischer Maler. Bedeutender Vertreter des Impressionismus.

Ivo an Gerhart

Paris
[o. D., vermutlich Juni 1903]

Lieber Palle!
Ich schicke Euch die letzten Grüße von der ersten Expedition nach Paris. Sie war nicht so sehr lange dauernd, aber ich kann wohl sagen, vieles profitiert zu haben. Bei Herrn Benignus war ich. Er wird im Sommer nach Agnetendorf kommen. Er läßt Dich grüßen und Dir sagen, daß Du seiner Meinung nach weit besser in Frankreich als in Deutschland verstanden worden wärst. Er hat mir noch vieles über seine zukünftigen Pläne berichtet, ein Stück von Dir z. B. an der Comédie Française auf-

führen zu lassen, von Vorträgen über Dich in Russland und vieles mehr, worüber ich Dir bald mündlich Auskunft geben werden kann. Gestern Abend war ich noch einmal bei Hofmanns eingeladen, von denen ich Euch ebenfalls grüßen soll. Sie lassen sich durch mich anmelden. Sie werden in ungefähr acht Tagen erscheinen. Ich fahre heute zufällig mit Hofmanns nach Köln. Sie übernachten dort, um dann nach Weimar zu fahren und die Arbeiten dort auszustellen. In Dresden werde ich nicht allzu lange bleiben, ich glaube, daß die Muttel ihre Reise am 21. beginnt. In meiner Tätigkeit habe ich folgende Pläne, zunächst mal einen Gipsmann, einen Muskelmann kaufen und den mal ein bisschen bearbeiten. Dann werde ich mich auf malen legen. Ich werde da zum Anfang ein Stilleben mit einem Totenkopf aufbauen, um die Sache langsam etwas kennen zu lernen. Dann habe ich vor allem die Absicht im Riesengebirge zu landschaftlern. Die Hauptsache aber bleibt immer und immer arbeiten, arbeiten.
Herzliche Grüße
Ivo

Bitte sage der Grete, ich ließe mich für meinen schanderösen Brief entschuldigen, ich hätte mich die ganze Zeit darüber geärgert, würde aber versuchen von Dresden aus die Sache wieder gut zu machen und grüße sehr von mir.

für meinen schanderösen Brief: Ivo und Margarete Marschalk hatten anfangs ein zwiespältiges Verhältnis zueinander, sah er in ihr doch die Konkurrentin seiner Mutter. 1904 wurden seine Eltern Marie und Gerhart geschieden. Im selben Jahr heirateten Gerhart und Margarete, worauf sich Ivos Verhältnis zur Stiefmutter verbesserte.

Gerhart an Ivo

Wiesenstein
Agnetendorf i. Riesengeb.
[19.6.1903]

Lieber Ivo.
Sei gegrüßt im Lande. Sag Muttel einen Gruß und herzlichen Reisewunsch! Und wenn Du Dich ausgetennist hast, komm her. Deine Plä-

ne, auch mit den Riesengebirgs-Studien, sind sehr zu billigen. Ecken Dank für seinen Brief, Klausen einen Händedruck
Palle

Bring Filme der letzten Aufnahmen mit!

Sei gegrüßt im Lande: Im Juni 1903 verließ Ivo Hauptmann Paris wegen allzu großer Hitze und fuhr zurück nach Dresden zur Mutter.

Gerhart an Ivo

Wiesenstein
Agnetendorf i. Riesengeb.
[7.7.1903]

Lieber Ivo.
Ich finde es wirklich ein ganz klein wenig sonderbar, daß Du nach Paris gar keinerlei Anstalten machst, mir einiges zu rapportieren. Was treibt Ihr denn allein in dem Haus?
Ich verstehe Dein Verhalten nicht ganz? Hofmanns sind hier. Sage Klaus und Ecke, daß sie mit Ferienanfang von Dresden abreisen sollen und hierher kommen, wir verbringen die Ferien wie im Vorjahr, hier.
Seid gegrüßt
Palle

Bestätige mir den Empfang des Briefes und Ecke soll Nachricht geben, wann Klaus und er hier eintreffen.

Gerhart an Ivo

Wiesenstein
Agnetendorf i. Riesengeb.
2. September 1903

Lieber Ivo.
Herzlich beunruhigt mich der Gedanke, daß Du die Flucht der Stunden nicht merken könntest und Unwiederbringliches fliehen lässt, statt

es festzuhalten. Es ist nun bald ein halbes Jahr herum, daß Du von der Schule bist. Ein Jahr wird herum sein und Du wirst Dich zu fragen haben, was geleistet ist.
Lieber Junge! Ich beschwöre Dich, komme nicht neben das Gleis, neben die großen, kräftigen Strömungen des Lebens, in das elende Brackwasser, wo die große Schar der Halbnarren und Selbstbetrüger hinverschlagen wird. Das läßt sich einzig vermeiden durch Gewecktheit und Arbeit. Unterrichte Dich! Bilde Dich! Versäume keine Möglichkeit in der Richtung! Höchstens zwei Stunden Tennisspiel täglich. Im übrigen geistiges Leben und wirken: sonst werden Deine Beine zwar stärker ….. aber Deine Stirn wird nicht höher werden.
Junge, ich habe heut mein Stück vorläufig beendet. Es ist ein herrlicher Herbsttag. Und da möchte ich auch Dir etwas Gutes zu tun nicht unterlassen. Das Leben ist kurz, die Kunst ist lang!
Ich grüße Euch
Palle

Schreiben bildet. Briefe erfreuen den, der sie empfängt. Es wäre schön, wenn Du Dich mit einigen Zeilen immer in meinem Gesichtskreis heimisch erhieltest.

Ivo an Gerhart

[o. D., Herbst 1903]

Lieber Palle,
ich danke Dir für den *Armen Heinrich*: Herr Larsen hat zur Muttel gesagt, er würde verrückt vor Freude, wenn er das Buch bekäme.
Soll ich den 25. nach München fahren? Die Aufnahmeprüfung beginnt den 14. Oktober. In der Woche vom 12.–14. habe ich Arbeiten von mir vorzulegen. Ich habe einige Pastelle zu diesem Zweck gemacht. Zwei Portraits von Muttel und Rade, dann eine Landschaft. Seit beinahe zwei Wochen arbeite ich an einem lebensgroßen Portrait von der Muttel (in Öl), ich hätte das gerne vor München fertig gemacht. Wird das Stilleben direkt nach München geschickt? Lieber wäre es mir, Du könntest es hierher schicken, damit ein Rahmen darum gemacht werden kann. Vielleicht wirkt das Bild dann auf die Professoren etwas

bestechender. Ich hoffe sehr stark, daß sie mich aufnehmen, obwohl ich noch ziemlich wenig, eigentlich gar nicht Akt gezeichnet habe. Bebel hat hier mächtigen Radau geschwungen. Muttel hat ihn begrüßt und mehrere Male mit ihm gesprochen. Er wollte, wenn irgend möglich uns besuchen, scheint aber doch keine Zeit gehabt zu haben. Er erzählte von Seo, daß er den Scharlachbazillus entdeckt habe, und eifrig daran arbeite, ein Serum gegen ihn zu finden. Bebel ist darüber sehr froh. Das wäre das Neueste, was ich von Interesse zu berichten hätte.
Herzlich grüße ich Euch
Ivo

Herr Larsen: Nicht ermittelt.
Bebel: August Bebel (1840–1913). Führender Sozialdemokrat in Deutschland.
Seo: Ferdinand Simon (1862–1912), genannt Seo. Sozialmediziner, Mitglied im Verein *Freie Bühne* und langjähriger Schul- und Studienfreund Gerhart Hauptmanns. Simon heiratete 1891 August Bebels Tochter Frieda, was vermutlich der Grund für die Bekanntschaft Bebels mit Gerhart und Marie Hauptmann war.

Gerhart an Ivo

Wiesenstein Agnetendorf i. Riesengeb.
22. September 1903.

Lieber Ivo.
Ich möchte etwas über Dein Leben und Treiben wissen. Die Sache mit „Stuck“ leuchtet mir noch nicht ein. Gegen den ersten komme ich nach Berlin und werde dann bei Hei(l)butt und Liebermann nachfragen, wer gegenwärtig in München der beste Lehrer ist. Schreibe mir bald, etwas Ehrliches und Freimütiges! Hast Du Modell mit Rade? Kommst Du vorwärts? Machst Du was? Sei gegrüßt und vergiß nicht Deine Brüder zu grüßen.
Palle

Vergiß in Deinen Briefen nicht immer das Datum. Wer sich darum nicht kümmert, d.h. um die Zeit, kann auch die Zeit nicht nützen und merkt nicht, wie sie entflieht.

Die Sache mit „Stuck": Franz von Stuck. 1863–1928. Mit Wilhelm Trübner Begründer der Münchener Secession. Wichtiger Repräsentant der Jugendstilmalerei und des Symbolismus. Ivo hatte vorgeschlagen, bei Stuck in München zu studieren.

Hei(l)butt: Emil Heilbut (eigentlich Helmut Helferich). 1861–1921. Maler und Kunstkritiker. Lebte in Hamburg. Redakteur bei der Kunstzeitschrift *Kunst und Künstler.*

Gerhart an Ivo

Wiesenstein
Agnetendorf i. Riesengeb.
7. Dezember 1903

Lieber Ivo.
Du bekommst durch die Bank Mark 220 (Zweihundertzwanzig).
Davon gib 120 an Peter. Schreib von Dresden aus, wie es allen geht, und bitte auch Ecke und Klaus um Lebenszeichen.
Gruß, Dir und Peter.
Hier ist herrlicher Winter, Schlittenbahn etc., aber es taut. Ich freu mich auf Euer Hiersein Dein
Palle

1904

Gerhart an Ivo

Hotel Sacher
Wien
7. Februar 1904

Liebe Jungens.
Ich werde Euch immer zappeln lassen, wenn Ihr dadurch zu solchen humorigen Episteln veranlasst werdet. Scherz beiseite: es ist nun alles ins Gleis geleitet. Freut Euch des Daseins! Tut was! Nützt die Stunde! Bleibt gesund! Mir geht's bedeutend besser. Ich schreibe Ivo unsere Italien-Adresse wenn wir gelandet sind.
Gruß von Grethe und uns.
Gerhart

Die alten Sultane waren Maler und Schönschreiber. Ivo, Du müßtest, wenn Du Energie hättest, Schönschreibkunst üben, wo möglich Unterricht nehmen. Ich habe hier in der Hofbibliothek wahrhaft göttliche (!!!) Miniaturen gesehen.

Mir geht's bedeutend besser: Gerhart Hauptmann erkrankte am 31. Oktober 1903 an einem Lungenspitzenkatarrh. Die Krankheit war langwierig und dauerte bis Februar 1904 an.

Gerhart an Ivo

Bordighera d. 18. Februar 1904 Hotel Angst

Lieber Ivo
Ich habe gestern einen Brief an Dich ohne genaue Adresse gesandt. Ich regte Dich darin an, hierher zu kommen, und zwar zu Anfang März, weil hier für Deine Kunst und Dein Studium so unendlich viel zu gewinnen ist. Einen anderen Grund habe ich nicht, denn wir sehen uns ja im Sommer sowieso wieder. Allein ich muß hier von Schritt zu Schritt an Dich denken, weil das Malerische, Zeichnerische und Schöne hier

in Dir unbekannter Fülle ist, so daß Dir die Augen aufgehen müssen und Du viel mit heim tragen wirst. Vor allem auch bereicherte Phantasie. 300 Mk beträgt Dein Wechsel. Muttel mag Dir die Hälfte der Reise zahlen ich die andere Hälfte. Du kommst so hier aufs beste aus und kleine Löcher stopfe ich gern. Sollte Muttel nichts beisteuern wollen, so schreib. Schreib überhaupt bald Deine Absichten. Ölwälder, Palmen, Meer, malerische Durchblicke, Bergflecken, der vollkommenste Orient. Ich wohne im Hotel Angst, wo ich vor langer Zeit einmal mit Muttel, Ploetz, Simon und Paule war. Sage von Deiner Reise weder Corinth noch Jonas. Sage, Du gingest für einige Zeit nach Dresden. Lege Peter auch Schweigen auf. Und wie gesagt, äußere Dich bald. Vergiß aber nicht große Leinewände, Pastelle, Kreide, Farben, Menzelstifte und große Skizzenbücher mitzubringen, alles für einen wirklichen Feldzug nötiges, wenn Du kommst. Gruß Dir und Peter
Palle

Ploetz: Alfred Ploetz (1860–1940). Arzt und Eugeniker. Langjähriger Freund Gerhart Hauptmanns aus seiner Schulzeit in Breslau.
1894, während ihrer ersten großen Ehekrise, reiste Marie Hauptmann mit ihren drei Söhnen zum Ehepaar Ploetz nach Meriden, CT in die USA, um Abstand zu gewinnen. Gerhart Hauptmann reiste ihnen nach, und sie verbrachten dort vier Monate und kehrten dann gemeinsam nach Deutschland zurück. Alfred Ploetz war Vorbild für die Figur des Loth in *Vor Sonnenuntergang*.

Paule: Paula Ploetz (1866–1942). Ärztin. Erste Ehefrau von Alfred Ploetz.

Corinth: Lovis Corinth (1858–1925). Lebte seit 1901 in Berlin. Er war Mitglied und zweimal (1911 und 1913) Vorsitzender der Berliner Secession. Ivo Hauptmann besuchte 1903/4 einen Kurs bei Corinth in der Malschule Lewin-Funcke in Berlin.1900 ließen sich Gerhart und Margarete Hauptmann von Corinth porträtieren.

Jonas: Paul Jonas (1850–1916). Justizrat in Berlin. Gründungsmitglied und stellvertretender Vorsitzender der *Freien Bühne*. Er nahm die anwaltschaftliche Betreuung Gerhart Hauptmanns wahr.

Ivo an Gerhart

Dresden
20. Februar 1904

Lieber Palle,
ich danke Dir für Deinen Brief und Deine Anregung nach Bordighera zu kommen, um dort zu arbeiten. Ich habe der Muttel geschrieben, sie ist nicht ganz einverstanden, hat mir aber die Entscheidung überlassen. Außer 150 Mark monatlich gibt sie mir nichts. Sie sagt, sie könne nicht etwas unterstützen, wo sie im Gefühl dagegen wäre. Trotzdem werde ich kommen, wenn Du mir die Hälfte des Reisegeldes schicken willst, da ich mir eine Kleinigkeit erübrigt habe, die eben reichen muß. Sobald Du mir schreibst, daß ich kommen kann, will ich Dir Genaueres über meine Ankunft mitteilen. Die Ausrüstung wird dann tadellos in Szene gesetzt.
Ich grüße Euch herzlichst
Auf Wiedersehen
Ivo

Ivo an Gerhart

Berlin
30. Mai 1904

Lieber Palle!
Gestern bin ich aus Dresden zurückgekommen, wo ich über Pfingsten war. Muttel und Ecke geht es gut. Klaus war nicht da, er mußte seine vier Tage Ferien in der Pension verbleiben. Im Allgemeinen scheint er sich ganz wohl zu fühlen. In Dresden ging ich in die neue Kunstausstellung. Das Ganze macht einen angenehmen Eindruck, man hat mit Geschmack gearbeitet und die Sache arrangiert. Rodin hat Abgüsse von seinem neuen *Denker* geschickt, sowie von dem Jüngling, der im Luxemburggarten stand, und einem *Bürger von Calais*. Hofmanns Bild mit den Panthern nicht sehr schön. Eine Menge Portraits, die Lenbach gemalt hat, sind ausgezeichnet. Menzel ist vertreten durch zwei famose Gouachen, das Beste mit, was ich von ihm kenne. Eines seiner Ölbilder fiel mir besonders auf. Es zeigt das Innere eines Theaters, gesehen von

einer Loge im ersten Rang. Die einzige Lichtquelle ist die Bühne. Von da aus läuft der Lichtschein über die Köpfe der Zuschauer im Parkett, die gespannt zuhören, verliert sich an den Wänden und ist innerhalb der Logen verschwunden, nur daß dann und wann eine beleuchtete Vase oder Glas aus dem Dunkel hervorleuchtet. Menzel hat das Bild nicht ausgeführt wie gewöhnlich, und eine große Unmittelbarkeit wohnt dem Ganzen inne. Französischer Einfluß scheint dabei mitgewirkt zu haben. Kunstwerke von besonderer Güte sind mir dabei nicht aufgefallen.

Ich nehme an, daß die reine Gebirgsluft Deine Genesung beschleunigt hat und wünsche Dir in diesem Sinne weitere gute Besserung. Solltest Du glauben, daß ich Dir mit meiner Anwesenheit in irgend etwas nützen könnte, so weißt Du ja, wie gerne ich nach Agnetendorf komme.

Ich grüße Dich, die Gretel und Butzel herzlich.

Immer Dein Sohn Ivo.

Rodin: Auguste Rodin (1840–1917). Bildhauer, Maler, Radierer. Bekanntester impressionistischer Bildhauer des beginnenden 20. Jahrhunderts. Lebte und arbeitete um 1911 im Palais Biron in Paris, wo zur gleichen Zeit Rainer Maria Rilke, Ivo Hauptmann und Erica von Scheel ihren Wohnsitz hatten.

Lenbach: Franz Lenbach (1836–1904). Maler und Porträtist. Bekannt vor allem durch seine Porträts berühmter Persönlichkeiten seiner Zeit.

Menzel: Adolph von Menzel (1815–1905). Maler, Illustrator. Seit 1858 Mitglied der Berliner Akademie. Bekannt wurde er durch die historisierenden Darstellungen der preußischen Geschichte und der Personen Friedrich des Großen und Wilhelms I. Er gilt als bedeutender deutscher Vertreter des Realismus.

Gerhart an Ivo

[Agnetendorf, 6.6.1904]

Lieber Ivo

Dank für Brief.

Du bist mir immer willkommen und Deine Gegenwart erfrischt mich immer. Es geht mit mir jetzt glaube ich vorwärts, nachdem mein Leiden erkannt ist. Es sitzt einzig und allein in der linken Lungenspitze. Das Wetter ist göttlich. In Kiesewald sitzt eine ganze Breslauer Ma-

lerkolonie. Wenn Du kommst kannst Du gewiß Schönes sehen und machen. Sei gegrüßt alter Junge, grüß Peter und auf Wiedersehen!
Palle

Kiesewald: Heute Michałowice. Dorf im Riesengebirge nahe Agnetendorf. Zur Zeit Gerhart Hauptmanns befand sich dort eine Breslauer Künstlerkolonie. Gerhart Hauptmann besaß dort ein Grundstück zum Gemüse- und Obstanbau.

Gerhart an Ivo

Wiesenstein, Agnetendorf i. Riesengeb.
[21.9.1904]

Lieber Junge
Was macht Ihr? Was machst Du? Wie gehts Deinem Van Dyk. Ich verfolge Deine Arbeit aus der Ferne im Geist fast mit Leidenschaft. Hofmanns sind hier. Dem Ludwig gefällt Dein Corinth. Deine kleine Dorfstudie und sogar Deinen pointillistischen Anlauf sieht er mit starkem Interesse. Schreib. Ich möchte von Euch was erfahren. Sag auch Ecke, er soll einmal zur Feder greifen. Grüß Muttel. Wann gehst Du nach Weimar ab? Peter ist gestern zu Zarles hinüber. Ich schreibe etwas Schönes, was ich dem Andenken an FT widme.
Herzensgruß
Palle.

Bitte, Ivo, packe die Struck-Radierungen gut ein und sende sie her. Vergiß es nicht!
Grethe grüßt Dich herzlich.

Deinen pointillistischen Anlauf: Gemeint ist Ivo Hauptmanns *Studie im Sonnenschein.*
Zarle: Carl Hauptmann.
FT: Frida Thienemann.
Struck-Radierungen: Hermann Struck (1876–1944). Maler, Radierer. Autor des Standardwerkes *Die Kunst des Radierens.* 1904 fertigte Struck eine Radierung von Gerhart Hauptmann an.

Ivo an Gerhart

Weimar
12. November 1904

Lieber Palle!

Ich bin bereits wieder am dritten Bogen Papier angelangt. Briefe schreiben ist eine große Kunst! Ich glaube darin kein großer Künstler zu sein. Ich hoffe jedoch innig, daß ich den Brief abschicke, er ist nicht so einfach.

Vor allem schicke ich Dir meine wirklich herzlichsten Glückwünsche und Grüße zu Deinem Geburtstag.

Dann will ich Dir auch Einiges von Weimar und meinen hiesigen Erlebnissen erzählen. Ich bin erst Mittwoch hierher gekommen. In Dresden habe ich noch ein Portrait von Rade, das ich angefangen hatte, fertig gemacht, wenn ich mich nicht täusche ist es gut geworden. Ich will den Rade bitten, das Bild, sobald es getrocknet ist, nach Weimar zu schicken, damit ich es Hofmann einmal zeige. Wenn der es auch gut findet, will ich es Dir schenken.

Als ich in Weimar ankam, bin ich immer in der Mitte der Straße gegangen, weil ich befürchtete, alle Minute einen Ziegelstein auf den Kopf zu bekommen. Der Sturm war bedeutend. An dem selben Tag, abends, bin ich von Weimar nach Jena gefahren, und habe Peter besucht, dem es sehr gut geht, und der eine famose Bude hat. Meine Bude geht auch, nur daß das Bett einen halben Meter zu kurz ist. Ich habe bis jetzt ganz gut geschlafen, es scheint also nicht zu stören. Am nächsten Tag war ich in der Akademie und habe Akt gezeichnet. Die Leute an der Akademie sind ganz angenehm, aber sie können nicht sehr viel und Hofmann ist manchmal ganz verzweifelt.

Dies hier war eine große Krise für das Vollenden des Briefes, die daraus entstand, daß ich eben von Frau v. Hofmann eine Einladung für morgen Mittag erhielt, die ich leider absagen muß, da sich Peter für morgen bei mir angesagt hat. Gestern Abend war ich im Theater, man spielte *König Lear.* Es war sehr schön, obwohl der Lear schon im ersten Akt heiser wurde, und in dem Akt, wo er das Unwetter überbrüllen will, nur lispelte und einer der Herren den halben Part verlor. Die eine seiner Töchter sprach entschieden zu undeutlich und mit zuviel [ein Wort nicht lesbar].

Jetzt ist es ¼ 8 Uhr und ich werde den Brief schließen, da mein Brief-

stoff momentan erschöpft ist, um in mein Stammlokal im „Weißen Schwan“ zu gehen, wo mir gegenüber in einem alten gemütlichen Stübchen, was speziell den Akademikern eingeräumt ist, das Stammseidel von Goethe steht, dem ich öfters zuproste und auch an Deinem Geburtstag auf Dein Wohl trinken will.
Ich grüße Dich herzlichst
Dein Sohn Ivo

Auch Grete, Butzel und Klaus, wenn er noch da ist, lasse ich grüßen.

König Lear: Tragödie von William Shakespeare.

Gerhart an Ivo

Agnetendorf
8. Dezember 1904

Lieber Ivo
Es bleibt also dabei, daß Du mit Schelcher zu Sylvester kommst. Ich habe mich immer über Dein Gedenken gefreut. Es schadet nichts, daß Du mal ein bißchen in die Lüderei hineingekommen bist: ein Mensch wie Du findet auch zur rechten Zeit wieder heraus.
Grüße vielmals Hofmanns und danke den Mitunterzeichnern Eurer Bierkarte. Auf gesundes Wiedersehen!
Dein Palle

Ich freue mich auf das Bild.

Schelcher: Arnulf Schelcher (1886–1966). Architekt. Schulkamerad von Ivo Hauptmann in Dresden. Beide verband eine lebenslange Freundschaft. Schelcher bekam 1930 von Gerhart Hauptmann den Auftrag, den Anbau des Hauses Seedorn, Gerhart Hauptmanns Sommerhaus auf Hiddensee, zu entwerfen.

1905

Ivo an Gerhart

Weimar
15. Januar 1905

Lieber Palle
Wie geht es Euch? Mir geht es gut. Dienstag früh um vier Uhr bin ich von Dresden direkt in die Akademie gefahren. Zarle war nach Dresden gekommen. Wir waren zusammen Muttel, Pin, Zarle, Lotte und ein Herr Hentschel und Frau und ich [und] sind in das Theater gegangen.
Das Aktzeichnen geht gut. Ich versuche den Akt mit der Einfachheit wiederzugeben, wie sie in der kleinen Gipsstatue, die jetzt in dem Raum auf dem Tisch bei Dir steht, so wunderbar und großartig erscheint.
Ich schreibe den Brief auf Ludwigs Schreibtisch. Ich soll Euch herzlich von ihm und Frau v. Hofmann grüßen.
Ich finde, die Sache kann ganz fein werden, nur die Damen der feinen Weimarer Gesellschaft [drei Wörter nicht lesbar].
Ich grüße Euch herzlich, auch Buzzi.
Dein Ivo

Fahrt Ihr zur Premiere von Hofmannsthal nach Berlin?

Pin: Martha Hauptmann.
Zarle: Carl Hauptmann.
Lotte: Johanna Charlotte Hauptmann.
Herr Hentschel und Frau: Dr. Willibald Hentschel (Daten nicht bekannt). Freunde von Marie und Gerhart Hauptmann aus Dresden.
Ludwigs: Ludwig von Hofmann.
Hofmannsthal: Hugo v. Hofmannsthal (1974–1929). Jurist und Philologe, Dramatiker, Dichter und Essayist aus Österreich. Seine Dramen haben ihre Wurzeln in der italienischen Renaissance und dem europäischen Mittelalter. Mit Emil Strauß und Max Reinhardt gründete Hofmannsthal 1917 die Salzburger Festspiele. Mit Gerhart Hauptmann war er gut bekannt, auch mit seinem Sohn Ivo.

Gerhart an Ivo

[o. D.]

Lieber Junge.
Ich freue mich über jede Deiner Lebens-Äußerungen: auch darüber, daß Du wieder in Weimar und im Strome bist. Über die Pläne mit den „Lebenden Bildern" bin ich einigermaßen erstaunt, weil doch Eure Großherzogin so schwer krank ist. Sollte da diese Kunstangelegenheit nicht zu Wasser werden? – Zu irgend einer Zeit zwischen Mitte Februar und Mitte März möchten wir ein bisschen zu Hofmanns kommen, wenn sie dort sind und auch sonst nichts im Wege ist. Augenblicklich sind hier heftige Schneestürme, dennoch will ich nicht zu Hofmannsthals Premiere. Sollten Hofmanns gehen, so drahte mir. Leb wohl und auf Wiedersehen in Gesundheit, guter Junge. Mach Dich weiter angenehm vor Gott und den Menschen in Leben und Kunst. Grethe und Buzel grüßen. Ich auch.
Dein Palle.

Pläne mit den „Lebenden Bildern": Vermutlich ein Vorhaben der Malklasse Ludwig von Hofmanns.

Ivo an Gerhart

Weimar,
14. März 1905

Lieber Palle!
Ich danke Dir für Deinen Brief aus Leipzig. Ludwig habe ich die hundert Mark, die Frau Luchte bekommen hat, wiedergegeben. Von den hundert Mark, die Du mir gegeben hast, waren noch fünfzehn Mark übrig, den Rest habe ich ausgelegt.
Gestern war ich zum Nachdiner bei Frau Förster-Nietzsche. Kessler erzählte mir von dem famosen Abend mit Klinger.
Übrigens lese ich heute in der Zeitung, Deutschland wolle ebenfalls seinen Besuch bei Klinger einfordern, dann lese ich, daß Du mit ihm in einem Gewandhauskonzert gewesen bist. Detlev v. Liliencron lässt

Dich grüßen und sagte mir, daß er nicht eher sterben würde, bevor er Dich gesehen habe.
Das Nachdiner bestand darin, daß einige Leute, so wie ich, erst nach dem Diner geladen waren, da der Platz nicht reichte. Die übrigen Leute waren mir entweder bekannt wie Ludwig und die weimarische Kunstgenossenschaft oder sie waren mir unbekannt wie Herr v. Palinse und einige Herrschaften vom Hofe.
Ich grüße Euch herzlich
Dein Ivo

Es ist jetzt ein herrliches, schönes Wetter hier. Ich arbeite viel im Freien.

Frau Luchte: Nicht zu ermitteln.

Frau Förster-Nietzsche: Elisabeth Förster-Nietzsche (1846–1935). Wurde in Weimar „Förster Lieschen" genannt. Verheiratet mit dem Schriftsteller Bernhard Förster (1843–1889). Sie war die Schwester des Philosophen Friedrich Nietzsche und dessen Nachlassverwalterin.

Kessler: Harry Graf Kessler (1868–1937). Jurist, Museumsdirektor, Kunstorganisator und Schriftsteller. Bekam um 1900 den Auftrag vom Herzog von Sachsen-Weimar, das Kulturleben in Weimar zu beleben und zu organisieren. Durch Kesslers Vermittlung wurden Henry van de Velde und Ludwig von Hofmann nach Weimar berufen. 1912 Gründung der Cranach-Presse. Bekanntschaft mit Gerhart Hauptmann und Ivo und Erica Hauptmann.

Klinger: Max Klinger (1857–1920). Maler, Bildhauer, Grafiker. Bedeutendster Maler und Bildhauer des Jugendstils um die Wende des 19./20. Jahrhunderts. Er war Mitglied der 1892 gegründeten *Vereinigung der XI* und der Berliner Secession. In Gerhart Hauptmanns Roman *Gabriel Schillings Flucht* war Klinger das Urbild des Otfried Mäurer. Gerhart Hauptmann hatte bei ihm angefragt, ob er Interesse habe, seinen Sohn in Malerei zu unterrichten, aber Klinger antwortete, dass er nichts zu lehren habe.

Detlev v. Liliencron: 1844–1909. Lyriker zwischen Naturalismus und Expressionismus.

Herr v. Palinse: Nicht zu ermitteln.

1. Gerhart Hauptmann mit seinen vier Söhnen Ivo, Eckart, Benvenuto und Klaus (v.r.n.l.), 1902

2. Gerhart Hauptmann, ca. 1920

3. Ivo Hauptmann, ca. 1930

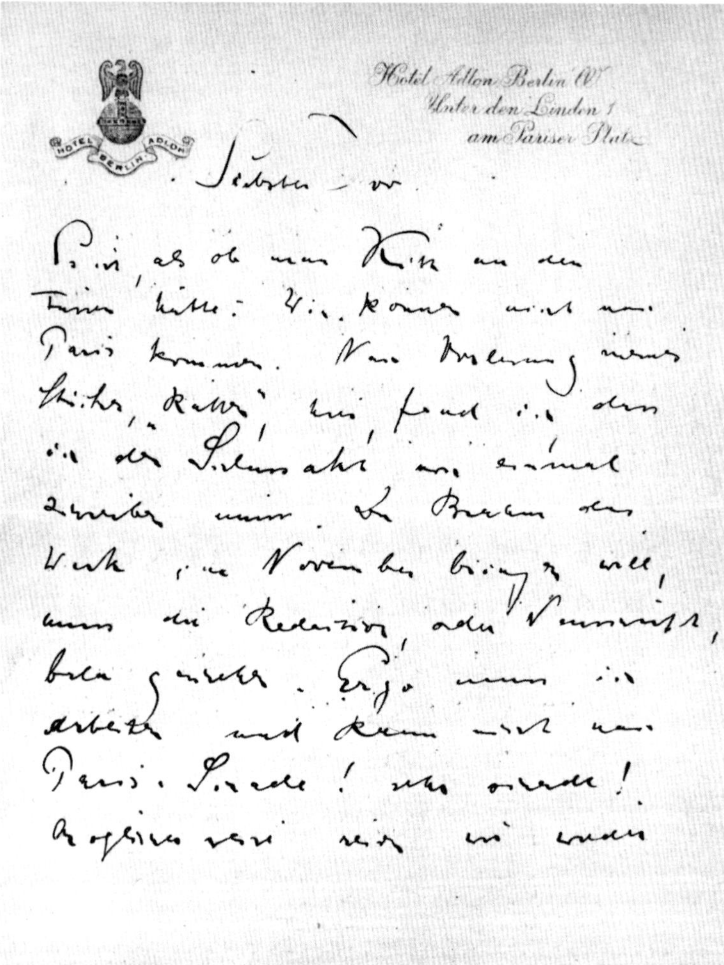

4. Brief von Gerhart an Ivo Hauptmann vom 20. September 1910 (s. S. 95f.)

nach Positano wenn es [illegible], ich wo
ich einen ganz Arbeitsruhe habe, aber
und das ist uns nicht möglich. Sie
bekommt Nachricht. Denn man
könnte man dann vielleicht doch
helfen, wo Sie ein vorzügliches Zimmer
hätten! Das Fräulein [illegible] Pichl war
in dieser Nähe. Entweder Sie
oder wir können beide umwohnen,
so dass der Andere in das
dicht nebenan liegende kleine
italienische [illegible] ziehen
könnte. Vielleicht. Zu malen
gibt es auch dort, und besonders
hier hinauf viel. Ich wünsche
Besten Grüße Ihnen allen

Dalle

5. Gerhart und Ivo Hauptmann, ca. 1912

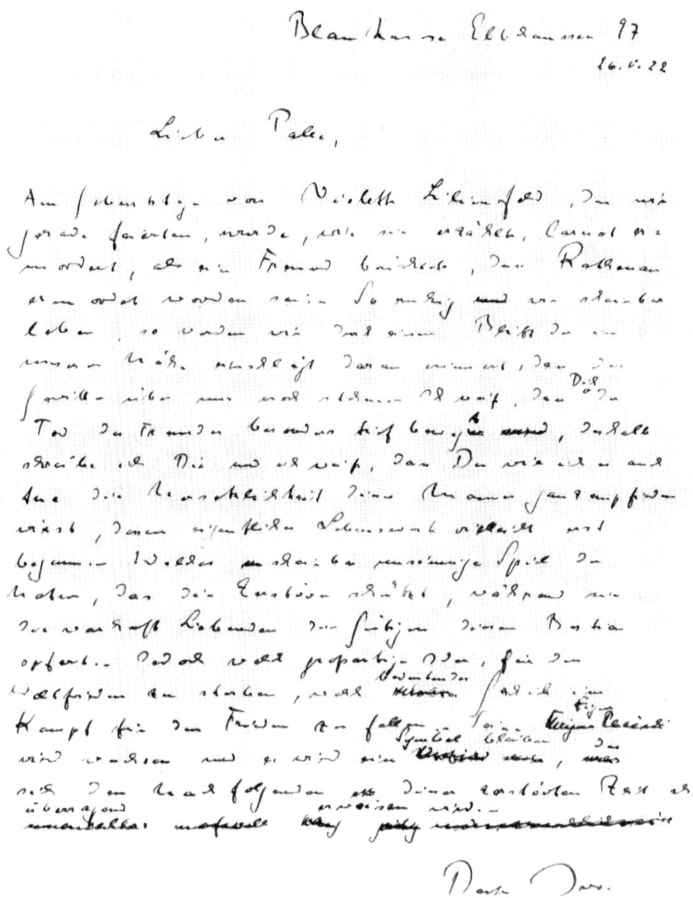

6. Brief von Ivo an Gerhart Hauptmann vom 26. Juni 1922 (s. S. 127f.)

7. Emil Orlik, Ivo Hauptmann und Leo von König in Agnetendorf auf dem „Wiesenstein" zum gemeinsamen Porträtieren von Gerhart Hauptmann, 1909

8. Ivo, Margarete und Gerhart Hauptmann, ca. 1940

Gerhart an Ivo

[Agnetendorf, 19.5.1905]

Mein lieber Ivo.

Du mußt am 22ten Mai hier eintreffen, zur Wache über den Buzzi. Sprich Hofmanns gegenüber Dich über den Grund Deiner Reise nicht aus: sie würden sich sonst vielleicht darüber Vorwürfe machen, daß sie den Buzzi nicht zu sich nehmen. Rüste Dich für Öl, Guache und Pastell hinreichend aus, denn Du wirst, wenn Du Dir niemand mitbringst, keine große Abwechslung haben. Lädst Du jemand ein, so denke daran, wer es ist und ob er Dir nicht vielleicht auf die Dauer lästig fallen könnte. Ich brauche Dir nicht zu sagen, daß uns durch Dein Kommen ein sehr wesentlicher Dienst geleistet ist. Antworte gleich, bitte! Treuen Gruß

Palle.

Gerhart an Ivo

[Agnetendorf, 10.7.1905]

Lieber Ivo.

Erstlich möchte ich gern über Deine Existenz und Tätigkeit etwas erfahren: weil ich nicht gern das Fluidum absterben lassen möchte, dass Dich und mich verbindet. Ferner, schreib mir, wann Du hier her zu kommen gedenkst, um Rittner zu malen. Der Harnisch ist bestellt vielleicht schon unterwegs und Rittner wird es wohl in kurzer Zeit auch sein. Grüß den Ludwig und danke ihm für seinen Brief. Sag ihm, ich hätte mir den wunderbaren Adler schmerzenden Herzens versagen müssen. Sag ihm ferner, daß wir sie, Hofmanns, sehr entbehrten. --- Sehr! ... Ich freue mich auf Dein Kommen. Frag Petern, den ich auch grüßen lasse, welchen Teil der Ferien er uns schenken wird? Grethe lässt grüßen. Einen Kuß vom

Palle

Rittner: Rudolf Rittner (1869–1943). Schauspieler. Seit 1894 am Deutschen Theater in Berlin und seit 1904 am Lessingtheater in Berlin. Verkörperte mehrere Figuren in Hauptmanns Dramen wie die Titelfigur in *Florian*

Geyer; den alten Huhn in *Und Pippa tanzt* u. a. Rittner war eng befreundet mit Gerhart Hauptmann, aber auch mit Marie Hauptmann, die er oft in Dresden besuchte.

Der Harnisch ist bestellt: Rudolf Rittner ließ sich von Ivo in seiner Rolle als Florian Geyer malen.

den wunderbaren Adler: Wahrscheinlich handelt es sich um ein Kunstwerk; siehe auch den folgenden Brief.

Ivo an Gerhart

Weimar
12. Juli 1905

Lieber Palle!

Herzlichen Dank für Deinen Brief. Mir geht es gut, nur ist es etwas warm. Nach Agnetendorf gedenke ich Anfang August zu kommen. Ich freue mich auf Rittners Portrait.

Die Muttel ist hier, das Portrait hat begonnen. Sobald ich es fertig habe, fahre ich mit Muttel auf zwei Tage nach Berlin, um die Secession zu sehen.

Ludwig habe ich Deine Grüße ausgerichtet. Ich lehre ihn Tennis. Wir spielen jeden Morgen früh von 8–9. Er ist riesig eifrig und strengt sich wahnsinnig an. Er ist sehr betrübt, daß Du den Adler nicht gekauft hast.

Vor ungefähr zehn Tagen war hier die Schülerausstellung. Es war ganz interessant durchzugehen. Bei der Preisverteilung habe ich mit großer Wichtigkeit eine mündliche Belobigung erhalten. Öffentlich!! Diplome etc. sind überhaupt massenweise verteilt worden.

Im Museum ist eine wunderbare Ausstellung von Paul Gauguin. Das ist ein Mann, der Matrose war, darauf Bankbeamter, dann Maler. Mit vierzig Jahren sagte er seiner Frau, sie solle mit ihren Kindern zu ihren Verwandten gehen, er müsse malen und könne sie nicht mehr gebrauchen. Die Frau war damit einverstanden und Gauguin ging nach Tahiti und malte Bilder. Vor zwei Jahren ist er gestorben. Eine große Menge seiner schönsten Sachen sind bei seinem Tode von den katholischen Geistlichen verbrannt worden, weil sie die Menschheit verdürben. Diese Bilder gehören mit zu dem Schönsten, was ich gesehen habe, Du musst sie auch sehen, man kann sie nicht beschreiben. Mit das Großartigste an ihnen sind jedenfalls die Farben, wirklich fabelhaft schön. Grüße bitte Grete und Buzzi und sei herzlichst gegrüßt von Deinem Ivo.

Entschuldige bitte, daß ich Dir nicht geschrieben hatte.

Paul Gauguin: 1848–1903. Bankangestellter bis 1883, dann Maler. Zuerst vom Impressionismus beeinflusst, wandte er sich dann der synthetischen Malerei zu. Gauguin war der Kopf der *Schule von Pont-Aven*, einer Bewegung, der sich mit Sérusier auch die Künstlergruppe Nabis anschloss. Ivo Hauptmann war während seiner Studienzeit in Paris 1909–1911 Schüler von Sérusier.

Ivo an Gerhart

Weimar, 2. August 1905

Lieber Palle!
Das Portrait von Muttel ist fertig. Das heißt aber nur, ich will es so lassen wie es ist, obwohl ich noch vieles daran tun könnte. Ich bin nicht ganz unzufrieden mit der Arbeit. Auf Rittners Portrait freue ich mich riesig. Wann kommt er nach Agnetendorf? Ich fahre heute nach Berlin, um mir die Ausstellung des Künstlerbundes anzusehen. Ich werde ungefähr den 8. oder 9. August im Riesengebirge eintreffen, da ich noch drei bis vier Tage in Dresden bleiben möchte.
In letzter Zeit habe ich die Freude gehabt, Klinger kennen zu lernen, den ich bei Kessler traf. Er wußte noch, daß Du ihn vor drei Jahren meinetwegen aufgesucht hattest. Dann lernte ich Gordon Craig kennen, dessen Ideen für ein Marionettentheater doch sehr fein sind. Ich werde Dir darüber mehr mündlich erzählen.
Auf Wiedersehen im Wiesenstein.
Es grüßt Dich, Grete und Buzzel
Herzlichst Dein Ivo.

Gordon Craig: Edward Gordon Craig (1872–1966). Englischer Bühnenkünstler, der zeitweilig eng mit van de Velde zusammenarbeitete.

Gerhart an Ivo

Agnetendorf, 29. Sept. 1905

Lieber Ivcke.
Frau Garborg hat mich in Berlin besucht, mir aber Ihre Adresse nicht da gelassen, so daß ich nicht in der Lage bin, sie (in Berlin) aufzufinden. Schreib mir die Adresse: denn wir haben in Berlin eine Wohnung bis ersten Januar gemietet – und möchten mit Frau G. in Berührung kommen. Ich muß einmal wieder das starke und intensive Leben einer Großstadt um mich haben, das zur Arbeit peitscht und die Kräfte, für Zeiten, verzehnfacht. Wir sehen Dich, guter Junge, ja wohl bald mal in Berlin. Grüß Eckele, Klaus und Muttel von
Palle

Wir reisen schon Sonntag von hier ab und wohnen also Berlin, Kaiserin Augustastraße 74. I.

Frau Garborg: Hulda Garborg (1862–1934). Norwegische Schriftstellerin und Frauenrechtlerin. Verheiratet mit dem naturalistischen Dichter Arne Garborg (1851–1924). Er und Gerhart Hauptmann lernten sich 1897 in Berlin kennen. Die beiden Familien befreundeten sich. 1897 verbrachten Marie und Ivo Hauptmann einen Urlaub bei Familie Garborg in Norwegen.

Ivo an Gerhart

[vermutlich Weimar]
27. Dezember 1905

Lieber Palle!
Ich habe schnell noch einige Skizzen für die Dekoration von *Pippa* fertig gemacht. Die Farben sind leider durch das Fixieren etwas verkorkst. Aber vielleicht kannst Du doch noch einiges sehen. Ich komme nächstens nach Berlin.
Herzliche Grüße auch an Grete und Buzzi
Dein Ivo.

Pippa: Die Ausführung der Dekorationsentwürfe von Ivo Hauptmann für die Uraufführung von *Und Pippa tanzt* am 19. Januar 1906 fand nicht statt.

1906

Ivo an Gerhart

Wenningstedt
2. August 1906

Lieber Palle!
Wie geht es Euch in Agnetendorf? Paul Kahn und ich waren die letzte Woche in List und haben dort wie Naturmenschen gelebt, so daß wir ganz braun geworden sind. List ist sehr schön. Du hättest auch mal hinfahren müssen, ich glaube sogar, Du wärest längere Zeit dageblieben. Zu Malen gibt es in dieser Gegend sehr viel, ich gedenke noch mal auf zwei bis drei Wochen hinzugehen. Die Photographien in der *Woche* habe ich gesehen, mache der Grete bitte mein Kompliment und ich würde sie nächstens malen. In der Sylter Zeitung stand: Gerhart Hauptmann, der berühmte deutsche Dichter, hält sich gegenwärtig mit Familie zur Kur in Westerland auf. Daß Du berühmt bist, steht also fest. Daß Du aber unter den zwölf bedeutendsten lebenden Deutschen sofort hinter Kaiser Wilhelm kommst, das beweist der beigelegte Zeitungsausschnitt. Übrigens sind die zwölf bedeutendsten Herren außer Begas ganz sympathisch.
Ich gedenke, bis Ende August auf Sylt zu bleiben, dann vierzehn Tage nach Hamburg zu gehen, und damit meine Sommertournee zu beschließen.
Herzliche Grüße an Dich, Grete und Buzzi,
Dein Ivo

Begas: Reinhold Begas (1831–1911). Bildhauer und Maler. Gilt als Hauptvertreter des Berliner neobarocken Stils der späten Kaiserzeit.

Ivo an Gerhart

List auf Sylt
25. August 1906

Lieber Palle!

Wie geht es Euch? Gestern las ich in einer Hamburger Zeitung, daß Du ein neues Stück *Gabriel Schillings Flucht* beinahe vollendet hättest. Ist das wahr? Du mußt ja doll gearbeitet haben. Übrigens finde ich den Titel sehr schön.

Meiner Arbeit geht es momentan nicht so günstig, da das Wetter ganz miserabel ist. Ich habe hier einige größere Sachen angefangen, und kann sie des Wetters wegen nicht fertig kriegen.

Mein Leben hier ist mir jedoch sehr sympathisch. Mein Verkehr ist sehr minimal, er besteht aus einem Hund, einer Katze und einem Papagei, alles drei sehr angenehme Wesen, mit denen ich sehr gut auskomme. Abends kommt noch ein sehr netter alter Mann hierher, der in den Jahren 1848–1866 auf See gewesen ist und auf Segelschiffen um die Erde gefahren ist. Unter anderem hat er eine Reise um das Kap Hoorn mitgemacht im Jahre 1851 (er sagt immer genau die Jahreszahl hinzu) auf der das Schiff drei Tage gegen den Sturm gekämpft hat, ohne um das Kap herumzukommen. Dieser Mann war dann 35 Jahre hier in List Bauer und bekommt jetzt wieder mit 75 Jahren Lust zum Reisen, so daß er kleine Reisen nach Hamburg, der Ostsee und Dänemark macht. Er erzählt oft interessante Sachen.

Bei schlechtem Wetter besteht meine Hauptbeschäftigung im Lesen, was man in dieser Einsamkeit besonders intensiv tut, und im Suchen von Champignons. Bekommt man abends diese angenehm in Butter geschmort zu essen, so hat man wirklich ein befriedigendes Gefühl etwas Nützliches getan zu haben und fühlt sich dem Naturmenschen noch ein Stück näher, der nur lebt von dem, was er findet.

Bis hierher hatte ich geschrieben, am 25. August war ich gestört worden durch Sören Paulsen, dem Gastwirt von nebenan, der sehr viel trinkt, aber schon 30 Seeadler geschossen hat und deswegen berühmt ist. Also dieser Herr Paulsen kam mich besuchen in einem weißen Damenregenmantel, so wie ihn die Grete hat, und einer weißen Damenmütze, beides hatte er sich von einem seiner Gäste geborgt und sagte, ich solle unter diesen Brief schreiben: Grüße von Sören, Gastwirt in List. Er war in sei-

nem Regenmantel ziemlich betrunken und aufgeregt und sagte, wenn das seine Frau sähe, wäre er verratzt.
Heute ist der 2. September. Es ist seit 6 Tagen das schönste Wetter. Der Himmel hat mit mir Erbarmen gehabt: Ich habe meine Arbeiten so ziemlich vollendet, und bin nicht ganz unzufrieden damit.
Die Natur ist hier so großartig, wie ich sie, glaube ich, noch nie gesehen habe. Es gibt hier Dünentäler, wo ich mir vorkomme, als ob ich in den Tropen oder an einem ganz fremdartigen Platz wäre. Daß es so etwas in Deutschland gibt, kann man sich überhaupt nicht vorstellen.
Heute Nachmittag muß ich mit zwei Bildern noch einen kleinen Endspurt machen, da ich morgen List verlasse und morgen nach Hamburg fahre. In Hamburg bleibe ich zehn Tage und hoffe, im Hafen arbeiten zu können. Dann gehe ich nach Weimar, um meinen Umzug zu leiten und Tennis zu spielen. Von Weimar fahre ich nach Dresden, um wieder einmal ein Portrait von der Muttel zu machen und Tennis zu spielen, eventuell ein Turnier mitzumachen. Ende September oder Anfang Oktober komme ich, wenn es Euch recht ist, nach Agnetendorf. Portraitaufträge werden gerne entgegengenommen. Von meiner Sommertournee habe ich einen guten Eindruck, ich glaube wirklich wieder einen Schritt vorwärts gemacht zu haben. Ich habe dabei bemerkt, daß ich am intensivsten arbeiten kann, wenn ich mutterseelenalleine bin. Jedweder Umgang bewirkt eine Verminderung der Konzentration, und eine Verminderung der Arbeitszeit, ausgenommen die Menschen, die ebenfalls ernst arbeiten und einen über tote Punkte bringen können. Einem solchen Menschen auf meiner Reise zu begegnen, ist mir leider nicht gelungen.
Herzlichen Dank für Eure Karte, sie hat mich riesig gefreut; grüße bitte die Grete herzlich von mir und sage ihr bitte, die Champignons wüchsen massenweise nur bei Regen und da es unerwarteter Weise so schön geworden wäre, könnte ich keine schönen Pilze mehr finden, würde aber mein Versprechen von Hamburg aus einlösen. Grüße bitte Herrn Stehr und Paul Kahn und sei Du herzlichst gegrüßt von Deinem Ivo.
Auf baldiges Wiedersehen.

Stehr: Hermann Stehr (1864–1940). Schriftsteller, Lehrer. Verfasste Romane, die meist in der schlesischen Landschaft wurzelten. Anfangs stark naturalistisch arbeitend, veränderte sich sein Schreibstil in Richtung Realismus. Langjähriger guter Freund von Gerhart Hauptmann in Agnetendorf.

Gerhart an Ivo

Wiesenstein
25. November 1906
Agnetendorf i. R.

Lieber Ivo
Brahm gibt Dir 500 Mk laut Verabredung, übrigens nach eigener nobler Proposition. Ich erwarte Deine Pastelle hier, eventuell Dich zur Besprechung. Vorläufig wollen wir sehen, was sich schriftlich machen läßt, damit Du nicht unnütz Geld verfährst. Streng Dich an, Junge, denn Du hast Dich zu erweisen. Anfang Dezember ist eine Zusammenkunft bei Brahm zwischen Dir und Impekofen und dem Regisseur, da mußt Du in allen Punkten gut beschlagen sein. (Vielleicht also doch hast Du noch hier mit uns eine Vorberatung?) Herzlichst
Dein Palle

Brahm: Otto Brahm, ursprünglich Abrahamson (1856–1912). Intendant, Kritiker, Essayist. Mitbegründer und Leiter des Vereins *Freie Bühne* (1889–1894) in Berlin, Herausgeber der Zeitschrift *Freie Bühne*, Direktor des Deutschen Theaters in Berlin (1894–1904) und des Lessingtheaters (1904–1912). Seine Vorliebe galt dem naturalistischen Theater. Mit der Gründung des Vereins *Freie Bühne* versuchte man die in Berlin geltende Vorzensur zu umgehen. So konnte das sozialkritische und naturalistische Drama *Die Weber* von Gerhart Hauptmann am 26. Februar 1893 in einer nichtöffentlichen Vereinsaufführung gespielt werden. Zwischen Otto Brahm und Gerhart Hauptmann entwickelte sich eine enge Freundschaft. Brahm war einer der wichtigsten Förderer des jungen Hauptmann.

500 Mk laut Verabredung: Honorar für die Dekorationsentwürfe für *Und Pippa tanzt.*

Zusammenkunft bei Brahm: Vorbesprechung der Dekorationsentwürfe für die Uraufführung der *Jungfern vom Bischofsberg* am 2. Februar 1907 im Lessingtheater Berlin.

Impekofen: Leo Impekoven (1873–1943). Maler und Grafiker, Theaterdekorateur in Berlin.

1907

Gerhart an Ivo

Hotel Hauffe Leipzig
[o. D.]

Lieber Ivo
Schicke das gewechselte Geld nach Hotel de Rome oder, wenn Du es Hofmann gegeben hast, schreibe, damit ich orientiert bin. Wir haben hier einen unvergesslichen Tag mit Klinger, Frau A. und Graf Kessler verbracht: Sonne, edle Menschen! Etwas Wein! Echte Gesinnung gegeneinander! Es gibt nichts, was schöner wäre. Grüß die guten Hofmanns – und auf Wiedersehen guter Junge! Auch Grethe grüßt.
Palle.

Wenn – : wie viel hast Du Hofmann gegeben?

Gerhart an Ivo

Wiesenstein
Agnetendorf i. R.
[7.7.1907]

Lieber Ivo.
Wie lange dauert Deine Ausstellung? Wie sind Deine Sommerpläne? Ich möchte, daß Du Grethen und Buzzi malst? Wann könnte das stattfinden? Auch ich möchte von Dir der Nachwelt festgehalten sein.
Grüß Hofmanns. Sei selbst gegrüßt von Grethen und
Deinem Palle

Deine Ausstellung: „Werke junger Weimarer Künstler – Schüler der Professoren Olde und v. Hofmann“. 13.06.–12.07.1907, Staatliches Museum am Karlsplatz.

Gerhart an Ivo

Agnetendorf
11. Juli 1907

Lieber Ivo.

Die Art, wie Du Dich meiner Bücher angenommen hast, ist mir nicht klar. Mir fehlt das Exemplar „Schopenhauer“, das wegen seiner Anmerkungen für mich unersetzlich ist. Mir fehlt ferner in der Büchersendung die „Odyssee“ mit meinen Strichen. Willst Du so gut sein, mir zu schreiben, wie meine Bücher gereist sind, die wahrscheinlich, wie sich mit der Zeit mal herausstellen wird, noch stärkere Verluste erlitten haben. Erst war ich behindert durch Deine Verzögerung, nun bin ichs durch das Fehlen meiner „Odyssee“. Ich finde nicht, daß du mit besonderer Pietät Deiner Aufgabe gewaltet hast.

Palle

Ivo an Gerhart

[o. D., vermutlich 1907]

Lieber Palle!

Das Exemplar des „Schopenhauer“ ist in meinem Besitz und ich werde es Dir umgehend schicken. Es war nicht in dem Bücherkoffer, sondern ich habe es in meinem Handkoffer transportiert nebst Goethes Gesprächen mit Eckermann, und bei der großen Eile, mit der ich die Bücher an Dich sendete, ließ ich sie versehentlich hier. Ich bitte deswegen um Verzeihung. Es tut mir herzlich leid, daß Deine „Odyssee“ verloren gegangen scheint, ich glaube jedoch, daß eine Schuld mich nicht trifft, nämlich das Buch versehentlich in Athen liegengeblieben ist. Du bist im Irrtum, wenn Du glaubst, daß die Verzögerung der Büchersendung an Dich nur meinetwegen eingetreten ist. Ich kam in Genua mit dem Schiff an, ließ die Sachen im Zollamt revidieren und man sagte mir, als ich den Bücherkoffer mit ins Coupée nehmen wollte, daß er die Größe des Handgepäcks überschreite. Ich sah mich gezwungen, das Gepäck aufzugeben, zuerst bis Frankfurt: vorher habe ich den Koffer nie aus den Augen verloren. Als früh in Basel Gepäckrevision war, fehlten meine beiden Koffer. Ich wollte in Basel auf die Koffer warten, hatte

aber kein Geld mehr, da ich in Neapel schon zwei Tage Verspätung hatte. Der Zollbeamte versicherte mir, es sei ganz unnötig, er würde die Sachen, sobald sie einträfen, unter Zollverschluß nach Weimar senden. Es vergingen sechs nicht gerade angenehme Tage für mich in Weimar, bis die Koffer nach dauerndem Telegraphieren in alle Himmelsrichtungen endlich eintrafen und ich Manuskripte- und Bücherkoffer sofort weiterbefördern ließ. Ich würde mich sehr freuen, wenn Du die Überzeugung bekämst, daß die Pietätlosigkeit und Unbesorgtheit um Deine Sachen, die Du mir vorwirfst, nicht durchaus begründet ist. Ich wünsche Dir alles Gute und Schöne und grüße Dich herzlichst.
Dein Ivo.

Dem Buzzi gratuliere ich nachträglich zum Geburtstag und bitte ihn um Verzeihung, daß ich am 1. Juli das Telegramm vergessen habe. Herzliche Grüße an Grete und Dank für die Karte aus Konstantinopel.

Ivo an Gerhart

11. September 1907

Lieber Palle!
Herzliche Grüße von der Kurischen Nehrung. Hoffe Ende des Monats nach Agnetendorf kommen zu können.
Herzliche Grüße auch an Grete und Buzzi.
Dein Ivo.

Meine Adresse: Nidden (Kreis Memel), Hotel G. u. J. Beode

Kurische Nehrung: Reise nach Nidden mit dem Studienfreund Herbert von Treskow aus Weimar zum Malen.

Gerhart an Ivo

[Agnetendorf, 15.12.1907]

Lieber.

Deine Nachrichten und Dein Weg sind mir die wohltuendsten Dinge. Ich freue mich Deines ruhigen und gleichmäßigen Schrittes, der Dich eine weite Strecke bringen wird mit Gottes Hilfe. Grüß die guten Hofmanns. Daß sie Silvester nicht kommen ist recht traurig, aber wir hoffen dann auf Januar oder Februar. Dir, Piefke, schlage ich vor am 26ten hier einzutreffen. Wir brauchen Euch an Silvester. Ecke wird sich ja einrichten wie er kann. Klausen bringst Du wohl jedenfalls mit. Man hat mich zur Eröffnung eures Weimarer Theaters geladen, den 11ten Januar, „auf höchsten Befehl". Ich möchte kommen, wenn nicht meine Premiere auf den 11. fiele. Ich will noch mit Brahm reden. – Ja: Roller! Ich dachte mir, daß Du ein bißchen betrübt, aber doch einsichtig sein würdest, wie es ja auch war. Ich wollte diesmal den Praktikus. Und Roller ist Spezialist für die Karolinger-Zeit. (Kostüme und dergl.)

Treulichst, auf frohes Wiedersehen! Der Schnee liegt beinah schlittengerecht und es schneit viel und andauernd.

Dein Palle

Roller: Alfred Roller. 1864–1935. Maler, Grafiker und Bühnenbildner. Professur an der Kunstgewerbeschule in Wien. 1897–1907 Leiter des Ausstattungswesens an der Wiener Oper unter Gustav Mahler.

wenn nicht meine Premiere auf den 11. fiele: Die Uraufführung von *Kaiser Karls Geisel* fand am 11. Januar 1908 im Lessingtheater Berlin statt.

Ich wollte diesmal den Praktikus: Ursprünglich war Ivo Hauptmann für die Dekoration der Uraufführung von *Kaiser Karls Geisel* vorgesehen, jedoch entschied sich Gerhart Hauptmann kurzfristig für Alfred Roller.

1908

Gerhart an Ivo

Grand Hotel
S.Margherita (Ligure)
bei Rapallo
10. März 1908

Lieber Ivo
Wir sind also in Santa Margherita, nahe bei Genua, näher bei Rapallo. Wann kommst Du? Ich wünschte, Du könntest Dich bald aufmachen und brächtest womöglich Hofmanns mit. Das Haus, in dem wir wohnen, heißt Grand Hotel, ist aber gar nicht hotelmäßig und so zu sagen eine Entdeckung. Seiner wahren Bestimmung nach ist es ein Edelsitz italienischer Herzöge und hat natürlich eine blendende Lage auf der Höhe über dem Meer inmitten von Gärten. Hofmann sowohl wie Du fänden hier nicht nur eine gute Schnabelweide, sondern auch eine herrliche Malweide. Unter mir liegt der kleine Hafen, den eine kleine Fischerflotte ständig aufs wunderbarste belebt. Grüße die guten Hofmanns und sage Ihnen, sie würden sich in unserem kleinen ebenerdigen Speisesaal, dessen Türen in Limonen-und Orangenhaine geöffnet sind, sehr behagen. Außerdem haben wir Sehnsucht nach ihnen und Ludwig braucht nicht immer zu arbeiten. Bitte nimm bald nachdem dieser Brief in Deine Hände gelangt ist die Feder und entwickle mir genau, was Du vorhast. Ich möchte Dich gern hier haben, weil ich auch besseren Fortschritt eigener Arbeit von Deiner so anregenden Gegenwart erhoffe und einigermaßen verjüngte Lust an der Kunst. Übrigens haben wir hier Frau Cosima Wagner in bewunderungswürdiger Frische kennen gelernt und in etwa 8 Tagen wird Siegfried kommen. Es könnte zusammen mit Hofmanns eine nette Zeit geben. Herzliche Grüße an Euch alle von Grete und
Palle

Cosima Wagner: 1837–1930. Ehefrau von Richard Wagner. Bekanntschaft mit Gerhart Hauptmann seit 1908 in Santa Margherita.

Siegfried: Siegfried Wagner (1869–1930). Sohn von Cosima und Richard Wagner.

Gerhart an Ivo

Berlin, Hotel de Rome
[o. D.]

Lieber Ivo.
Hofmann sagte mir, Deine Seele schwanke zwischen Holland, Dänemark und Agnetendorf. Ich rate Dir herzlich zu Holland, wenn Du nicht lieber diesmal nach Agnetendorf kommen willst, worauf ich mich eigentlich schon gefreut hatte. Freilich, die Kunst über alles! Aber nur vor Holland trete ich zurück. Vielleicht können wir im Herbst noch gemeinsam an die See, wenn Du jetzt zu uns kommst. Der Riesengebirgskamm erschließt Dir vielleicht eine neue Farbenwelt. Aber, lieber Junge, handle nach dem aktiven Kunstinstinkt Deiner Malernatur. Grüße von Grethe. Wir haben den guten Leistikow begraben. Schade, daß Du nicht hier warst.
Immer derselbe
Palle

Gerhart an Ivo

Wiesenstein Agnetendorf i. R., den 22ten August 1908.

Lieber Ivo
Viel Glück. Ich bin sehr froh, daß Du endlich im Lande der deutschen Maler bist, wo die Kunst nicht Schwäche ist, sondern Kraft. Hole Dir Kraft, lieber Junge, bei Rembrandt, Hals und vor allem am Meeresstrand aus der Natur. Dich dort zu wissen, wo Du jedes Jahr einmal hingehörst, steigert meine eigene Arbeitsfreude. Male auf Teufel komm' raus! Und wenn Du für dieses Jahr genug hast und das Wetter Dich wegtreibt, so fängst Du hier Deine Bildnisse an. Auch diese Zeit steht mir als freundliche Aussicht vor der Seele. Grüße von Grethen, Klaus, Buzzi und Deinem getreuen Kunstkameraden
Palle

im Lande der deutschen Maler: Ivo Hauptmann reiste Anfang August zu Studienzwecken nach Amsterdam und Volendam in Holland.
Hals: Frans Hals (ca. 1580–1666). Maler von Bildnissen und Gruppenporträts.

1909

Gerhart an Ivo

Wiesenstein Agnetendorf i. R.
[28.] Juni 1909

Lieber Ivo.

Sei gegrüßt, von uns allen. Habe Dank für Deinen Brief. Das Bewußtsein, Dich da draußen zu wissen, und nicht in dem stockigen Weimar, ist mir wohltätig. Im übrigen freue ich mich auf das endliche Wiedersehen mit Dir und den Austausch unserer Erlebnisse, wobei Du wohl der hauptsächlich Gebende sein wirst. Von uns ist zu sagen, daß wir gleichmäßig leben und arbeiten. Vorgestern haben uns Hofmanns verlassen, um über Dresden, wo Ellis Schwester auf dem Weißen Hirsch besucht wird, nach dem Inselchen Vilm bei Putbus zu gehen. Wir hatten mit Hofmanns eine vorwiegend angenehme Zeit. Am 17. Oktober beginne ich im Saal der Singakademie einen Zyklus von Vorträgen, der mich durch 20 deutsche und österreichische Städte in etwa 4 Wochen führen wird. Ich lese eigene, ungedruckte Sachen vor. Von dem Zweck Deiner Londonreise und Deiner Empfehlung, lieber Ivo, bin ich, wie ich Dir ehrlich gestehe, nicht sehr erbaut. Bedenke, daß Du innerhalb eines großen Familien-Komplexes stehst, der eine angesehene Stellung einnimmt und daß Handlungen, wie die eingeleitete, nicht vor Mißdeutungen sicher sind: Mißdeutungen, die uns alle empfindlich zu treffen geeignet sein würden. Klaus hat auch von seiner Empfehlung durch Rogister nur Schaden gehabt. Wir und Du haben viel zu verlieren, was Du hoffentlich ganz ermessen kannst. Ich war niemals ein Freund von gequetschten Handlungen. Was man zu tragen hat, trägt man aufrecht und geht geradezu seinen Weg. Das ist für Deine Brüder und für uns alle das selbe gewesen. Ich bin über den London-Passus Deines Briefes eigentlich recht unruhig. Ich kenne eine große Anzahl Menschen, deren Leben an dieser Stelle viel von seinem gesunden Wuchs eingebüßt hat – um nicht mehr zu sagen. – Schon der Passus in Deinem Brief wäre mißzudeuten und ist deshalb unvorsichtig. Ich hoffe Du wirst auch nach anderen Seiten hin damit vorsichtig sein.

Sei vielmals gegrüßt von Grethen, Benvenuto und Deinem getreuen Palle

Ich rate hiermit in aller Form von der bewußten Fahrt nochmals ab.

da draußen: Ivo Hauptmann hielt sich zu diesem Zeitpunkt zu Studienzwekken in Camaret-sur-Mer (Bretagne) auf.

Elli: Eleonore von Hofmann.

Zweck Deiner Londonreise: Ivo Hauptmann wollte nicht zum Militärdienst eingezogen werden und hatte den Tipp erhalten, sein Körpergewicht stark zu verringern, nach England zu einem Studienaufenthalt zu fahren und sich dort in der Deutschen Botschaft einer Militärkommission zur Musterung zu stellen, die offensichtlich als milde gestimmt galt. Ivo Hauptmann wurde zum „Landsturm" eingezogen, d.h. er wurde für den Militärdienst als nichttauglich eingestuft.

Rogister: Camill von Rogister (1876–1947). Oberstleutnant. Cousin von Marie Hauptmann über die Schwester ihrer Mutter Rosamunde Merz (1835–1865).

Gerhart an Ivo

Wiesenstein Agnetendorf i. R.
[8.7.1909]

Lieber Ivo.

Wenn Du sowieso nach London gehen wolltest, so gehe. Es ist durchaus gut für Dich. Rothensteins Adresse steht unten. Betone, daß Du Studien halber in England bist und längere Zeit zu bleiben gedächtest. Die andere Angelegenheit berühre, um nicht mißverständlichen Auffassungen Nahrung zu geben, niemandem gegenüber. – Das arme Eckele, das sich in München zum Militär-Dienst gemeldet hatte, mußte sich leider einen Herzfehler diagnostizieren lassen. Ich habe ihn noch nicht gesprochen, sehe ihn aber Sonnabend. Natürlich bin ich besorgt. Hoffe aber, daß wir durch vernünftige Kuren das Übel bei dem Jungen zurückbilden können. Ich werde alles Erdenkliche tun. Studiere, lebe, wirke in Deiner wundervollen Kunst. Ich beneide Dich um die schönen Anfänge. Vielleicht sehen wir uns gegen Herbst wieder, hier oder auf Hiddensee, wo ich gern hin möchte, um auf den weiten Wiesenflächen Golf zu spielen. Da brauchen wir Dich. Studiere das Spiel, wenn Du Gelegenheit hast.

Treulichst, herzlichst, einen Kuß und Grüße von Grethen und mir –
Deinem Palle

Buzzi entdeckte ein Malertalent. Er fängt an mit Leidenschaft nette Sachen zu machen. Schreib mir Deine Adresse: die von Rothenstein ist: 11. Oak Hill Park. Hampstead. (London)

Rothenstein: Sir William Rothenstein (1872–1945). Kunsthistoriker und Maler. Lehrte 1920–1935 am Royal College of Art in London. Wurde 1931 nobilitiert. Langjähriger Freund von Ludwig von Hofmann, durch ihn Bekanntschaft mit Gerhart Hauptmann. Rothenstein war mehrmals Gast bei Gerhart Hauptmann in Agnetendorf.

Ivo an Gerhart

Hampstead
[1909]

Lieber Palle.
Ich sitze an Herrn Rothensteins Schreibtisch und er sitzt in demselben Zimmer und malt an einem Bild. Ich bin bei ihm als Gast bis Montag. Er geht dann in die Normandie und es ist leicht möglich, daß ich auch hingehe, etwas später, um mit ihm zu arbeiten, er hat mich dazu eingeladen. Ich zeichne hier im Britischen Museum alle ägyptischen Figuren und es ist ein Reiz von besonderer Art, Formen nachzugehen, die vor vielen tausend Jahren ein Mensch, genau so alt wie ich, mit den Augen nachgegangen ist.
Ich habe mich auf dem Londoner Deutschen Konsulat gestellt und bin als untauglich begründet worden. Du wirst in nächster Zeit von irgend einer Kommission im Kreis Niederbarnim, in dem Erkner liegt, den entgültigen Bescheid bekommen. Es ist eben mein Schicksal, was meiner Arbeit wohlwill, und Du wirst sehen, daß es mich noch zu fabelhaften Arbeiten führen wird. Mein Leben hat sich durch diesen Umstand vereinfacht und eine große Ruhe ist in mir, die wohltut. Es ist dieselbe Ruhe, die sich erst in meinen Bildern ausdrücken wird. Meine Anschauungen über Kunst sind wie nach einem schweren Gewitter klar und geläutert und es ist die lange Arbeit und das Studium, die mich jetzt in eine ganz bestimmte Richtung vorwärts bringen werden.

Rothensteins gehen Montag in die Normandie an die See. Er hat mich eingeladen zu ihm zu kommen und es ist möglich, daß ich etwas später nachkomme, um mit ihm zu arbeiten. Er ist ein sehr feiner Mensch und unsere Kunstansichten harmonieren vollständig, nur hat er ein Unglück, er ist ein Sklave seiner Ehrlichkeit. Man muß die Welt groß ansehen, einmal alle Schranken durchbrechen, muß die kühnsten Sachen wagen, um sich nicht in seinem eigenen kleinen Gesichtskreis einzuspinnen und nicht mehr herauszukommen. Mir kommt Rothenstein wie in Ehrlichkeit gefesselt vor und ich würde ihn gerne daraus befreien. Ich werde Montag in Suttins Hotel, 26 Bedford Place, Wohnung finden (London WC). Rothensteins lassen herzlich grüßen und Ihr sollt doch auch in die Normandie kommen.
Seid herzlichst Alle gegrüßt
Dein Ivo

Ivo an Gerhart

Paris
20. November 1909

Lieber Palle!
Ich gratuliere Dir nochmals nachträglich zu Deinem Geburtstag. Ich hoffe, Du hast mein Telegramm in München erhalten. Ich bin sehr froh, daß Du die Vorlesungen hinter Dir hast. Ich wohne in diesem pompösen Hotel, dessen Vorderansicht oben auf diesem Briefbogen abgebildet ist. Ich bin aus meiner alten Pension ausgezogen, da der Schmutz ganz ungeheuerliche Ausmaße annahm. Meine jetzige Adresse ist also: 11, rue Bachaumont, Paris, Grand Hotel International. Mir geht es gut, obwohl mein Leiden immer noch nicht von der Bildfläche verschwunden ist. Es ist wirklich eine langweilige Geschichte, aber man gewöhnt sich allmählich daran und es ist nun einmal nicht aus der Welt zu schaffen. Freilich fühle ich mich als Spielball des Zufalls, trotz meines Zutrauens, daß ich mir noch viel schlimmere Dinge vorstelle. Wer weiß, zu was es gut ist? Hoffentlich befördert es meine malerischen Fähigkeiten, da andere Fähigkeiten darunter leiden müssen. Mein Leben hier ist aber sehr regelmäßig. Ich arbeite ziemlich viel. Am meisten interessiert mich augenblicklich das Aktzeichnen und jeden Nachmittag von fünf

bis sieben Uhr liege ich dieser Tätigkeit ob. So wie in der Malerei arbeite ich daran, eine Form der Zeichnung zu finden, die schön ist, um in dieser Form mit Sicherheit alles machen zu können. So soll das aber nicht eine Zeichenkonvention sein, die alle Arten gleich erscheinen lässt. Im Gegenteil, ich übertreibe alles ein wenig, damit das Charakteristische einer jeden Figur und jeder Stellung zu sehen ist. Also einen dünnen Knöchel mache ich übertrieben dünn usw. Die Kleinigkeiten lasse ich weg, um die große Form zu suchen. Ich mache jeden Abend vier Zeichnungen, so habe ich schon eine ganze Anzahl, die letzten sind schon viel besser als die ersten und ich werde Dir bald einmal eine Auswahl schicken. Es ist ein wunderbares Gefühl, ein schönes Modell gezeichnet zu haben. Wenn man der Ansicht ist, etwas Anständiges gemacht zu haben, kommt man sich vor wie nach einem herrlichen Bad, das einem den Schmutz des ganzen Tages abgewaschen hat, ein anderes noch, kommt man sich vor wie ein Dieb, der etwas sehr kostbares, herrliches gestohlen hat und den Schatz ganz sicher für sich geborgen hat, wo ihn kein Mensch, außer ihm selbst, sehen kann. Allerdings kommt es auch vor, daß man sich seinen Kummer versaufen möchte, und dann ist es schade, wenn man keinen Alkohol trinken soll. Ich muß noch hinzufügen, daß ich eigentlich nur weibliche Modelle schön finde, nicht nur deswegen, weil es Damen sind, sondern hauptsächlich, weil ich ihre Formen viel schöner finde, also wenn ich Zeichnungen schicke, dann nur Damen.
Ich werde diesen bedeutungsvollen Brief schließen. Seid alle herzlich gegrüßt und sage der Grete, ich würde mich angelegentlich über das Empfinden meiner zukünftigen Freundin erkundigen.
Nochmals, leben Sie wohl, meine Herrschaften.
Euer Ivo

Wenn Du mir schreibst, lege vielleicht bitte eine Empfehlung an Antoine bei.

mein Leiden: Ivo litt an einer Geschlechtskrankheit.

Antoine: André Antoine (1858–1943), französischer Theaterregisseur des Théâtre Libre in Paris, der 1894 *Hanneles Himmelfahrt* inszenierte. Das Theaterstück wurde von Jean Thorel in die französische Sprache übersetzt.

Gerhart an Ivo

Agnetendorf
22. Dezember 1909

Mein lieber Ivo.
Sei gegrüßt. Ich werde Dich sehr vermissen zu Weihnachten, aber es wird mir eine Freude und Beruhigung sein, wenn ich weiß, daß Du in Deiner Kunst mit innerem Nutzen lebst und arbeitest. Ich habe lange geschwiegen und Du warst so nett, mir zum Geburtstag und zum Vortragsreiseschluß zu gratulieren, sowie in einem Briefe das Wesentliche Deines augenblicklichen Zustandes darzulegen. Verzeih meine Schreibfaulheit: Ich habe immer Deiner gedacht und mich der Bindung erfreut, die Dich mit dem Physischen in Deiner Kunst einigt, auch darüber, daß Dir das Malen wie atmen ist. Wie steht es nun aber mit Deinem kleinen Schnupfen? Ist er noch immer da? – Es ist inzwischen wiederum so viel Zeit vergangen, daß ich gern davon das Neueste wüßte. Keinesfalls, lieber Ivo, renne weiter zu Quacksalbern! So! Nun kund zu wissen, dass Dir 100 Mk durch die Bank zugehen werden, die einen Weihnachts-Mark-Stein bilden sollen! Ferner, daß wir in heftigem, schwarzem Sturm sitzen! Daß Frau Rilke eine, glaube ich, gute Büste von mir beinahe fertig modelliert hat! Neues wüßte ich weiter nicht: das Alte ist die immerhin nicht bittre Gewohnheit des Atmens und Arbeitens.
Grethe und Buzzel grüßen kameradschaftlich, wie ich Dich, am Schluß wie zu Anfang, nochmals Grüße. Auf Wiedersehen in Gesundheit!
Dein Palle

Ich werde Dich sehr vermissen zu Weihnachten: Ivo Hauptmann hielt sich bis Anfang 1912 in Paris auf.

1910

Ivo an Gerhart

11, rue Bachaumont, Paris
Februar 1910

Lieber Palle!
Vielen Dank für Deinen Brief zu Weihnachten und die hundert Mark, die mein Herz durchaus erquickten. Mir geht es gut. Mein Leiden ist noch nicht ganz weg, obwohl es, glaube ich, weniger geworden ist. Ich habe eine sehr gute Entdeckung gemacht, nämlich während der Nacht einen kalten Umschlag. Ich habe darüber den Arzt in Dresden um Rat gefragt, der mir schrieb, daß es nicht schaden könne. Im übrigen lege ich einen Teil meines Vermögens in Pillen an. Ich habe die löbliche Absicht zu warten bis der Schnupfen weg ist, und hoffe, daß dieser Effekt nicht allzu weit in der Ferne liege. Mein Gesamtbefinden ist ausgezeichnet und das Leiden stört mich verhältnismäßig nur wenig. Meine Arbeit geht ihren Gang weiter. Ich arbeite nicht in der Akademie, weil es zu dunkel ist. Ich habe mir zuhause, in meinem Hotel, ein Stilleben aufgebaut und studiere daran alle möglichen Farbmischungen und Malweisen mit deren Licht ich experimentiere.
Im Augenblick ist eine Ausstellung von Cézanne, die sonderbar ist und sobald ich mir über irgendwas klar bin, sehe ich mir eines seiner Stilleben an, um für meine Arbeit zu gewinnen. Auf diese Weise glaube ich genau, viel genauer kennen zu lernen, als durch bloßes Ansehen.
Kessler hat mich vor einigen Tagen aufgesucht, er war mit meinen Arbeiten ganz zufrieden. Am meisten interessierten ihn, wie er sagte, meine Aktzeichnungen. Er hat mich mit ihnen zu Maillol geschickt, der mir viel Gutes darüber sagte. Ich war mit dem, was er daran noch vereinfachte, durchaus einverstanden und war mir schon vorher…
[Der Rest des Briefes ist nicht mehr vorhanden]

Cézanne: Paul Cézanne (1839–1906). Maler, gilt als Wegbereiter der modernen Malerei im 19. Jahrhundert. Cézanne war ein großes Vorbild für Ivo Hauptmann.

Maillol: Aristide Maillol (1861–1944). Bildhauer, Maler, Grafiker. Bedeutendster Bildhauer des frühen 20. Jahrhunderts. Gilt als Antipode zu Rodin. Freundschaft mit Paul Gauguin, schloss sich 1892 der Künstlergruppe der *Nabis* an. In Begleitung von Harry Graf Kessler und Ludwig von Hofmann konnte Ivo Hauptmann bereits 1903 Maillols Atelier besuchen und ihn kennenlernen.

Gerhart an Ivo

Wiesenstein, Agnetendorf i. R.
10. Mai 1910

Lieber Ivo
Eure lieben Glückwünsche trafen ein, als der Geburtstagstisch bereits wieder umgeworfen war und der kleine Pilger in die Welt schon wieder seinen Abschied genommen hatte. Wir werden ihn heut auf dem Hermsdorfer Friedhof begraben. Grete geht es körperlich den Umständen angemessen gut. Seid gegrüßt, liebe Menschen.
Palle

Der kleine Pilger: Gerhart Erasmus, zweiter gemeinsamer Sohn von Margarete und Gerhart Hauptmann, wurde am 7. Mai 1910 geboren und starb nach zwei Tagen am 9. Mai 1910.

Gerhart an Ivo

Wiesenstein, Agnetendorf i. R.
5. Juli 1910

Lieber Ivo
Herzlichen Gruß zuvor. Ich höre von Deinen Plänen, Ende Juli über London zu uns zu kommen oder nach St. Tropez zurückzugehen. Gib uns doch bitte Nachricht, wenn Du in London bist, weil wir uns vielleicht dort treffen können, da die Japanische Ausstellung auch uns erheblich lockt: dies für den Fall, daß Du nicht nach St. Tropez zurückgehen solltest. Auch für diesen Fall besteht Aussicht uns zu treffen, und zwar eben in St. Tropez, wenn Du September oder Oktober noch dort sein könntest. Lieber, ich bin gewaltig neugierig auf Deine gegenwär-

tige Arbeitsweise und Deine gesamte künstlerische Verfassung. Über das alles hinweg sehne ich mich sehr Dich wieder zu sehen und alle guten Dinge beiderseitigen Metiers auszutauschen. Sei nicht unzufrieden mit Dir, denn Du säest hauptsächlich und auf die Ernte kann man nur vertrauen. Über Deine sonstigen Schicksale, menschliches allzumenschliches, würde ich gern auch wiederum gelegentlich mündlich von Dir erfahren. Die Blutsbeziehung fordert ihr Recht. Alles Gute, lieber Junge, von mir und dem ganzen Hause.
Auf Wiedersehen
Dein Palle

Japanische Ausstellung: Die *Japanese-British Exhibition*, die vom 14. Mai bis zum 29. Oktober 1910 im Londoner Stadtteil White City stattfand. Ziel der Ausstellung war es, die ganze Breite der japanischen Kultur zu vermitteln. Dazu wurden Kunst und Kunsthandwerk gezeigt sowie ein japanischer Garten angelegt. Hauptmann hatte 1905 die Japan-Ausstellung im Kunstgewerbemuseum in Berlin besucht und seitdem ein großes Interesse an japanischer Kunst und Kultur entwickelt.

Gerhart an Ivo

Hotel Adlon, Berlin W.
Unter den Linden 1
am Pariser Platz.
[20.9.1910]

Liebster Ivo.
Es ist, als ob man Kitt an den Füßen hätte. Wir können nicht nach Paris kommen. Nach Vorlesung meines Stückes *Die Ratten* hier fand ich, daß ich den Schlußakt noch einmal schreiben muß. Da Brahm das Werk im November bringen will, muß die Redaktion, oder Neuschrift, bald geschehen. Ergo muß ich arbeiten und kann nicht nach Paris. Schade! Sehr schade! Möglicherweise reisen wir wieder nach Portofino, wo ich, wie ich sicher weiß, Arbeitsruhe habe.
Aber auch das ist noch nicht sicher. Du bekommst Nachricht. Denn man könnte sich doch vielleicht dort treffen, wo Du ein vorzügliches Zimmer hättest. Ist Fräulein v. Scheel noch in Deiner Nähe? Entweder Du oder sie können bei uns wohnen, wo dann der Andere in das dicht

nebenan liegende kleine italienische Hotel ziehen könnte. Vielleicht. Zu malen gibt's auch dort, und besonders höher hinauf, viel.

In höchster Berliner Eile

Dein alter Palle

Da Brahm…: Uraufführung der *Ratten* am 13. Januar 1911 im Lessingtheater, Berlin.

Fräulein v. Scheel: Erica von Scheel, genannt „Scheelchen", später „Yvette" (1881–1966). Designerin, Textilkünstlerin. 1902 eine der ersten Schülerinnen von Henry van de Velde am Kunstgewerblichen Seminar in Weimar. Sieben Jahre engste Mitarbeiterin desselben. 1910 Textilentwürfe für den französischen Modekünstler Paul Poiret in Paris. Lernt Ivo Hauptmann 1906 auf einem Gartenfest bei Ludwig v. Hofmann kennen. Heirat mit ihm 1912.

1911

Ivo an Gerhart

Paris
18. April 1911

Lieber Palle!
Ich bin unversehrt in Paris angekommen. Mein Bild ist gar nicht so übel, was mir nicht unangenehm ist.
Gute Nacht!! Dein Ivo

in Paris angekommen: Von einer Studienreise nach Hamburg. Auf der Basis der dort entstandenen Skizzen malte er 1913 in Paris, Agnetendorf und Dresden das Bild *Hamburger Hafen*, das von Gerhart Hauptmann wegen seiner pointillistischen Malweise heftig kritisiert wurde und heute im Besitz der Hamburger Kunsthalle ist.

Gerhart an Ivo

Hotel Jensch
Sestri Levante
13.11.1911

Lieber Ivo
Es war bis jetzt sehr schön und Ludwigs haben uns auf der Durchreise besucht. Grethen geht es schon sehr erfreulich, das Hotelleben ist mir aber ziemlich über geworden. Ich sehne mich, bisher vergebens, nach eigenem Herde und Hofmanns wollen für uns in Florenz Villen ansehen. Vielleicht aber „machen" wir auch mit Orlik nach Ägypten. Wenn er noch bei Dir ist, sag' ihm er soll nicht an uns vorüberreisen: Einige Zeilen für ihn liegen in Berlin. Du erfährst es, sobald sich etwas entschieden hat. Sitzen wir in einer Villa, so können wir vielleicht Weihnachten zusammen verleben. Sei gegrüßt, auch besonders von Grethen; empfiehl uns Fräulein von Scheel, wenn sie in Deiner Nähe ist. Male gut und laß von Dir hören. Jedes Zeichen freut den Jubelgreis.
Palle

Orlik: Emil Orlik, 1870–1932. Maler und Grafiker. Setzte sich malerisch intensiv mit Gerhart Hauptmann auseinander. Er schuf allein zehn Bildnisse des Dichters. Bekannt wurde seine Farblithographie zu *Die Weber*. 1909 trafen sich die drei Maler Ivo Hauptmann, Leo von König und Orlik, um gemeinsam Porträts von Gerhart Hauptmann zu malen. Vater und Sohn Hauptmann waren gut mit Orlik befreundet.

Gerhart an Ivo

Castello Paraggi
Sta. Margherita Ligure
Genua
27. November 1911

Mein lieber Ivo
Wir wohnen im Castello Paraggi und möchten Dich gern zu Weihnachten hier haben. Wahrscheinlich werden auch Hofmanns kommen. Unser Schlößchen steht mitten im Meer und hat einen Charakter von dem ich viel für meine Produktion erwarte – und auch für die Deinige, lieber Ivo. Heute ist das Wetter regnerisch und ein bißchen grau, bis jetzt aber hatten wir einen nach unseren Begriffen sommerlichen Herbst. Wenn Du kommst, werden wir für ein frühlingshaftes Weihnachten sorgen.
Sollte Fräulein v. Scheel in Paris sein und Lust haben Weihnachten hier zu verbringen, ist sie Grethen und mir herzlich willkommen. Wir können sie ganz gut unterbringen. Übermittle ihr, wenn Du sie sehen solltest, herzliche Grüße.
Dein Jubelgreis

Gerhart an Ivo

bei Genua
19. Dezember 1911

Mein lieber Ivo
Grethe ist mit Buzzi spazieren und ich liege zu Bett, um eine kleine Magenverstimmung mit Wärmflasche und nassem Umschlag zu behandeln. Das ist ein bißchen langweilig und bringt mich auf den Ge-

danken einseitig ein wenig mit Dir zu plaudern. Grethens Genesung ist Gott sei Dank wirklich so gut wie vollendet. Dafür, wie gesagt, habe ich jetzt mit einigen Folgeerscheinungen der sorgenvollen Zeit mich herumzuschlagen. Der Arzt in Rapallo hat wieder einen kleinen Defekt an meiner linken Lungenspitze festgestellt, allerdings nur eine ganz leichte Affektion. Ich habe kein Fieber und soll in acht bis vierzehn Tagen wieder in ganz normaler Verfassung sein. Das Wetter in Sestri war gut. Seit wir im Castello Paraggi leben, gab es dagegen nur vereinzelte gute Tage und mancherlei überflüssigen häuslichen Ärger dazu. Aber wir haben den achtzehnten, von heut ab in vier Tagen ist die längste Nacht überwunden und wir bekommen wieder mehr Licht, damit auch hoffentlich mehr Humor, Arbeitskraft und Lebensfreude. Grethe antwortet selbst auf Deinen Brief. Dein Plan, von Mitte Januar drei Monate bei uns zu sein hat sie ebenso erfreut wie mich. Du wirst hier schöne Sachen malen, dessen bin ich sicher. Wir erwarten Dich Mitte Januar. Hofmanns haben ihren Weihnachtsbesuch verschoben und werden möglicherweise mit Dir hier zusammentreffen. Weihnachten sind wir also allein. Wenn Du nach Dresden schreibst, so teile doch gelegentlich mit, daß ich einem unserer verstorbenen gemeinsamen Bekannten, Dietrich von Seelen, zum Helden meines Romans *Atlantis* gemacht habe. Wenn man die Erfahrungen einer Seereise und die Lokalitäten in Amerika wegnimmt, enthält der Roman, wie ja auch unschwer einleuchtet, nichts Autobiographisches. So, mein Lieber. Die Plauderstunde ist zu Ende und ich wende mich wieder Casanova zu, dessen Memoiren in dieser langweiligen Zeit meine ungeheure Erquickung sind. Übrigens nicht zu vergessen, ich bin Ritter des Bayerischen Maximilian Ordens geworden, das heißt, als solcher vom Prinzregenten ernannt. Hofmann hat mich brieflich schon mit „von Hauptmann" honoriert, da er zu glauben scheint, daß der persönliche Adel damit verbunden ist. Ich weiß es nicht. Habe mich aber bis diesen Augenblick niemals von unedlem Blute stammend empfunden, aber die ganze Angelegenheit freut mich doch.

Sei vielmals gegrüßt, lieber Ivo und bringe uns Mitte Januar Deine Jugend, Deinen Glauben, Deinen Humor, Deine Kraft und Deine Kunst

Dein Palle

Dietrich von Seelen: Dietrich von Sehlen (Daten nicht bekannt). Bakteriologe, Schüler von Robert Koch, den Hauptmann von seinem Aufenthalt in Rom 1883/84 her kannte.

ich bin Ritter des Bayerischen Maximilian Ordens: Am 5. Dezember 1911 wurde Gerhart Hauptmann der Königlich Bayerische Maximiliansorden für Wissenschaft und Kunst verliehen.

1912

Ivo an Gerhart

1. Juli 1912

Wie geht es Euch in Agnetendorf.
Ich sause jetzt in der Welt herum, wie ein von einer Harpune getroffener Walfisch im Wasser herumtobt. Augenblicklich bin ich in Hamburg, aber leider fehlt mir die nötige Ruhe zur Arbeit. Von Lauchstädt ging ich nach Dresden, von da fuhr ich mit Scheelchens Erica nach Weimar. Dort folgte ich einer Einladung von Ludwig und Walter Lampe nach Köln zur Besichtigung einer großen Ausstellung, zum Teil deutsche Bilder, die uns mit ziemlichem Entsetzen erfüllt haben [Worte nicht lesbar] eilte nach Krefeld, um meine ‚Braut' mit einem Besuch zu beehren. Mein Körper wurde darauf nach Hamburg gefahren, während mein Geist die Vorzüge und Nachteile einer Ehe abwog und sich vage Vorstellungen von der Malerei und ihren stärksten Ausdrucksformen vorspiegelte. Ich freue mich unsagbar in Ruhe zu kommen. Vier Wände sind vonnöten, aber die Gegend, wo sich dieser Platz befindet, ist in meinem Geiste noch nicht geboren worden. Ich werde heute Nachmittag einmal Familienvater spielen, falls mich die löbliche Kunstbegeisterung nicht noch magischer ergreift, und mal zu forschen wie Häuschen zwischen Blankenese und Hamburg aussehen. Ich habe die Absicht, die ersten acht Tage meiner Ehe ganz meiner Familie zu widmen und nach Bayreuth zu gehen. Dann wird sich das traute Paar auf die Insel Vilm begeben, um von Tag zu Tag in arbeitsames beruhigtes Leben mehr unterzutauchen.
Da es mir bei allen meinen finanziellen Talenten vor der Hand nicht geglückt ist Geld zu verdienen, muß ich leider noch einmal Dich als meinen Ernährer über diesen Punkt behelligen. Ich bekomme jetzt jährlich 3000 Mark von Dir, was im Monat 250 Mark ausmacht. Nun hast Du mir jährlich einen Zuschuß von 1000 Mark versprochen, das wäre im Monat 83 Mark 35 Pfennig mehr, oder vierteljährlich 250 Mark extra. Es ist vielleicht am Besten, wenn man Deine Bank davon in Kenntnis setzt, damit sie mir den Betrag regelmäßig zusendet, am besten nach Dresden Blasewitz, wo ja das andere Geld auch hinkommt.

Da ich für den 12. Juli dieses Jahres von Gott zur Ehe bestimmt scheine, wäre ich Dir dankbar, wenn Du mir den Zuschuß schon vom 1. Juli bewilligtest.
Ich bleibe bis Sonntag hier und hoffe sehr zu meinen Schicksalslenkern, daß sie mich noch in dieser Zeit mit einigen wohltuenden Arbeitsstunden beschenken möchten.
Seid Alle herzlich gegrüßt und erinnere Benvenuto an sein Erscheinen am 12. Juli, er soll mir seine Ankunft noch mitteilen.
Herzlichst Dein Ivo

P.S.
Ich war bei Frau Förster Lieschen in Weimar, die Scheelchen und mir einen ganzen Weihnachtstisch aufgebaut hatte. Sie hat eine Sammlung eingeleitet und uns prächtiges Silbergerät geschenkt; ich habe so leise angedeutet, daß Du wahrscheinlich noch nicht auf ihren Brief über *Quint* geantwortet hättest und gesagt, Du hättest schon in Paraggi so ein schlechtes Gewissen darüber geäußert. Sie hat es durchaus nicht übel genommen, aber vielleicht schreibst Du ihr bei Gelegenheit einige Worte.

Walter Lampe: 1872–1964. Pianist und Komponist aus Weimar. Heirat mit Else von Guaita, die Schülerin bei Henry van de Velde war.
Förster Lieschen: Elisabeth Förster-Nietzsche.
Quint: Gemeint ist der Roman *Der Narr in Christo Emanuel Quint,* entstanden 1901–1910, erschienen 1910 bei S. Fischer.
Scheelchen: Erica von Scheel.

Gerhart an Ivo

Wiesenstein
Agnetendorf i. R.
[vermutlich Juli 1912]

Lieber Ivo
Ab 1. Aug. beziehst Du monatlich von mir, direkt durch die Bank, 334 Mk: die Angelegenheit ist schon geregelt. Du kannst die Summe beordern wohin du willst. (Deutsche Bank, Berlin. Depos Kasse C) – Bitte sage Muttel, – mit meinem sehr herzlichen Gruß und Dank für Brief

und gute Worte! – sie möge sich über die reduzierte Monatsrate nicht wundern, die eine Folge des neuen Arrangements ist.
Leider können wir Euch Buzzi nicht schicken. Die Cox hat einen Fall mit dem Rad getan, und braucht Schonung. Grüße Erica von uns treulich und sag ihr, wir hofften Euch bald zu sehen. Wir machen beim Adlon oder sonst wo unsere Nachfeier. Doppelt hält besser. Meinen Drahtsegen erhaltet Ihr ins Bellevue. Esst gut und seid heiter!
Euer Palle

Ab 1. August: Ivo Hauptmann und Erica von Scheel heirateten am 12. Juli 1912 in Dresden. Gerhart und Marie Hauptmann einigten sich auf einen monatlichen Zuschuss für den gemeinsamen Künstlersohn.

Ivo an Gerhart

20. August 1912

Lieber Palle!
Herzlichen Dank für die Einladung.
Erica kann erst in fünf – sechs Tagen reisen. Ich möchte gerne bis Ende des Monats hier bleiben, um noch einige Studien zu machen. Wenn es Euch also recht ist, werden wir Ende des Monats kommen. Falls Orlik ein Portrait von Dir malt und Du dazu sitzt, so telegrafiere mir noch mal. Dann machen wir uns, sobald es geht, auf den Weg. Soll unser Besuch für kurze Zeit sein, oder dürfen wir etwas länger bleiben, ich würde gerne Studien d.h. Aquarelle in Agnetendorf machen. Hofmanns lassen sehr grüßen, sie reisen morgen nach Weimar. Wir freuen uns sehr zu Euch kommen zu dürfen und Erica lässt Euch ganz besonders grüßen.
Herzlichst Dein Ivo

Einladung: Am 12. Juli 1912 war die Hochzeit von Erica von Scheel und Ivo Hauptmann in Dresden-Blasewitz bei der Mutter Marie Hauptmann. Gerhart Hauptmann nahm an der Hochzeitsfeier nicht teil und lud deswegen das junge Ehepaar für mehrere Wochen nach Agnetendorf ein.

Hofmanns lassen sehr grüßen: Ivo und Erica Hauptmann reisten nach ihrer Hochzeit zusammen mit dem Ehepaar Ludwig und Elly von Hofmann für sechs Wochen auf die Insel Vilm bei Putbus auf Rügen.

Gerhart an Ivo

Wiesenstein Agnetendorf i. R.
27. August 1912

Lieber Ivo
Wir bekommen circa am 1sten September vierspännigen Besuch: Prof. Fiedler aus Oxford mit Gattin, Tochter und Gouvernante. Trotzdem fänden wir, Grethe und ich, es schön, wenn Ihr kämt und würden Euch für die Zeit des Fiedlerschen Besuchs (etwa acht Tage), in der Nähe des „Wiesenstein" gut unterbringen. Vom 13ten bis 18ten circa, müssen wir nach Stuttgart zur Eröffnung der dortigen neuen Theater, weil ich mein Kommen zugesagt habe. Erica hätte in dieser Zeit Gelegenheit, da Benvenuto zu Hause bleibt, ihre „Mutterinstinkte spielen zu lassen", wie Grethe sagt und es wäre überhaupt schön, wenn Ihr unsere Vertretung hier übernehmt. Nach dieser Zeit könnten wir bis Anfang Oktober zusammen bleiben: (Natürlich im „Wiesenstein") Dann muß ich zu den Dresdener Proben. Grethe hat Euch die Angelegenheit in einem Briefe und im gleichen Sinne vorgetragen, aber nicht ganz so klar. Wir grüßen Euch, freuen uns auf Euer Kommen und bitten um Kundgabe des Ankunfttermins.
Euer Palle

Prof. Fiedler: Hermann G. Fiedler (1862–1945). Lehrstuhl für Deutsche Literatur in Oxford. Veröffentlichungen über Gerhart Hauptmann. Bekanntschaft mit ihm seit 1905. Vorbild für die Rolle des Professor Geiger in *Vor Sonnenuntergang.*

dann muß ich zu den Dresdener Proben: Am 10. Oktober 1912 war die Dresdener Premiere von *Gabriel Schillings Flucht.*

Ivo an Gerhart

Vilm
29. August 1912

Lieber Palle!
Vielen Dank für Deine Nachricht. Genaueres über unser Kommen erfahrt Ihr aus Dresden, wo wir unsere Koffer umpacken werden. Sonntag oder Montag reisen wir von hier weg und werden voraussichtlich

Donnerstag, den 4. September, den Wiesenstein bei einem überaus eindrucksvollen Diner auf uns wirken lassen. Augenblicklich haben wir hohen Besuch, als seine Exzellenz, der Generalpapa, bei uns nach dem Rechten sieht. Im übrigen geht es uns gut, ich hatte einige kleine Scharmützel mit Baumgruppen zu bestehen, die sich nur mit Anstrengung in die gehörige Form auf das Papier bringen lassen.
Wir freuen uns sehr auf Euch und grüßen derweilen,
Euer Ivo.

[Zusatz von Erica Hauptmann:]
Lieber Gerhart,
Dir und Grete herzlichen Dank für die Einladung. Ich freue mich sehr, Euch wiederzusehen. Grüße bitte die Grete sehr von mir und sage ihr, ich würde meine Mutterinstinkte über Butzel mit ganz besonderer Freude spielen lassen. Auf Wiedersehen! Herzlichst Deine Erica.

der Generalpapa: Heinrich von Scheel (1839–1913). General der Infanterie. Direktor der Kadettenschule in Metz. Präses der Königlichen Obermilitärexaminationskommission in Potsdam. Erica war die Jüngste seiner vier Töchter.

1913

Gerhart an Ivo

Portofino
23. Januar 1913

Mein lieber Ivo,
in Kürze nur diesen Gruß in aller Herzlichkeit. Natürlich seid Ihr uns herzlich willkommen, auch früher, wenn es Euch südlich zieht: darin sind Grete, Buzzi und ich einig. – Wir wohnen in göttlicher Abgeschlossenheit. Das Wetter ist paradiesisch. – Ich bin übrigens angenehm überrascht von der Leichtigkeit, mit der Ihr jungen Eheleute einer da, einer dorthin flattert. Das scheint dem Modernismus auf diesem Gebiet wesentlich zu sein. Meiner Gefühlsweise nicht verständlich. Wenn ich Frau wäre, ich würde meinen Mann – und als Mann würde ich meine Frau fester halten. Ehe ist Ehe! Man braucht sich ja nicht verheiraten, wenn man es anders lieber hat.
So, Du vergnügter Strohwitwer. Es heißt alte Leute seien wunderlich! Soviel ist gewiß: junge Leute noch wunderlicher.
Sei treulich gegrüßt von Deinem Vater
Gerhart Hauptmann

Gerhart an Ivo

Portofino, 8. April 1913

Lieber Ivo!
Wir sind fortgesetzt beunruhigt über das Befinden Deines verehrten Schwiegerpapas und bitten Dich um öftere, wenn auch ganz kurze Nachricht. Bitte grüße aufs Wärmste Herrn von Scheel und sprich ihm unsere aufrichtigen Wünsche für baldige Besserung herzlich aus. Ebenso den beiden Schwestern. Hofmanns sind noch bei uns und schließen Grüße und Wünsche wärmstens an. Das Ehepaar reist morgen mit kleinem Umwege nach Florenz zurück. Ihr habt ernste und schwere Tage durchzumachen. Erhaltet Euch nach Kräften aufrecht und gesund.
Immer Dein getreuer Palle

1914

Gerhart an Ivo

[Berlin-Grunewald, 2.8.1914]

Lieber Ivo, liebe Erika,
Geht zu Muttel, oder nehmt sie zu Euch. Laßt oft von Euch hören. Wie wäre Schreiberhau für Euch alle? Schreibt. Wir müssen voneinander immer wissen.
Gerhart

Ecke ist ruhig und fest in das Unvermeidliche gefügt. Die heißgeliebten Jungens! Grethe grüßt Euch.

Ecke ist ruhig: Eckart Hauptmann hatte zu Beginn des Ersten Weltkrieges seinen Stellungsbefehl erhalten.

Ivo an Gerhart

Allgemeines Krankenhaus Barmbeck
16. Oktober 1914

Lieber Palle.
Dank für Euer Telegramm. Ich habe mich noch für einige Tage in ein Krankenhaus begeben, da ich einen kleinen Herzkollaps bekommen hatte, der sich, Gott sei Dank, als hauptsächlich nervös herausgestellt hat. Mein Herz ist gesund und meine Nerven beruhigen sich. Mir steckten die Aufregungen der letzten Tage in den Knochen, aber es geht wieder ganz gut, nur noch ein wenig Schonung. Meinen sehr schönen Sohn mit den schönen Händen und Füßen, wie man mir sagt, und merkwürdigerweise mit einem Hinterkopf, habe ich noch nicht mit Augen besichtigt, werde aber in den nächsten Tagen die Ehre haben. Erica geht es gut wie ich höre, denn die Geburt war schwer. Ecke erschien heute früh bei mir, er wollte noch zu Euch, er sieht famos aus, ein schöner deutscher Krieger, sehr schön und sehr deutsch.

Ich wünsche ihm Alles Gute. Sie sind doch alle echte Helden. Ich werde hier behandelt von dem Chef des Krankenhauses Professor Rumpe. Er kennt Dich von York her. Ein sehr vertrauenswürdiger, freundlicher Mann. Im übrigen geht es mir sehr prinzlich. Frau Professor besuchte mich schon zweimal. Heute mit einem schönen Blumenstrauß, auch Frau Illies kam dreimal, einmal mit Blumen. Einige Tage ging es mir mies, aber die Lebensgeister haben mich wieder.
Grüße die Grete und den Onkel Benvenuto und laßt es Euch gut gehen.
Dein Ivo

Barmbeck: Seit 1946 korrekte Schreibweise: Barmbek.

die Aufregungen der letzten Tage: Marie Hauptmann starb am 6. Oktober 1914 völlig überraschend an einem Herzschlag. Sie war von Dresden nach Hamburg zu Ivo Hauptmann in seine Wohnung gekommen, um die Geburt ihres ersten Enkels zu erleben. Gerhart Hauptmann fuhr am folgenden Tag nach Hamburg, um seinem Sohn beizustehen. Vater und Sohn besuchten gemeinsam die Grabkapelle, um sich von Marie Hauptmann zu verabschieden.

Meinen sehr schönen Sohn: Am 14. Oktober wurde in Hamburg der erste Enkel Gerhart Hauptmanns und einzige Sohn von Erica und Ivo Hauptmann, Gerhart Heinrich Ivo (1914–2010), genannt Harre, geboren.

Frau Illies: Ehefrau von Otto Illies (vgl. die Anmerkung zum folgenden Brief).

Gerhart an Ivo

Berlin-Grunewald
1. November 1914

Lieber Ivo!
Dank für Deine beruhigten Nachrichten. Grüße Herrn Illies. Es ist mir sehr lieb, Dich in seinem freundschaftlichen Sanatorium zu wissen. Auch Erica ist ja nun Gott sei Dank bald wieder im Normalen angelangt. Übrigens hatte ich um einige Aufschlüsse gebeten. Wer bewacht verantwortlich das Dresdner Haus? Sind die beiden Mädchen gewissenhaft, oder muß man, falls ihnen gekündigt ist, bei ihrem Abzug wachsam sein? Da allerhand intime Briefschaften von mir in den dortigen Schränken sein müssen, fühle ich mich durch den Gedanken beunruhigt, Unberufene könnten eindringen. Unberufene sind mir alle außer Klaus, Ecke und Dir. Um über die Dresdener Möglichkeiten

klar zu sehen, möchte ich gern mit Dir, nachdem Du Dich ganz frisch fühlst, dorthin reisen. Ich denke auch dabei an den Modus und den Entschluß (eventuell) der Hypothekenübernahme, d. h. ihre Verzinsung. Schreibe mir, wann ungefähr wir die Dresdner Fahrt unternehmen können.
Herzlichst Palle

Herrn Illies: Otto Illies (1881–1959). Maler. Studienfreund von Ivo Hauptmann. Besuchte ebenso wie dieser 1904–1908 die Kunstschule in Weimar und die Malklasse von Ludwig von Hofmann. Lebte in Hamburg auf dem Falkenstein, später in Wernigerode im Harz.

Ivo an Gerhart

Falkenstein, 5. November 1914

Lieber Palle,
vielen Dank für Deinen Brief. Mein Vorstellungskreis hat sich bedeutend gelichtet, ich sehe ruhig ins Leben und werde mir über meinen Zustand klar. Es war eine Überanstrengung, das ist etwas ganz Natürliches, hinzu kamen noch die aufgeregten Nerven, sodaß sich die Angelegenheit steigerte. Aber die Nerven beruhigen sich und das Herz, das ansich gesund ist, muß man noch ein wenig schonen, bis es wieder seinen gewohnten Gang geht. Ich gehe am Tag zwei Stunden bis drei Stunden spazieren, das tut mir gut. Ich will mir jedoch nicht zu viel zumuten, denn dann kommt immer noch eine Rezession. Deswegen mehr gegeizt mit der kostbaren Zeit. Es wird meiner Arbeit zugute kommen. Ich hoffe, die Welt noch zu überschwemmen mit einem Bildermeer, das von meinen Lebenswandeln zeugen soll. Erica geht's besser, sie muß sich noch schonen. Der Sohn nimmt zu an Alter, Weisheit und Stärke.
Seid alle herzlich gegrüßt und Du besonders
Dein Ivo

Ivo an Gerhart

Falkenstein, 2. Dezember 1914

Lieber Palle,
vielen Dank für Deinen Brief. Verzeih, daß ich Deine Fragen nicht eher beantwortet habe, aber meine Gedanken können sich nicht genügend konzentrieren. Mir geht es besser, aber ab und zu bekomme ich noch so kleine Nervenschocks, die sich jedoch hoffentlich bald ganz verlieren werden. Es kommen Phantome von irgendwo her, bei denen man sich fragt, was mit dem Verstand gar nicht zu erklären ist. Ich hoffe, diese Geisterwelt bald zu bannen, kraft meines Geistes und sie werden den Weg zu mir nicht mehr finden können.
Nach Dresden kann ich in den nächsten Tagen nicht. Ich frug den Arzt, der mir sagte in vier Wochen. Ich werde es von meinem Befinden abhängig machen und Dir schreiben. Das Dresdener Haus ist aber in gutem Gewahrsam. Ich habe Fräulein von Baer gebeten, die nebenan wohnt und für Muttel eine ergebene Freundin war, die Mädchen zu entlassen. Sie wird auch nachsehen, daß etwas geheizt wird. Ich habe Ihr die Schlüssel zum Haus überlassen. Ich weiß genau, daß Alles bei ihr in bester Obhut ist, die Schlüssel zu Muttels Schränken sind zum Teil hier, zum Teil in Dresden. Beunruhige Dich nicht, daß irgendetwas von Deinen Briefen, die in Muttels Besitz waren, abhanden kommen könnte, das ist ganz ausgeschlossen. Die Hypothekenfragen wollen wir erledigen, sobald etwas über Muttels Nachlaß bekannt ist, augenblicklich fühle ich mich noch gänzlich außerstande, mich damit zu befassen.
Erica geht es gut, das zweite Gerinnsel hat sich aufgelöst und ich denke, sie wird morgen mit Pflegerin nach Dockenhuden übersiedeln können.
Lieber Palle, ich hoffe, Du nimmst es mir nicht übel, aber wenn ich mit Dir hier sprechen könnte, würdest Du mir auch sagen, mich erst gründlich auszukurieren.
Grüß die Grete und den Buzzi.
Herzlichst Dein Ivo

Von Klaus kam ein schöner Brief am 24.X., in dem er über Muttels Tod schreibt.
Eckes Brief, den Du [nicht lesbar] lege ich bei.

Gerhart an Ivo

Berlin-Grunewald
3. Dezember 1914.

Lieber Ivo!
Deine Mitteilungen über das Dresdener Haus haben mich beruhigt, und es kann ja nun alles aufgeschoben bleiben: dagegen bin ich beunruhigt durch das, was Du von Deinem nervösen Zustand schreibst. Es ist ja natürlich, daß Du durch die schmerzliche Angelegenheit psychisch erschüttert worden bist. Ich kenne genau solche auf einen Todesfall folgende Zustände. Man ist gleichsam dem Jenseits zu nahe gekommen und hat Mühe sich wiederum diesseits fest einzukapseln. Lieber Junge, das muß überwunden werden. Auch über den düsteren Vorstellungskreis muß man ganz und gar wiederum Herr werden. Ich gebe zu: es ist in diesen allgemeinen Kriegszeiten doppelt schwer.
Hinsichtlich einer Aufhellung des Gemüts habe ich mit dem Hamburger Klima seinerzeit trübselige Erfahrungen gemacht. Du bist ja einstweilen bei Freund Illies in bester Pflege und hast Ruhe, die ja wohl Deiner Verfassung das allernotwendigste ist. Nach einiger Zeit wird Dir aber ein hellerer Himmel und Sonne nötig sein. Ich würde auch dann einen Ortswechsel für wichtig halten. Vielleicht entschließt ihr Euch zu einem Meraner Aufenthalt, da ja das Ziel Italien jetzt nicht mehr unmöglich ist. Oder Du gehst vielleicht auch sechs Wochen allein nach Meran: denn so wenig ich an der Regenerationsfähigkeit Deiner Natur zweifle, so bestimmt bin ich durchdrungen davon, dass Du alles tun mußt, was sie in dieser Beziehung unterstützen kann. In circa acht Tagen oder früher komme entweder ich allein oder mit Grethe nach Hamburg, um einige Stunden mit Euch zusammen zu sein. Bei dieser Gelegenheit, lieber Ivo, werde ich eine genaue ärztliche Untersuchung an Dir vornehmen und die Behandlung, so weit sie noch notwendig ist, in die Wege zu leiten versuchen. Ich bin überzeugt, dass Sammlung, Sonne, Luft und mäßige Arbeit Dich bald wieder in vollsten Besitz Deiner gesunden körperlichen und psychischen Kräfte bringen und darin befestigen werden.
In Liebe Palle.

1915

Gerhart an Ivo

Wiesenstein Agnetendorf i. R.
3. Juni 1915

Lieber Ivo!
Herzlich beruhigt lasen wir Deinen humoristischen Brief. Das Vaterland braucht alle seine Kräfte und diese das Vaterland: also stehen beide einander zur Verfügung. Ich brauche Dir nicht zu sagen, Du alter Sportsmann, wie Du die Sache auffassen sollst. Sie wird Dich körperlich kräftigen, sie wird Dir sogar, richtig genommen, Spaß machen, ja Dir schließlich eine Genugtuung sein. Der liebe Gott wird Dich gesund und erfrischt an die Staffelei zurückbringen. Entweder also Du besuchst uns oder wir besuchen Euch auf eine längere Zeit, vorausgesetzt, daß man im Hotel zu Blankenese noch das Nötige zu essen und zu trinken bekommt. Über Ecke und Klaus fühle ich großen Vaterstolz. Mache auch Du der Familie Ehre. Was hat nicht alles, Hoch und Niedrig, in diesen Tagen das graue Ehrenkleid angezogen. In einem halben Jahr mußt Du Leutnant sein, wenn der Krieg noch nicht zu Ende ist. Ist er bis dahin zu Ende, umso besser. Die Russen scheinen am Schluß ihrer Kräfte. Wenn nicht alles trügt, werden sie es nicht mehr sehr lange aushalten. Sei gegrüßt mit Weib und Kind. Dem Enkel einen Kuß vom Großvater,
Gerhart Hauptmann

Deinen humoristischen Brief: Brief nicht erhalten.
das Vaterland: Ivo Hauptmann hatte seine Einberufung an die Kriegsfront erhalten.

Gerhart an Ivo

Wiesenstein in Agnetendorf i. R.
17. Juli 1915.

Lieber Ivo!
Wir gedenken also Donnerstag den 22. oder Freitag den 23. Juli bei

Euch einzutreffen. Wo werdet Ihr uns einquartieren? Wahrscheinlich werden wir nur zu drei kommen, möglicherweise auch Emma mitbringen. Wir wollen hübsch und gesund wohnen, auch ebenso zu essen bekommen. Überdies brauchen wir täglich unsere kalten Wannenbäder. Bestelle also bitte drei gute Betten, am besten in drei ineinandergehende Zimmer verteilt, und schreibe möglichst umgehend Ort und Hotel, in dem es geschehen ist, und wo wir untergebracht sein werden.
Wir freuen uns von Herzen Dich, Erica und den Enkel zu sehen. Deine letzte Karte hat meine väterliche Sehnsucht zum Entschluß geführt.
Palle

Emma: Nachname und Lebensdaten nicht bekannt. Hausangestellte der Hauptmanns.

Gerhart an Ivo

Agnetendorf
24. Juli 1915.

Lieber Ivo!
Pflichtgefühl einer Arbeit wegen zwang mich gestern unsern Reiseplan zu verschieben. Mittags telegraphierte dann Ecke, er sei leicht verwundet und fragte an, ob wir in Agnetendorf wären und blieben, und er Lazarettbehandlung in unserer Nähe beantragen solle. Ich habe mich gleich mit Sanitätsrat Moses in Verbindung gesetzt und Eckes Unterbringung in Warmbrunn ist verabredet, sofern er wirklich, wie es den Anschein hat, schon transportfähig ist. Nun müssen wir also den guten Ecke jedenfalls abwarten. Hoffentlich kommt er ohne Komplikationen zur Genesung. Ist er hier, so gewinnen wir ja einen Überblick der nächsten Wochen. Vielleicht komme ich dann ohne Grete, die bei Ecke bleiben könnte, für einige Tage allein hinauf zu Euch.
Ist übrigens Klein Flottbeck vor Ort, wo Fürst Bülow seine Besitzung hat und jetzt lebt? In diesem Falle würden wir doch lieber vermeiden, den Fuß dorthin zu setzen. Ein Besuch würde nicht zu umgehen sein, und der Fürst fände sich nur in seiner ländlichen Ruhe gestört. Auch für uns wäre die Sache umständlich. Wir müssen uns unbedingt sehen, meine Seele will es. Sie verlangt nach Dir und dem Jungen besonders

ungeduldig. Natürlich die liebe Mutter inbegriffen. Aber augenblicklich geht die Sorge um Ecke allen anderen Wünschen vor.
Schreib, lieber Ivo, über Ergehen und vermutliche Ausbildungszeit.
Wir grüßen Euch in treuer Liebe
Palle

Klein Flottbeck: Heutige Schreibweise: Klein Flottbek.

Fürst Bülow: Bernhard Fürst von Bülow (1849–1919). Reichskanzler und Preußischer Ministerpräsident 1900–1909. Gerhart Hauptmann verkehrte freundschaftlich mit dem Fürsten von Bülow. 1909 sandte Hauptmann ein Sympathietelegramm an den zurückgetretenen Reichskanzler. Er lernte den Fürsten Bülow 1902 durch die Vermittlung des Barons Berger kennen.

vermutliche Ausbildungszeit: Der Brief ist per Feldpost adressiert an „Kanonier Ivo Hauptmann, Feld-Artillerie-Regiment 45., Rekrutenbatterie, 111. Zug, Bahrenfeld bei Altona", entsprechend ist die militärische Ausbildung Ivos gemeint.

Gerhart an Ivo

Wiesenstein Agnetendorf i. R.
30. Juli 1915

Mein lieber Ivo.
Das Billard ist angekommen und aufgestellt. Aber das Wichtigste ist, Deine Bilder sind angekommen. Sie schmücken den Saal und machen uns täglich Freude. Bei mir ist diese Freude besonders eindringlich, weil ich das Schicksal Deiner Begabung eben in Freud und Leid miterlebe und aus diesen Werken ersehe ich, welcher Aufstieg zwischen Deinen ersten Versuchen und ihnen liegt. Du bist ein Maler, ein wirklicher Maler und Du wirst und mußt eines Tages in der ersten Reihe stehen und die Kunst, insbesondere dieses neuen deutschen Reichs, wirklich gefördert haben. Erhalte Dich Gott durch die jetzige Episode hindurch gesund, das bitte ich ihn! Und bewahre Dich Deiner künftigen, herrlichen Aufgabe. In Liebe Dein
Palle

Ivo an Gerhart

3. August 1915

Lieber Palle!
Herzlichen Dank für die Karte. Vor zwei Tagen schrieb ich nach Agnetendorf. Nach dem 21. Mobilmachungstag, also dem 27. August, wird der unausgebildete Landsturm, wohin ich gehöre, einberufen nach Jahrgängen. Näheres wird bekanntgegeben. Wir müssen also hierbleiben. Wozu ich verwendet werde, weiß ich nicht, ich gebe Bescheid, sobald Näheres bekannt wird. Sonst geht es uns gut, nur habe ich ein durch Heuschnupfen entzündetes Auge und muß es pflegen.
Euch allen herzliche Grüße.
Immer Dein Ivo.

Ivo an Gerhart

[o. D., wahrscheinlich 14. August 1915]

Lieber Palle,
Dank für Dein Telegramm, das mich sehr erquickt hat. Augenblicklich ist ja noch keine Gefahr, aber es kann hier oben auch windig werden. Bis ich eingezogen werde, hat es noch 14 Tage mindestens Zeit und falls wir glücklich kämpfen, wird wohl der Landsturm mit Waffe nicht sehr viel zu tun bekommen. Wird es aber Ernst, so kannst Du Dich verlassen, daß ich meinen Posten ausfüllen werde mit der Kraft, die mir zu Gebot steht.
Seid alle herzlich gegrüßt
Dein Ivo.

1916

Ivo an Gerhart

La Fère, 1. Juli 1916

Lieber Palle,
ich bin auf die Entfernungsmesserschule in La Fère kommandiert bis zum 1. Juli, gehe von hier nach Frankfurt zurück und werde dann früher oder später ins Feld kommen. Die Reise hierher machte ich mit einem Soldatenzug. Es sind zum Teil bewundernswerte Menschen von einer Ruhe und Gelassenheit, die ich nach zwei Jahren Krieg nicht mehr für möglich hielt.
Er freute sich an der Ordnung, der Sauberkeit, an den wohlerhaltenen Häusern in Deutschland und er wußte genau, wofür er kämpfte. Es ist doch etwas um die einfachen Naturen, die jenseits von Zweifeln ihre Pflicht tun. Manchen reißt es noch um, der nun schon seit dem ersten Tag mitkämpft.
Während der Nacht fuhren wir im Dunkel, ohne Licht erhellte sich der Himmel durch in der Ferne aufleuchtenden Feuerschein, der langsam wieder unterging. Der drohende Krieg, gleich hinter diesem Berg, wir fahren noch im Frieden, gegen Morgen Sedan, ein bescheidener Ort, dessen Auftritt sich nicht mit der Fülle des Glanzes deckt, den dieser Name erweckt, sondern wie eine Blütenkapsel verdorrt am Boden liegt, aus der sich die pompöse Blume entwickelt hat. Die Gegend ist menschenleer. Ab und zu zerstörte Häuser, es ist kalt, gesprengte Brücken. Es bleibt kalt. Wir reisen über Laon nach La Fère. Ein freundliches, kleines, echt französisches Städtchen. Eine lange Straße, die eine Kurve macht, ältere, anständige Häuser. Ab und zu eines ungepflegt mit schönen schmiedeeisernen Toren. Allerlei militärische Quartiere, Bevölkerung sind Frauen, alte Männer, viele müssen den Ort verlassen haben. Kanonen donnern im Umkreis, drohend wie das Landungeheuer, das seine Opfer fordert. Ab und zu erbebt das Haus oder es klappert etwas. Der Kursus beginnt heute Nachmittag, ich berichte bald mehr.
Grüß die Grete, ich würde ihr bald schreiben. Die Uhrensendung müssen wir noch etwas aufheben.
Dein Ivo

Er: Bezug unklar; vermutlich einer der mitreisenden Soldaten.

Sedan, ein bescheidener Ort, dessen Auftritt sich nicht mit der Fülle des Glanzes deckt, den dieser Name erweckt: Die hohen Erwartungen, die Ivo mit dem Ort Sedan verknüpfte, speisen sich aus dem Sieg der deutschen Truppen bei der Schlacht von Sedan im Deutsch-Französischen Krieg am 1. September 1870, der im Deutschen Kaiserreich mit dem Sedantag gefeiert wurde.

Ivo an Gerhart

Wilna
31. Juli 1916

Lieber Palle!

Seid gegrüßt aus Wilna. Ich kann heute Nachmittag nicht weiterkommen.

Russland ist ein großer Sumpf, vermodert, fad, verkommen. Das ist bis jetzt mein Eindruck. Niemals glaube ich, daß dies Land uns in absehbarer Zeit besiegen wird. Man wirft einen Riesenkloß gegen einen stählernen Dolch, so wird der Kloß den Dolch zeitweise überwältigen, ihn zerdrücken. Der Dolch wird den Brei bald zerfleischen.

Nach Wirballen begann ein weites, flaches, trauriges Land, ab und zu kümmerlich. Graue Häuschen, verfallen. Einige bebaute Felder, hauptsächlich versumpft, unbrauchbare Wiesen. An den Gleisen lange Laderampen, offenbar für das Abladen der Truppen, die Deutschland überfluten sollten. Man kommt in ein Waldgebiet, das gleiche, verwahrlost. Ein Dreck, durchgeknickte Bäume, die von Granateneinschlägen herrühren, stellenweise der Wald umgelegt. Man bekommt eine Vorstellung von der Schwierigkeit, in diesen Dickichten zu kämpfen. Eine große Sägemühle, die sauber aussah, mit einem großen Stapel zersägter Bretter. Eines unserer Gefangenenlager, Franzosen sollen es sein, die dort beschäftigt werden. Gräber, meist mit Birkenholz eingefriedet, öfters mit zehn bis zwanzig Kreuzen. Ausgehobene Schützengräben, Stacheldrahtverhaue, Granatlöcher, Stellungen auf Anhöhen gut ausgebaut, Überbleibsel der Kämpfe, die zur Einnahme von Wilna führten.

Der erste Eindruck in Wilna auf mich, sobald ich den Bahnhof verlassen hatte, war schauderhaft. Bettler, die ihre verkümmerten Kinder zeigen, schmutzige und verwahrloste Greise, dreckige Weiber. Überall Gestank und [zwei Worte nicht lesbar].

Ich ging durch einen Torgang, der unter einer Kirche hindurchführte. Auf der Straße knieten die Menschen und beteten vor einer schillernden Wand [vier Worte nicht lesbar] aufgebaut war. Orientalisch mutet es an. Man geht auf sperrigen Straßen, für die Fußgänger sind Bretter eingelegt. Viele Juden, die ihre Waren anpreisen. Barocke Kirchen. Kleine Gespanne, in denen sich Offiziere spazieren fahren lassen. Manche Schönheiten zeigen sich in bunt angestrichenen Häusern, mit goldenen Kuppeln, die von den Häusern in die Ferne sehen. In verschossenen Gewändern Greise mit sorgevollem Blick. Mädchen mit bunten Schals und hohen Stöckelschuhen, Kopf bedeckt, nur das Gesicht sichtbar. Im Soldatenheim, in dem wir auch zu Abend essen, ist gut für uns gesorgt. Die Nacht war übel, eine unsägliche Quälerei durch Flöhe und im zweiten Quartier, das ich aufsuchte, selbst nach dem Bad, das ich heute nehmen konnte, die Biester scheinen ganz vom Bändel zu sein, eine Blutgier ohnegleichen. Ich habe schon manchen Floh erlegt, aber es kommen dann wieder neue, wenig erfreulich.

Bald mehr, alles Gute

Dein Ivo.

Sag bitte Grete nochmals Dank für die Uhr. Ich muß genau die Adresse von Felsing haben, damit er sie reguliert. Heute geht sie schon eine halbe Stunde nach.

Wilna: Ivo Hauptmann wurde am Anfang des Ersten Weltkriegs, Ende 1914, zur Feldartillerie gemustert. Ab 1. Juni 1915 Feldartillerieregiment in Bahrenfeld, ab Mitte September bei der Fliegerabwehr in Teufelsbrück bei Hamburg. Herausgeber einer humoristischen Soldatenzeitung mit Karikaturen der Vorgesetzten. Strafversetzung über Frankfurt am Main nach Soly (Ost) und von dort über Wirballen nach Wilna. Dort tätig in der Bildabteilung der Feldfliegerabteilung. Später wieder in Soly (Ost) und von dort nach Minsk. Nach Kriegsende kehrte er über Frankreich nach Hamburg zurück.

Felsing: Uhrmacher.

1917

Ivo an Gerhart

12.11.1917

Mein lieber Palle,
wenn ich auch weiß, dass Du kein besonderer Freund von primitiven Familienfesten bist, so werde ich Deinen Geburtstag doch zum Anlaß nehmen, Dir einen Gruß zu schicken. Ich hoffe, daß Dich das verschärfte Hilfsdienstgesetz nicht zu sehr mit Beschlag belegt und Dir Deine Freiheit läßt, denn eine Art Vergewaltigung der einzelnen Persönlichkeit bleibt diese Art der Vaterlandsverteidigung. Ich habe ein kleines Inselbuch gelesen, *Freiheit* von Treitschke, das könnte sich mancher der hochlöblichen Regierungsbeamten einmal durchlesen, es könnte ihm nur dien[st]bar sein. Dir empfehle ich es, wahrscheinlich kennst Du es schon, weil es ein Vortrag [ist] und Dir zu Deinen Vorträgen möglicherweise noch eine Anregung gibt. Der Krieg geht weiter und es wird sich jetzt zeigen, ob unsere viel beschimpften Diplomaten die Gelegenheit wahrnehmen können. Die Gelegenheit ist sicher da, mit kühnem Griff ohne kleinliche Rechenkünste einen Frieden zu erzwingen, der die Welt vor dem Alpdruck englischer Weltmachtsgelüste befreit. Haben wir erst einen kleinen Frieden, so kommt der große von selbst.
Laß Dir's gut gehen, mein lieber Palle, hoffentlich können wir Deinen nächsten Geburtstag vereint in Frieden erleben.
Dein Ivo

Hilfsdienstgesetz: „Gesetz über den vaterländischen Hilfsdienst" vom 5. Dezember 1916. Im Ersten Weltkrieg unter dem Eindruck der Materialaufwendungen der Gegner in der Somme-Schlacht entstandenes Gesetz, das alle nicht eingezogenen Männer im Alter zwischen 17 und 60 Jahren einer Arbeitspflicht unterwarf.

1918

Ivo an Gerhart

13.4.1918

Ich wechsle den Ort, meine Adresse wird sein
Armeeflugpark 17, unsere Abteilung wird aufgelöst.

Lieber Palle,
eine Bitte, schreibe doch bitte an Max Klinger in Leipzig, er möge an den Stellvertretenden Generalstab, Abt. III b (K.B.) Berlin N.W. ein Gutachten über mich dahingehend abgeben, daß er mich als Kriegsmaler für brauchbar hält. Mit anderen Worten eine Empfehlung. Mein Gesuch ist fürs erste bewilligt und wird weitergehen, wie lange es braucht, ehe ich zum Ziel komme, steht dahin. Ein kleines flämisches Städtchen, in dem ich mich befinde, ist heiter und harmlos. Der Donner ferner Geschütze ermahnt an den Ernst, der Lichtschein abgefeuerter Geschosse schlägt gegen Abend [einen] Bogen über den Horizont. Ab und zu ein Lastauto, das durch die Straßen prasselt, ein Motorradfahrer, die Soldaten unserer Abteilung fliegen in großen Höhen, das Brummen ihrer Motoren, einige Häuser verlassen, bei Nacht das Dorf dunkel, alle Fenster verhängt. An den Häusern sind Keller bezeichnet, in denen man bei Fliegergefahr Deckung sucht. Lauter Häuser, in denen man wohnen möchte, mit reichen ummauerten Obstgärten. Die Sonne scheint warm, man könnte an Frieden denken und ist ganz nahe jenen Blutstreifen, die die Länder durchziehen.
Dein Ivo

Mein Gesuch: Ivo Hauptmann hatte sich um einen Einsatz als Kriegsmaler beworben.

Ivo an Gerhart

27.7.1918

Mein lieber Kamerad für die Ewigkeit.
Auch ich grüße Dich. Dein Gruß will mir klingen, als wenn er über die

Gebirge der Unendlichkeit, als wenn er über die Meere der Welt an den Sonnen vorüber zu mir gekommen wäre, um mich Einsamen hier zu erreichen. Wie schön, daß Du Dich meiner von so weit her erinnerst, wie schön, daß dieser Gruß in die unendliche Zukunft mich begleiten wird. Mein lieber Kamerad, wir kommen von weit her, des bin ich gewiß. Du lebst auf einer schönen Insel. Die sanften Linien sich hebender Hügel beschreiben Dir den Frieden. Deine Augen können den Blick über das Meer senden bis zu der einsamen Linie des leichtgewölbten Horizontes. Dein Geist steht klar über dem chaotischen Irrsinn mißleiteter Menschen, die gleich blutendem Gewürm sich im Staube winden. Du bist der König in Deinem Reich und die Erfahrungen und Betrachtungen eines reichen Lebens durchziehen Deine Seele. Du läßt die Glocken der Dome läuten, daß sich ihr Klang über die Länder widerhallt. Du gräbst in den tiefen Schätzen unserer Welt, um sie ans Licht zu holen. Mein lieber Kamerad, auf mir lastet der Schmerz der Nationen, es bedrückt mich wie ein schwerer Stein. Ich sah ihn nicht, den jungen Menschen, aber ich hörte von ihm. Sein Nachbar im Feldlazarett erzählte mir von ihm. Die Beine hatte man ihm abgeschossen. So lag er da unter fremden Menschen einsam. Seine Kameraden, zur Hilfeleistung bestimmt, abgestumpft durch das Alltägliche, roh entmenscht, bekümmern sich um nichts. Anfangs hatte er noch Mut, dann fiel er ein wie ein alter Mensch und während der Nacht wimmerte er „Mutterle, Mutterle“. Als man ihn am dritten Tag ins Lazarett einlieferte, war er tot, neunzehn Jahre war er geworden. Wer denkt der Tausenden, die da herumliegen? Niemand, wer wäre imstande das Getöse, das Geschrei der Schmerzen aufzunehmen, das täglich sich gebiert? Niemand, wir müssen zerschellen, aber wir hören nichts, wir sehen nichts, ein jeder stirbt seinen eigenen Tod, ein jeder leidet sein eigenes Leiden und keiner weiß von dem Anderen. Laßt sie zusammen klagen, die Millionen der Verlorenen, ihre Klagen werden aufschreien zu einem Orkan und er wird hinwegfegen das Leben wie ein eisiger Nordwind, aber sie bleiben stumm. Mein lieber Kamerad, meine Seele ist frei, aber mein Geist ist eingebaut in die öde Leere stumpfsinniger Beschränktheit. Ich schlendere durch die Tage wie ein an Stumpfsinn Betrunkener und ich sehe keinen Ausweg. Wohin geht diese Reise? Ich glaubte es wäre Sklaverei.

Du bist mein lieber Kamerad für die Ewigkeit und ich grüße Dich in Ewigkeit.

1919

Ivo an Gerhart

8. März 1919

Mein lieber Palle,
vielen Dank für die schöne Turneranregung. Mein Weg wird ein ähnlicher sein, dem Geist nach. Ich werde froh sein, bald wieder einmal mit Dir zu reden. Anregungen brauchen wir wie die Blumen das Insekt, damit wir Früchte tragen.
Ich schicke Dir zwei Radierungen, die ersten Versuche. Ich muß mich bald einmal intensiv mit Dir beschäftigen, Zinkplatten gibt es noch. Ich denke gegen Ende April, das wäre Ostern, mit Familie in Agnetendorf ein Gastspiel zu geben.
Herzlichst
Dein Ivo
wirklicher geheimer Maler

Turneranregung: William Turner (1775–1851). Britischer Maler. Vor allem mit seinen Landschaften und Seestücken gilt er als führender Vertreter der englischen Romantik. Gerhart Hauptmann hatte Ivo dazu ermuntert, nach dem Vorbild Turners mit Lichtschattierungen zu arbeiten.

1920

Ivo an Gerhart

Loschwitz, Malerstr. 4
4. November 1920

Lieber Palle,
ich bin nächsten Dienstag spätestens mittags in Agnetendorf, um Dich zu malen. Ich will eine Woche bleiben. Ich schicke zwei Keilrahmen mit der Post. Falls Ihr nicht mehr in Agnetendorf seid, so telegraphiere bitte nach Breslau, Kunstakademie, per Adresse Professor Otto Mueller. Morgen geht's nach Berlin, Sitzung der Freien Secession. Sonntag in Liegnitz bei Buzzi. Montag Breslau meine Ausstellung mit Otto Mueller.
Also auf baldiges Wiedersehen,
Dein Ivo.

Herzliche Grüße von uns Dreien auch an Bocchi.

Loschwitz: 1919 zogen Ivo und Erica Hauptmann aus finanziellen Gründen von Hamburg-Dockenhuden, Godeffroystraße 5 nach Dresden-Loschwitz, Malerstraße 4. Aufgrund des großen Freundeskreises in Dresden erhoffte sich Ivo Hauptmann bessere Verkaufsmöglichkeiten für seine Bilder.
Sitzung der Freien Secession: Ivo Hauptmann war Mitglied der Freien Secession Berlin, die sich 1914 von der Berliner Secession abgespalten hatte.
Bocchi: Margarete Hauptmann.

1921

Ivo an Gerhart

Loschwitz, Malerstr. 4
20. Mai 1921

Mein lieber Palle,
ich habe schon einige Briefe geschrieben und nicht abgeschickt, aber ich muß Dir offen sagen, ich möchte Dich bitten, mir für die nächste Zeit eine höhere finanzielle Zulage zu gewähren. Ich tue das insofern ungern, als ich Mann's genug sein sollte, mein Geld mir selber zu verdienen. Aber es stürmt von allen Seiten auf mich ein, und wenn ich nicht völlig verzweifele, so liegt das an meiner verhältnismäßig ruhigen Betrachtung der Welt gegenüber. Ich gehe ernsthaft mit der Idee um, irgendwie kaufmännisch tätig zu sein, um Geld zu verdienen, da ich bis jetzt trotz größter Entsagung, um nicht zu sagen Entbehrung, keinen Unterhalt, wie ihn jeder Arbeiter verdient, mit der Malerei fand. Wir essen seit über zwei Jahren kein Fleisch, die Folgen dieser Ernährung machen sich geltend und ich fühle meine körperlichen Kräfte nachlassen. Die Erica, die mir so rührend mitgeholfen hat, den Unterhalt zu beschaffen, ist wieder krank, sehr krank. Eine Venenentzündung in dem operierten Bein zwingt sie fünf Wochen zu liegen und sich später zu schonen. Gestern Abend hatte sie 40,2 Grad Fieber, das besorgt einen schwer. In der Nacht ist eine Schwester bei ihr. Der Arzt kommt zweimal am Tag. Ich hoffe täglich auf ein Nachlassen der hohen Temperaturen. Harre hat die Windpocken, ich hatte Influenza und so ist augenblicklich mein Leben nicht leicht und man ist geneigt, etwas unsicher in die Zukunft zu sehen. Im Winter will Cassirer Bilder von mir ausstellen. Ich bin davon überzeugt, daß ich mich durchsetze, wenn es mir gelingt, mich noch einige Jahre über Wasser zu halten.
Verzeih diese Serenade, aber Du bist der Erste an den ich mich wende, rate mir und hilf mir.
Herzlichst Dein Ivo

Die Ausstellung der Freien Secession in Berlin ist eröffnet. Sie wird von der Kritik schlecht gemacht. Zwei Bilder von mir, die gut hängen, sind,

soweit ich Berliner Zeitungen gesehen habe, nicht erwähnt. Nur nicht den Mut sinken lassen!!
Grüße die anderen Wiesensteiner.

Cassirer: Paul Cassirer (1871–1926). Berliner Kunsthändler und Galerist.

Gerhart an Ivo

Agnetendorf
22. Mai 1921

Meine Hauptsorge, und sicher auch die Deine, ist Erica. Grüß Sie von Grethe und mir. Möge sie uns allen bald wiedergeschenkt sein. Die Arme hat allzu viel zu dulden.
Die Windpocken werden ja bald weichen und der brave Harre wird schnell wieder flott werden. Berlin und die Bildererwähnung oder Nichterwähnung soll Dich vollkommen kalt lassen, mein lieber guter Ivo. Und Du sollst überhaupt den Kopf oben behalten. Das Leben muß gelebt werden, wie es ist. Hier bei liegt ein Scheck über 5000,–. Mache Dir am allerwenigsten materielle Sorgen, sondern wende Dich, lieber Junge, gegebenen Falls ganz einfach immer an mich.
Wir werden uns ja hoffentlich bald sehen und können ja diesbezügliches mündlich erledigen. Gib bald Nachricht über Ericas Befinden, wir sind sehr besorgt.
Dein Palle

Telefoniere auf unsere Kosten: Hermsdorf Kynast No. 25

1922

Ivo an Gerhart

15. Januar 1922

Lieber Palle,
ich bin wieder vollkommen gesund. Ich wollte mich vor allem bei Dir bedanken, daß Du mir meinen Monatswechsel auf eintausend Mark erhöht hast, wie uns die Bank das soeben mitteilt. Meine wirtschaftliche Lage ist durch diese Deine Hilfe und durch einige unerwartete Verkäufe kurz vor Weihnachten günstiger, als ich erwarten konnte. Ich bin dadurch in die Lage versetzt worden, das nächste Jahr frei und unbesorgt meine Arbeit aus dem Vollen betreiben zu können. Es gibt nichts auf der Welt, was mich freudiger stimmen könnte, als dieser Umstand. Du hast sehr recht, wenn Du mich darauf hinweist, daß es meinem Alter durchaus entspricht, aus eigener Kraft mir auch wirtschaftlich weiter zu helfen. Wenn ich meine Vorstellungen in der Malerei durchsetzen kann, wovon ich außerordentlich bestimmt überzeugt bin, trotz aller Unbilden und verhältnismäßig noch sehr geringen äußeren Erfolge, so wird mir Deine wirtschaftliche Hilfe immer eine entscheidende Hilfe gewesen sein. Ich male nicht, ich muß es gestehen, um Geld zu verdienen, denn es wird solange es geht, und es wird immer gehen, eine unbewußte Idee sein, die mich trägt, eine Idee von den großen ernsthaften Gesten der Natur, wie sie sich mir zeigt, eine Idee von der göttlichen Größe des Raumes, in der wir ertrinken, eine Idee von der großen Einheit, Mensch, Baum, Wasser, Land, Himmel, Wolken, die mich durchdringt, eine Idee von der Herrlichkeit der Sonne, wie sie aus der ewigen Nacht die Welt gestaltet, eine Idee von Gott, wie er sich selbst [nicht lesbar] in uns und unserer Welt. Da ist die Leinwand, dort die Farben, hier die Pinsel, und das heißt eine Schrift finden, um zu schreiben, was sich nicht anders schreiben läßt, es ist eine Sprache ohne Worte, aber eine ernste Sprache, eine Sprache für alle Menschen, eine Sprache der unmenschlichen Seele, geboren durch das Auge. Ich bin kein Verteidiger meiner Malerei, sondern ein leidenschaftlicher Verehrer meiner Kunst, ich bin kein Faseler in der Malerei; meine Vorstellungen sind klar, mich trägt meine Hand, ein Wille und sie werden

mich weitertragen. Nochmals, lieber Palle, meinen herzlichen Dank, sollte Dir dieses oder jenes Bild gefallen, such Dir's aus, Dir gehört, was mir gehört.
Immer Dein Ivo

Ivo an Gerhart

Blankenese Elbchaussee 97
26.6.1922

Lieber Palle,
am Geburtstage von Violette Lilienfeld, den wir gerade feierten, wurde, wie sie erzählte, Carnot ermordet, als ein Freund berichtete, daß Rathenau ermordet worden sei. So ruhig wir scheinbar leben, so werden wir durch einen Blitz, der in unserer Nähe einschlägt, daran erinnert, daß die Gewitter über uns noch stehen. Ich weiß, daß Dich der Tod des Freundes besonders tief bewegt. Deshalb schreibe ich Dir und ich weiß, daß Du, wie ich es auch tue, die Menschlichkeit dieses Mannes ganz empfindest, dessen eigentlicher Lebenswert vielleicht erst begann. Welches scheinbar unsinnige Spiel der Natur, das sein Zerstören schützt, während nur die wahrhaft Liebenden, die Gütigen diese Bastion opferten. Jedoch welch großartige Idee, für den Weltfrieden zu sterben, welch bedeutendes Geschick, im Kampf für den Frieden zu fallen. Seine Figur wird wachsen und er wird ein Symbol bleiben, das sich den Nachfolgenden dieser zerstörten Zeit als überragend erweisen wird.
Dein Ivo

Carnot: Marie François Sadi Carnot (1837–1894). Französischer Staatspräsident von 1887 bis 1894. Er wurde an einem 25. Juni, dem Geburtstag Violette Lilienfelds, von einem Anarchisten ermordet, weshalb dieses Ereignis wohl Gesprächsthema auf der Geburtstagsfeier war.

Violette Lilienfeld: Geborene Lechesne; Lebensdaten unbekannt. Ehefrau des Kunsthistorikers und -händlers Karl Lilienfeld, 1930 geschieden. Das Ehepaar war sehr gut mit Ivo und Erica Hauptmann befreundet.

Rathenau: Walther Rathenau (1867–1922). Industrieller, Politiker, Autor. Rathenau war seit 1915 Präsident der AEG in Berlin, 1922 Reichsaußenminister. Seit 1912 war Rathenau Autor zahlreicher Schriften zur Wirtschaftspolitik und Wirtschaftsphilosophie bei S. Fischer in Berlin. 1922 wurde er von radikalen Nationalisten ermordet. Gerhart Hauptmann und Walther Rathenau waren eng befreundet. 1927 bei der Gedächtnisfeier zum 60. Geburtstag Rathenaus im Plenarsitzungssaal des Reichswirtschaftsrates hielt Gerhart Hauptmann eine Gedenkrede. Auch Ivo Hauptmann war mit Rathenau gut bekannt; auf dessen Einladung reiste er am 13. Oktober 1911 nach Bad Freienwalde und verbrachte ein Wochenende bei der Familie Rathenau. Ivo Hauptmann malte ein Porträt von Walther Rathenau.

1923

Gerhart an Ivo

1. August 1923

Lieber Ivo

Mein erster Gedanke war, Deinen sonderbaren Laufzettel in ein Couvert zu begraben und Dir wiederum zuzustellen. Es drückt in sehr tiefgehender Form Dein Mitgefühl an meiner Krankheit aus und benützt die überaus passende Gelegenheit, um mir gleichzeitig eine Zurechtweisung zu erteilen. – Oder gilt sie Greten? Dann umso schlimmer. Es ist mir ja sehr schmeichelhaft, daß wir, wie Du meinst, öfter zusammen sein müssen. Trotzdem lasse ich mir in dieser Beziehung von niemand Bedingungen vorschreiben, ebenso wenig wie Du das tun würdest. Du bist übrigens stets gekommen, wann Du wolltest. Du weißt das ebenso gut wie ich. Und wenn Du nicht kamst, wolltest Du nicht kommen.

Ecke, über dessen Vernachlässigung ich zu klagen hatte – aber das geht nur mich und Ecke an! – schrieb mir in einem, dem Inhalt Deines Laufzettels verwandten Sinne, aber doch nicht so mit der linken Hand, und deshalb nicht so verletzend. Ich habe ihm darauf hin einen sehr langen, sehr bestimmten, sehr eingehenden Brief geschrieben, ihn dann aber zurückgehalten, eingedenk des Wortes: „Getretener Quark wird breit, nicht stark." Ich werde Ecke auch nicht mehr über die Sache schreiben: der gute Junge hat im Augenblick Sorgen und Kümmernisse genug. Er war auch hier angemeldet und ich hoffte, ihm Auge in Auge den Kopf zurechtsetzen zu können.

Eines möchte ich Dir jedenfalls sagen, lieber Ivo: Du hast einen sehr, sehr schwachen Begriff von mir, wenn Du glaubst, mir dergleichen Wische und Wischer wie Deinen letzten, ohne meine tiefste Geringschätzung heraufzubeschwören, unter die Nase halten zu dürfen: Dein Vater ist kein Weißbierwirt.

Palle.

Deinen sonderbaren Laufzettel: Dieser Brief Ivos, der Gerhart offensichtlich wegen seiner Kürze empörte, ist nicht erhalten. Siehe die Äußerungen Ivos im folgenden Brief.

Ivo an Gerhart

17. August 1923

Mein lieber Palle,
die Hauptsache ist, daß Du wieder ganz gesund wirst, Du wieder ganz gesund bist und so habe ich diesen Rippenstoß, der mir allerdings sehr unerwartet kam, allmählich verdaut.
So war mein Brief nicht gemeint und wenn er statt zu erfreuen, nur Ärgernis hervorrief, so hat er seinen Zweck verfehlt. Was die Entstehung des wunderbaren Laufzettels anbelangt, so ist folgendes zu bemerken: Ich erfuhr von Deiner Krankheit in einem Brief von Grete an Erica, in dem sie Harres Hiddenseereise besprach und mitteilte, daß Du krank gewesen seiest, es Dir aber viel besser ginge. Erica antwortete sofort und wünschte von uns gute Besserung. In Berlin, einige Tage später auf der Durchreise nach Hamburg, sagte mir Dr. Schapiro, er reise am folgenden Tag zurück nach Agnetendorf mit Leo v. Koenig, es ginge Dir wieder gut, Du wärest ganz hergestellt. Ich bat ihn, Dich sehr zu grüßen und weiter gute Gesundheit zu wünschen. In Hamburg angekommen, erfuhr ich durch Samson, daß die Krankheit länger angehalten hatte und Du Dich langsamer erholtest, so daß ich mich hinsetzte, um Dir augenblicklich einen kurzen Gruß zu senden. Sowohl in Dresden bei der ersten Nachricht, wie in Berlin hätte ich gewünscht gleich zu Dir zu kommen, aber ich kenne die Abneigung von Grete, unangemeldet nach Agnetendorf zu kommen, die mich abhielt mich mit Schapiro auf die Bahn zu setzen.
Du entschuldigst mich, wenn ich durch ein flüchtig übereiltes Schreiben Deinen Ärger heraufbeschworen habe, andererseits wirst Du einen Sohn verstehen, der bei seinem Vater ganz zuhause sein möchte, um an all dem teilzunehmen, was ein weit ausgebautes Leben an Anregungen hierzu und dorthin betrachtend wirken und nützen, was eine Beziehung zu Deinem Schaffen, Deinen Werken vertiefen muß. Ich male und suche und male, um ans Ziel zu kommen. Wenn auch die Zeit nicht dazu angetan ist in Ruhe zu arbeiten, so ist vielleicht auch die Unruhe eine Triebkraft, die ausgenutzt werden kann.
Dir und Grete herzliche Grüße
Dein Ivo

Dr. Schapiro: Joseph Chapiro (1893–1962). Schriftsteller, Kritiker, Übersetzer, Politiker. Seit 1920 mit Gerhart Hauptmann bekannt. Verfasser von *Gesprächen mit Gerhart Hauptmann*, die ab 1924 in verschiedenen Zeitungen und 1932 – zu Hauptmanns 70. Geburtstag – als Buch bei S. Fischer erschienen. 1933 Emigration nach Spanien, seit 1941 in den USA. Vgl. Joseph Chapiro, Gerhart Hauptmann: Briefwechsel. Hg. v. Heinz Dieter Tschörtner. Göttingen 2006.

Leo v. König: 1871–1944. Maler. Mitglied der Berliner Secession. Stadtlandschaften in und um Berlin waren sein Schwerpunktthema. Er war aber auch ein gefragter Porträtist und malte vorwiegend Künstler, so auch mehrmals Gerhart Hauptmann. Gerhart und Ivo Hauptmann waren beide befreundet mit Leo von König.

Samson: Richard Samson (1886–1945). Kunstsammler und Alleininhaber der Privatbank D. Samson in Hamburg. Er emigrierte 1939 mit seiner Familie über Kopenhagen und Göteborg nach England. Samson war eng befreundet mit Otto Blumenfeld und Ivo Hauptmann.

Gerhart an Ivo

Kloster auf Hiddensee
Pension „Haus am Meer"
22. August 1923

Lieber Junge!
Gut, daß Du so lange mit Deiner Antwort gezögert hast und daß Dein ruhiger Brief die zu den Akten gelegte Sache nicht erneuert. Alles hat seine Zeit; auch ich schweige davon. Es ist mir im höchsten Grade erfreulich, Dich, Erica und Harre bei Euren Hamburger Freunden zu wissen, wo Du speziell für Deine Kunst immer so viel gewonnen hast. Hier in Hiddensee wird ebenfalls viel gemalt, und ich habe mich wieder einmal breitschlagen lassen, zu sitzen, einem Herrn Engers, dessen Portraits mir gefallen haben.
Meine Erholung hat hier über Erwarten Fortschritte gemacht, aber das Vertrauen in die Festigkeit meines Gesundheitszustandes läßt bei mir noch zu wünschen übrig.
Sprich Harre und Erica von uns und grüße herzlich Herrn Blumenfeld und Herrn Samson von Grete und mir.
Palle

Herr Engers: Nicht ermittelt.
Herrn Blumenfeld: Otto Blumenfeld (1883–1975). Kunstmaler, Kunstsammler

und Kaufmann. Vorstandsmitglied der Reederei und Kohlenimportfirma Bd. Blumenfeld KG. in Hamburg. Er hatte einen freundschaftlichen Kontakt zu Liebermann, Slevogt und Ahlers-Hestermann. 1938 wurde Blumenfeld gezwungen, seine Ämter in der Firma niederzulegen. Die Fa. Krupp übernahm die Fa. Blumenfeld; diese wurde als „Krupp Reederei und Kohlenhandel" weitergeführt. Otto Blumenfeld musste zusammen mit seiner Schwester Clara nach England emigrieren. In einer Nacht- und Nebelaktion im Herbst 1938 schaffte Otto Blumenfeld mit Ivo Hauptmanns Unterstützung seine wertvolle Bildersammlung an Bord eines Frachters nach England und versteckte sie zwischen Kohlensäcken. Er war ein enger Freund und Mäzen von Ivo Hauptmann.

Gerhart an Ivo

Agnetendorf, Wiesenstein
11. September 1923

Lieber Ivo!
Nochmals herzlichste Gratulation. Ich freu mich unendlich für Dich. Dein Fall hat etwas Schicksalsmäßiges. Einen so deutlichen Wink darf man nicht in den Wind schlagen. Ich prophezeie Dir, das Leuchten eines guten Sternes vorausgesetzt, Erneuerung an Leib und Seele. In ein zwei Jahren wirst Du ein ganz anderer Mensch geworden sein, nachdem sich die Weite und Freiheit Deiner neuen Situation an Dir ausgewirkt haben wird. Die Möglichkeit, Dein Hauswesen zu steigern, zu reisen, gelegentlich einen schönen Gegenstand zu erwerben, das Leben überhaupt auf relativ festem Grunde stehend auszugestalten, wird eine große Veränderung in Dir hervorbringen. Dein Selbstbewußtsein, Deine Freude am Dasein wird wachsen, und last not least, auch Deine Kunst wird dabei gewinnen. Du hast nicht mehr nötig, Kunst und Erwerb zu verquicken, Dich zu überhasten, mit Hinz und Kunz Wette zu laufen und so fort. Du wirst ja nie ganz zu malen aufhören, den Zeichenstift kannst Du immer gebrauchen, und wenn Du eine Reihe von Jahren flugs wenig produzierst, so wird der Prozeß des Reifens nur um so gründlicher vor sich gehen, und es gibt eine spätere Ernte. Es ist sonderbar, dass diese Sache mich so berührt, als ob sie mein eigenstes Eigenleben beträfe. An der Freude, die mich bewegt, spüre ich, daß eine Sorge um Dich immer da war, die durch diese überraschende und doch so verständliche Glückswendung gewichen ist. Ich hatte wohl

immer die Befürchtung, daß Dein doppelter Lebenskampf, als hochbegabter Künstler, der sich durchsetzen will, und als Familienvater und Mensch, der erwerben will, um Anteil am Lebensgenuß zu haben, – daß dieser doppelte Kampf Dich zermürben müßte. Der Umschwung ist da. Gewiß ist das Opfer groß, das Du bringst. Umso mehr freue ich mich der moralischen Kraft, die es Dir möglich macht. Aber es ist ja ein exzeptioneller Fall, ein beinahe unwahrscheinlicher Fall, und dabei der einzige Fall, der kommen mußte, um Dir den Schritt in das neue Leben möglich und leicht zu machen. Nie habe ich Dir geraten, nie hätte ich Dir geraten, in das kaufmännische Leben einzutreten, dazu war mein Vertrauen in Dich zu groß, aber dieser Fall spricht eine zu deutliche Sprache. Es war unmöglich, es wäre Frevel gewesen, ihm auszuweichen.
Im übrigen gibt es ausgezeichnete Geister, künstlerische Menschen, feine Schriftsteller, wie Bodenhausen war, der Kruppdirektor, überall unter den Kaufleuten. Man kann auf vorzügliche Weise wie Schliemann, wie der englische Geschichtsschreiber Grote, Kaufmann und Gelehrter, warum nicht auch Kaufmann und Künstler sein. In den ersten Jahren würde ich mich voll und ganz hineinknien, um das Instrument spielen zu lernen, das übrige findet sich.
In Liebe
Palle

Dein Fall: Ivo erhielt von Otto Blumenfeld die Möglichkeit, in dessen Firma eine kaufmännische Laufbahn einzuschlagen, um die Existenz seiner Familie abzusichern. Nach langem inneren Ringen wurde dieses Angebot von Ivo Hauptmann angenommen.

Bodenhausen: Eberhard von Bodenhausen (1868–1918). Jurist, Kunsthistoriker, Politiker. Nach dem Jurastudium war Bodenhausen seit 1883 Regierungsmitglied in Potsdam und seit 1897 Geschäftsführer der Topon-Werke in Heidelberg, seit 1907 in leitender Stellung bei der Krupp AG. 1902–1905 Studium der Kunstgeschichte und seit 1903 Mitglied im Deutschen Künstlerbund. Vorsitzender der Genossenschaft *PAN* und Herausgeber von deren Kunstzeitschrift. Seit 1889 enge Freundschaft mit Harry Graf Kessler, den er in zahlreichen Projekten unterstützte. Eberhard von Bodenhausen und Gerhart Hauptmann waren miteinander gut bekannt.

Schliemann: Heinrich Schliemann (1822–1890). Kaufmann und Archäologe. Bekannt als Entdecker Trojas.

Grote: George Grote (1794–1871). Englischer Bankier, Politiker und Althistoriker.

Gerhart an Ivo

Bozen Gries
22. Oktober 1923

Lieber guter Freund und Sohn Ivo!
Die italienische Angelegenheit ist also aufs glücklichste geregelt, und ich danke Dir. Oft Deiner und Deines großen Opfers a.d. Zeit gedenkend, wünsche ich Dir alles nur irgend Erreichbare. Humor für Deinen neuen Weg. Er ist nicht statt des alten ein neuer, sondern zum alten ein neuer. Ich diktiere im Bett, das ich heute den sechsten Tag „hüte". Besorgnis brauchst Du deswegen nicht weiter haben, denn es scheint, die neue Grippe ist im Abklingen, wie die beiden überstandenen.
Freilich, ein bißchen viel, auf acht Wochen verteilt. Als beängstigend sieht der Arzt meinen Zustand nicht an. Für die Unsterblichkeit kann ich allerdings dabei wenig tun. Ich hoffe aber die Lebenskurve werde sich bald wieder ein wenig heben. Mein Plan ist, nach Ravenna zu gehen und mir am Grabe Dantes eine Art Segen zu holen für das gewagte Konkurrenzunternehmen. Im Besitz dieses Segens würde ich dann wohl gen Santa Margherita oder so steuern, um seine Wirkung auszunützen. Wenn möglich, möchte ich den ganzen Winter in Italien zubringen. Es kann aber auch anders kommen. Grüß Herrn Blumenfeld und ebenso herzlich Herrn Samson. Klaus hat sich an Dich gewandt. Ich warne Dich jedenfalls vor Belastungsproben Deiner Freunde. Außerdem, Klaus ist sehr schwierig, wie Du weißt. Was außerhalb des Kreises für ihn geschehen kann, muß natürlich geschehen. Grete hat auch wieder einiges unternommen. Sei nicht absolut schreibfaul. Denke, der Landferne schätzt Mitteilungen aller Art vielfach. Wie geht's Erica und Harre? Denke, daß ich herzlich besorgt um Euch alle bin.
Palle

Die italienische Angelegenheit: Vermutlich Vorbereitungen für Gerhart Hauptmanns ausgedehnten Aufenthalt in Santa Margherita vom 30. Oktober 1923 bis Anfang April 1924.

Gerhart an Ivo

[o. D., vermutlich 1923]

Lieber Ivo!

Fischers sind seit kurzem hier. Wir freuen uns sehr darüber, denn die Menschen, mit denen man lange gemeinsam gelebt und gewirkt hat, werden immer seltner und ich gestehe mir, in Fischer außer einem Verleger einen unbedingt warmen und treuen Freund zu besitzen. Trotz zeitweiliger Differenzen, die überall vorkommen, gestehe ich mir das.

Fischer ist aber nicht nur mein Freund, sondern ein Freund unsrer ganzen Familie. Er will uns wohl und möchte, daß es uns wohl ergehe. Er hat sich darum auch aufrichtig gefreut, als er von dem Glücksumstand erfuhr, der Dich mit so ungewöhnlichen Chancen in das kaufmännische Leben einführte.

Fischers kommen von St. Moritz. Sie waren dort mit Deinen Freunden Samson und Blumenfeld zusammen und haben sich viel mit ihnen begegnet. Ich weiß nicht, ob Samson oder Blumenfeld haben ihnen mit Bedauern angedeutet, daß sie fürchten, Dich zu verlieren, weil es Dich wieder in reine künstlerische Betätigung zurückzöge. Du wirst verstehen, daß ich darüber ein bißchen erschrocken war.

Ich würde es mir nicht verzeihen können, lieber Ivo, wenn ich nicht nochmals zu Dir gesprochen hätte, bevor Du nach so überaus kurzer Probezeit Deinen Abschied aus der neuen Karriere nimmst. Zunächst bin ich sehr betrübt bei diesem Gedanken. Auch Fischer ist ernstlich betrübt und, wie er sagt, Deine Freunde Samson und Blumenfeld. Ich meinesteils hatte gehofft, Du würdest ohne Wehleidigkeit ein großes Ziel ins Auge fassen und, wie so mancher bedeutender Wissenschaftler und Künstler, den Handelsherrn mit dem Maler zu verbinden suchen. Herr Sauter, der Maler, sagte mir, daß der heute höchst geachtete lebende belgische Maler zugleich seinem Handelshause vorstehe.

Wo ein Wille ist, ist auch ein Weg. Samson und Blumenfeld haben Fischer angedeutet, Du hättest Aussicht auf Teilhaberschaft und vielleicht in nicht allzu langer Zeit könntest Du auch als Kaufmann malen nach Herzenslust. Statt zu zärteln, Empfindsamkeiten zu pflegen, in Labyrinthe des Grübelns zu verfallen, Weichlichkeiten zu huldigen,

sollten wir ja doch schließlich im reifen Mannesalter einen eisernen Willen, ein frisches, ich möchte sagen glaubensstarkes Zugreifen bevorzugen. Warum soll ich zurückweichen? Weil zu dem einen Mann, den ich bewältigen soll, ein zweiter tritt, der bewältigt werden muß? Wenn ich die Kraft in mir spüre, zwei Männer zu werden? Ich halte Dich für kräftig genug, dies zu tun und Deiner zwei Ziele Herr zu werden. Freilich kommt es darauf an, daß man versucht, seinen Willen, die Kräfte seiner Persönlichkeit, zusammenzufassen.
Der Glücksfall, welcher in Deinem Leben eingetreten ist, bedeutet ja eigentlich dreiviertel des ganzen Schritts bis an das kaufmännische Ziel. Auch in der Malerei, scheint mir, hast Du durch konsequente Arbeit und Begabung dreiviertel des Schrittes zum Ziel getan. Eine Besinnungspause, ein Zurückstauen der Kräfte kann Dir in dieser Phase nur nützlich sein. Kunst ist ja schließlich Qualität und nicht Quantität. Kannst Du, ohne auf Erwerb zu sehen, Deine Bilder ausreifen lassen, so ist das besser, als ewig der Gefahr des umgekehrten Falles überliefert zu sein.
Ich verwechsle Deinen Fall nicht mit dem Deines Bruders Klaus. Es wäre ein Unglück, wenn Klaus dem Irrtum anheimfiele, er könne seine und seiner Familie Existenz auf Schriftstellerei gründen. Klaus muß seine Kräfte ausnützen, wo sie auszunützen sind, nämlich [in] einem männlichen und praktischen Beruf. Es ist eines Mannes wie er unwürdig, etwa den Kuckuck im Grasmückennest zu spielen oder zu warten, ob ihm die gebratenen Tauben ins Maul fliegen. Oder will er das Schicksal von Carl unter weit ungünstigeren Auspizien in sich erneuern? Er, der doch ganz andere Kräfte, sich sein Teil von der Welt zu erobern, zur Verfügung hat? Von verschwindenden Ausnahmefällen abgesehen, ist es das Trübseligste, was es gibt, auf dem Umweg über die Kunst und durch die Kunst Geld zu machen.
Du wirst es besser wissen, als ich, ob meine Stimme in Sachen der Kunst je etwas über Dich vermochte. Dagegen wirst Du wohl kaum bezweifeln, daß ich Dich von Anfang an nach Kräften auf Deinem Weg gefördert habe. Wenn ich Dir heute rate, wieder und wieder zu überlegen und schließlich nochmals und nochmals zu überlegen, eh Du die Absicht Deiner Freunde endgültig zunichte machst, so wirst Du Dir diesen Schritt leicht aus der mit Sorge verbundenen Liebe erklären, die ich als Vater für Dich und die Deinen hege. Es ist sehr schön, wenn

Erica klagt, daß Du nicht malen kannst. Aber es würde falsch sein, wenn sie Dich dadurch schwach machte. Jedenfalls würde ich Ihr dadurch antworten, daß ich trotzdem meinen Tagen, Stunden künstlerische Arbeit abgewänne. Ich war seinerzeit gesundheitlich schwach und habe mich z. B. in Rom damit ruiniert, aber weil ich mich bilden wollte, stand ich jeden Morgen um vier Uhr auf, las bis acht und ging dann in mein Atelier. Erweiterte Aufgaben schaffen in den meisten Fällen gesteigerte Kräfte. Das hat unter anderem der Krieg gelehrt.
Seltsam, je älter ich werde, je mehr geht es mir wie dem Faust am Schluß des zweiten Teils. Ich möchte nicht nur einfältig gestalten, sondern umfassend und vielfältig. Ich möchte der Architekt meines Lebens sein. Ich träume von kaufmännischen Unternehmungen, industriellen Ausgestaltungen, altruistischen und egoistischen Leistungen aller Art. Durch praktische Wirkung und Macht zu ideeller Wirkung und Macht: das scheint mir die beneidenswerteste Staffel zu sein.
Du wirst nun, lieber Ivo, handeln und entscheiden, wie Du mußt. Selbstverständlich weißt Du besser über Dich Bescheid wie ich. Aber, aber, aber… und hier denke Dir eine Reihe von Fragezeichen, jedes einzeln und ernst von Dir zu beantworten.
Solltest Du aber unwiderruflich und definitiv zum Abbruch in Hamburg entschieden sein, so bittet Dich Benvenuto, bei Samson-Blumenfeld anzufragen, ob man mit ihm einen Versuch machen will, Benvenuto sagte sofort, er würde lieber heute als morgen für Dich und zwar mit Leidenschaft für Dich eintreten. Benvenuto ist ziemlich ernst geworden und arbeitet hier an seiner Doktor-Dissertation über Öl. Ich sehe mit Vergnügen, daß er von seiner Arbeit förmlich besessen ist. Wenn alles gut geht, wird er zu Anfang Mai seinen Doktor machen und von da ab wäre er frei.

Fischers: Samuel Fischer (1859–1934) und Hedwig Fischer, geborene Landshoff (1871–1952). 1886 gründete Samuel Fischer den S. Fischer Verlag in Berlin und verbunden damit die literarische Zeitschrift *Neue Deutsche Rundschau*. Sein Verlagsprogramm umfasste die moderne deutsche Literatur und als Schwerpunkt den deutschen und skandinavischen Naturalismus. Von Anfang an betreute er verlegerisch Gerhart Hauptmann und beide verband eine herzliche Freundschaft. Am 18. Oktober 1934 starb Samuel Fischer. Gerhart Hauptmann nahm an der Beerdigung teil und verfasste einen Nachruf auf den Verleger.

Herr Sauter: Nicht ermittelt.

das Schicksal von Carl: Carl Hauptmann, der ältere Bruder von Gerhart Hauptmann, promovierte in Naturwissenschaften und entschloss sich dann Schriftsteller zu werden, aber hatte nur begrenzten wirtschaftlichen Erfolg damit.

in Rom damit ruiniert: 1883–1884 hielt sich Gerhart Hauptmann studienhalber in Rom auf und unternahm bildhauerische Versuche. Dort erkrankte er an Typhus.

Gerhart an Ivo

Margherita Ligure, presso Genova, Villa Porticciolo.
19. November 1923

Lieber Ivo!

Wir freuen uns über jeden Brief, über jedes Wort von Dir. Hab Dank für das, was Du mir sagst. Aber Dein Brief ist sozusagen beschattet, ähnlich wie Deine Briefe aus dem Felde waren, was mir schließlich bei der allgemeinen Lage durchaus begreiflich ist. Dennoch möchte ich Dich bitten, irgendwie etwas mehr Sonne in Dein Gemüt hineinzubringen. Wie Du sie ansiehst, die Welt und die Verhältnisse, so müßte ich sie ja leider auch immer ansehen. Du bist eben mein Sohn. Trotzdem ist es nur einer unter vielen möglichen Gesichtspunkten.

Diese furchtbare kaufmännische Einstellung, von der Du sprichst, ist unsere Sache nicht. Diese Erwerbsleidenschaft, die so stark ist, wie bei einem Faun die Liebesleidenschaft. So stark, so beherrschend muß sie sein, wenn man auf den Namen eines echten Händlers Anspruch machen will. Aber nicht alle, die Erfolg auf diesem Gebiete haben, sind mit diesem pathologischen Händlerzuge behaftet, sondern vielen schwebt die Freiheit vor, der Du zustrebst, die Du meinst.

Es ist unmöglich, daß Du in Deiner Beschäftigung aus anderen, als aus Gründen künftig erneut gewonnener Freiheit, Befriedigung finden kannst und in dem Bewußtsein, Dich und die Deinen über die Jahre der äußersten Nöte sicher hinwegzuretten.

Ich empfinde sehr, sehr tief Deinen Schritt und er geht mir täglich durch den Kopf. Ich achte ihn, weil er heroisch ist. Dennoch möchte ich Dir raten, das zu tun, was Du tust, nämlich die Zähne zusammen zu beißen. Erstlich wird sich Dein Leben, Deine Beschäftigung aufhellen, denn Du wirst bald über das Anfängerstadium hinauswachsen. Und

dann fasse ich die Sache als eine vorübergehende auf. Es ist eben nicht zu ändern, daß man bei Erdbeben aus seinen, einem lieb gewordenen vier Wänden vorübergehend fliehen muß. Es bleibt dabei, lieber Ivo, daß Du Maler bist, und daß Du der Aristokratie dieser Gilde angehörst: Daran ist trotzdem nichts zu ändern. Hier hast Du die Abschrift einer Karte, die mir Heimann geschrieben hat, und die sich zum großen Teil mit der von Dir zum Ausdruck gebrachten Lebensauffassung deckt, von der ich ja ohnedies wußte, daß sie die Deine, die meine, Heimanns, also die unsere ist. Tröste Dich heut, soweit es geht, mit den zahllosen Leidenden und nimm die Entsagung so lange auf Dich, bis wenigstens das Ärgste im augenblicklichen Notstand überwunden ist und einigermaßen sichere und übersehbare Lebensverhältnisse eintreten.
Wenn Du weniger kritisch um Dich siehst, mehr naiv und entschieden zufassend, so wirst Du allerdings mehr auf einem Gebiete erreichen, und mehr davontragen, das auch berechtigte und große Seiten hat. Darum sage ich Dir: Sei fröhlich und weise und – arbeiten und nicht verzweifeln. Eines ist gewiß: ich möchte nicht Klaus sein in dieser Zeit. In ihr ist Arbeit der einzige Trost. Nun will ich Dir sagen, daß ich dies in einem Garten schreibe, an dessen Mauer das Meer brandet, bei frischer Morgenluft und warmer Sonne. Nimm auch Du einen Atemzug von alledem, das auch Dir wieder blühen muß. Du preisest mich glücklich. Das soll man niemandem gegenüber tun. Immerhin empfinde ich meine Lage und mein Leben in Dankbarkeit. Das habe ich aber auch als Kind getan, wenn ich einfach in der Sonne stand, mich über alles und nichts freute und grundlos glücklich war. Wenn es nicht anders kommt, so glüht mir vielleicht hier eine gewisse innere Harmonie, die ich in Deutschland so sehr entbehrt habe, und die für das Reifen meiner weiteren Werke Voraussetzung ist.
In Liebe
Palle

Heimann: Moritz Heimann (1868–1925). Schriftsteller. Lektor im S. Fischer Verlag von 1896 bis 1925. Schwager Gerhart Hauptmanns. Verheiratet mit einer Schwester Margarete Hauptmanns. Glückwunsch zum 50. Geburtstag Heimanns von Gerhart Hauptmann in der *Vossischen Zeitung* 1918.

ich möchte nicht Klaus sein in dieser Zeit: Ivos jüngster Bruder Klaus hatte als studierter Landwirt in dieser Zeit Schwierigkeiten, eine Stellung zu finden.

1924

Gerhart an Ivo

S. Margherita ligure
Villa Porticciolo
26. Februar 1924

Lieber Ivo!
Unterhalte Dich doch mal mit unserem gemeinsamen Freund Samson. Ich reise durch die Schweiz zurück und möchte gern vier bis fünftausend Schweizer Franken auf die Nationalbank Zürich haben für meinen Verbrauch. Samson hat, glaube ich, zuletzt durch Fischer für mich vier oder mehr tausend Rentenmark etc. erhalten. Ohne vorher behördliche Stellen zu bemühen, meinen Wunsch zu erfüllen, wäre [ein Wort nicht lesbar] mir lieb. Wenn nicht, mag es lieber bleiben, ich helfe mir dann so weiter.
Dank für Deinen Brief, lieber Ivo.
Wir bleiben bis 8. Mai spätestens hier. Die leise Aussicht, Dich einmal hier auftauchen zu sehen, erfreut uns herzlichst. Vielleicht kommt einer der Herren Blumenfeld oder Samson mit, oder wie Ihr immer die Angelegenheit disponieren mögt. Wenn richtig disponiert wird, können zwei Personen in unserer Villa Porticciolo untergebracht werden. Dazu müssen wir aber genaue Zeitpunkte wissen, da wir Hofmanns die Zimmer für einige Zeit offeriert haben, diesmal als zahlenden Gästen. Wir werden von einem kleinen Hotel verpflegt, bei dem dann auch Hofmanns in Pension sind. Die Zimmer hätten sie aber frei, was von erheblichem Vorteil ist.
Grete erinnert an Deinen Geburtstag: ich freue mich von ganzem Herzen dieser Erinnerung an den Tag, der Dich dem Licht schenkte. Tägliche Glückwünsche von uns sind Dir gewiß.
Palle

Du allein kannst natürlich jederzeit bei uns untergebracht werden ohne Anmeldung.

Gerhart an Ivo

Agnetendorf
30. Mai 1924.

Lieber Ivo,
Dein Brief ist eigentlich keine Antwort auf den, welchen Du von mir erhalten hast. Und dieser eben, den Du erhalten hast, ist in der Angelegenheit Deines Konfliktes zwischen Kunst und Handel mein allerletzter. Der Konflikt ist schwer, ich verstehe ihn: das muß mir genügen und ebenso Dir.
Wie Deine endliche Entscheidung auch ausfallen mag, ich werde sie billigen. Mir scheint aber, Du bist in Deinem jetzigen Zustand freiwillig hineingegangen und auf Grund einer Spaltung in Deiner Natur. Ich jedenfalls kann mich nicht erinnern, Dir jemals in dieser Richtung eine Zumutung gestellt zu haben.
Sei vielmals gegrüßt
Palle

Ivo an Gerhart

Bd. Blumenfeld, Hamburg 8, Dovenhof 76,
3. Juni 1924

Lieber Palle,
Es kann kein Konflikt zwischen Kunst und Handel sein, der Handel soll nur Bewegungsfreiheit für die Kunst schaffen. Eine Entscheidung zwischen Kunst und Handel wird jedoch [dadurch] fallen, daß ich meine Familie habe und im Augenblick nicht anders als durch eine kaufmännische Tätigkeit für sie sorgen kann; sobald die wirtschaftliche Lage für mich günstiger wird durch irgendwelche diesbezüglichen Erfolge, werde ich lieber heute als morgen die Kunst wieder aufnehmen. Der Konflikt ist schwer, es wird dadurch leichter, daß es keine andere Möglichkeit für mich meiner Veranlagung nach gibt. In meinen jetzigen Zustand bin ich freiwillig hineingegangen, weil ich hoffte, nach kurzer Zeit wirtschaftlich besser dazustehen, dem ist aber nicht so, im Gegenteil, ich habe 2/3 von 10.000 Mark, die meine Papiere einmal wert waren verloren, und da auch Maler, die mehr verkaufen als ich,

nicht von den Verkäufen leben, sondern auf Zulagen, sei es von Staats wegen oder andere Einnahmequellen, angewiesen sind, so kann ich mir im Augenblick dieses mir zum Bedürfnis gewordene Vergnügen, zu malen, nicht leisten.
Spaltung in meiner Natur ist nur insofern vorhanden, als ich ab und zu darüber nachdenke, wie unsinnig es ist, daß 100 000 Klexer Geld für ihre Ware einnehmen und ich, der ich mich in bescheidener Weise als etwas Besseres dünke, auf andere Weise Geld verdienen muß.
Wenn mein letzter Brief an Dich, wie aus Deiner Antwort es mir scheinen will, Dich mißgestimmt hat, so lag diese Mißstimmung sicher bei mir und übertrug sich in dem Brief, aber was können wir auch anderes schreiben, als unserer Stimmung Ausdruck zu geben, sie sei wie sie sei. Daß Du mir etwas zugemutet hättest, wollte ich mit meinem Brief sicher nicht sagen, aber ich gebe zu, daß meine Situation nachgerade etwas Besserung nicht abgeneigt wäre.
Wie dem auch sei, ich weiß Deinen Rat zu schätzen und weiß auch Deinen Brief zu schätzen, die Entscheidung [bleibt] solange allerdings in einer Angelegenheit, die nur durch die Gunst der Verhältnisse entschieden werden kann.
Herzlichst
Dein Ivo

Ich hoffe, Euch bald wiederzusehen! Ich nenne mich jetzt Sonntagsmaler!

Ivo an Gerhart

Hamburg
6. Juni 1924

Mein lieber Palle,
das Leben ist veränderlich, einmal geht's einem schlecht und dann geht's einem wieder gut. Heute geht's mir gut und ich fahre morgen für einige Tage über Pfingsten nach Dresden und möchte danach einige Tage zu Euch nach Agnetendorf. Seid Ihr im Lande, so schreibe ein Wort nach Loschwitz und lege mir *Ausblicke* bei, die ich verschenkte, aber selbst noch nicht besitze.

Es wird auch mit der Kunst wieder werden, nicht trübe sehen.
Seid gegrüßt, auf baldiges Wiedersehen,
Dein Ivo.

über Pfingsten nach Dresden: Trotz seines Eintritts in die Firma Blumenfeld in Hamburg war der Wohnsitz bis 1925 weiterhin in Loschwitz. Ivo lebte in Hamburg bei der Familie Blumenfeld in Blankenese und verbrachte seine Freizeit bei Frau und Kind in Dresden.

Ausblicke: Die Sammlung von Aufzeichnungen, Erzählendem, Gedichten und Dramatischem, zusammengestellt von Viktor Ludwig und Gerhart Hauptmann, erschien erstmals als Text des zwölften Bandes der großen Gesamtausgabe von 1922, Separatausgabe 1924 bei S. Fischer.

Gerhart an Ivo

Wiesenstein Agnetendorf
18. Oktober 1924.

Lieber Ivo!
Julius Bab schreibt mir: „Noch wird es Sie vielleicht interessieren, daß ich gerade gestern auf der juryfreien Kunstausstellung drei Bilder Ihres Sohnes Ivo gesehen habe, die mir von einer ganz neuen und sehr erfreulichen Art schienen." Ich bin sehr gespannt sie demnächst in Berlin zu sehen. Ich lese am 30. Oktober abends im Blüthnersaal. Vielleicht kommst Du. Dein
Palle

Julius Bab: 1880–1955. Kritiker, Dramaturg und Schriftsteller. Herausgeber der *Dramaturgischen Blätter* der Freien Volksbühne in Berlin. Bab emigrierte 1938 nach Frankreich und lebte seit 1940 in New York.

Gerhart an Ivo

S. Margherita Ligure. Hotel Continental
23. November 1924

Lieber Ivo!
Wenn ein Herr Wasservogel an Dich schreibt, er ist Hauptgeber der Ger-

hart-Hauptmann-Stiftung. Aus belegtem Briefe ersiehst Du, worum es sich handelt. Es soll eine Gabe an die Mitglieder der Stiftung ausgeteilt werden und zwar mein Portrait etc. Ich habe Herrn Wasservogel angeraten, sich an Dich zu wenden, und Du mußt nun mit vieler Gewissenhaftigkeit und ebenso gewissenhafter Modellsitzung das Werk leisten. (Wenn nämlich der ausgezeichnete und bewunderungswürdige Herr Wasservogel auf meinen Vorschlag eingeht.) Die materiellen Bedingungen angehend, würde ich bescheiden sein, in Anbetracht des unserem Namen verbundenen guten Zweckes. Das beste wäre, Du besuchtest Herrn Wasservogel einmal wenn er in Berlin ist. Wieder sind wir in S. Margherita, diesmal in dem relativ kleinen Hotel Continental, und wir wollen versuchen, uns für den Winter einzuleben. Die Natur ist schön und milde wie immer, ich habe gestern noch in der See gebadet, Grethe tut es fortgesetzt. Das Wasser ist viel wärmer als die Ostsee im Sommer, überhaupt ist quasi deutscher Frühsommer hier. Trotzdem habe ich ein leichtes Ziehen nach dem Norden und nach den eigenen vier Pfählen. Nun, wir werden ja sehen. Hans Hauptmann hat an mich geschrieben, er sei in höchster Not, leide quasi Hunger mit seiner Familie. Ich gebe ihm für fünf Monate je 200 Mark, also abschließend am 15. März. Kunni schreibt mir, Hans habe zu große Rosinen im Sack, übertriebene Vorstellungen von sich selbst und seiner Leistungsfähigkeit. Er sei anspruchsvoll, anstatt was sich bietet zu ergreifen. Wenn Du Hans siehst, sage ihm, daß meine Unterstützung am 15. März definitiv zu Ende sei. Grethe wird sich noch umsehen. Wir haben wieder einen Herrn Hirsch-Faber in Zürich interessiert, aber Bankdirektorenstellungen oder dergleichen wie es Hans nach Kunni vorschwebt, sind keinesfalls zu ermitteln und zu vermitteln. Sei vielmals gegrüßt, lieber Ivo, hab Dank für Deinen Geburtstagsgruß, der mir immer sehr wohl tut. Auch die gute Erica und somit der brave Harre haben sich meiner erinnert.
Dein Palle

Herr Wasservogel: Lebensdaten nicht bekannt. Leiter der kurzlebigen Gerhart-Hauptmann-Stiftung.

Hans Hauptmann: 1892–(nicht bekannt). Sohn von Gerhart Hauptmanns Bruder Georg. Inhaber der Berliner Pelztierzuchtfarm in Hamburg-Rahlstedt.

Herr Hirsch-Faber: Nicht ermittelt.

9. Kerze mit Halter, farbige Zeichnung, 1899

10. St. Margherita, Aquarell, 1909

11. Agnetendorf, Pastell, um 1904

12. Selbstbildnis („Fromme Einfalt"), Pastell, 1901

13. Auf Hiddensee, Aquarell, undatiert

14. Seinebrücken in Paris, Aquarell, 1911

15. Marie Hauptmann, Öl auf Leinwand, um 1906

16. Landschaft bei Agnetendorf, Öl auf Leinwand, 1935

Gerhart an Ivo

Rapallo,
Via Avenaggi 6.
14. Dezember 1924

Mein lieber Ivo!
Klaus und Du erhalten einen Weihnachtspfefferkuchen von tausend Mark. Die Umstände ermöglichen es mir. Dich und Erica betreffend habe ich dabei einen Hintergedanken, Euch im Laufe des Winters einmal auf drei Wochen hier zu sehen. Unterkommen findet Ihr bei uns, Via Avenaggi 6.
Wenn Ihr Euch mit diesem Plan befreundet, so wäre es gut, schon bald zu wissen, wann Ihr kommt, um disponieren zu können. Ich würde auch an Harre denken, dessen Vertrauen Grete und ich in so vollkommener Weise genießen. Aber Erica ist doch wohl durch ihn sehr gebunden. Wir selbst haben kaum jemand, der sich seiner anders als gelegentlich annehmen könnte. Aber erwägt selbst. Seid gegrüßt, lieber Ivo, liebe Erica, von Grete und mir, und grüßt Euren verehrten Kreis.
Palle

Ivo an Gerhart

18. Dezember 1924

Lieber Palle!
Dank für Deinen Brief aus S. Margherita, den ich verspätet erhielt. Meine Adresse ist, entweder in der Firma in Hamburg, Chilehaus, oder aber, Hamburg-Elbe, Elbchaussee 29. Der Auftrag, Dich zu radieren, erfreut mich sehr. Es wird allmählich Zeit, daß mich die Muse der Malerei wieder küßt, um mich mit dem Dichter auszudrücken, damit mein rastloser Gelderwerb nicht allzu üble Folgen zeitigt, nicht in Bezug auf Anhäufung zu großer Geldmengen, was nicht zu befürchten wäre, vielmehr in dem vollkommenen Ausschalten jeder künstlerischen Tätigkeit.
Herrn Wasservogel will ich in Berlin aufsuchen. Ich werde vorher bei Dr. Pinner anrufen. Von Herrn Wasservogel habe ich übrigens bis jetzt nicht direkt gehört.

Uns fehlt die Sonne, und das elektrische Licht, das tagsüber in meinem Kontor brennt, ist ein schlechter Ersatz für Euer südliches Gestirn. So laßt Euch ruhig bescheinen, ohne daß Ihr allzu große Sehnsucht nach dem Norden zu haben braucht.

Hans Hauptmann hat keine Stellung, aber er verhungert nicht und sieht wohl aus. Er muß sich natürlich energisch nach einem Posten umsehen. Wie weit er daran Schuld ist, seinen Posten verloren zu haben, kann ich leider nicht beurteilen. Er ist leider, vielleicht durch den Mangel an Geld, ein etwas subalterner Mensch geblieben, der möglicherweise durch seine Kopfverletzung besonders zurückhaltend und bedrückt erscheint. Immerhin, es ist keine Kleinigkeit, vom Geld abhängig zu sein und man kann ihm nur das Beste wünschen. Ich habe ihm gesagt, daß Du ihm bis 10. März 200 Mark monatlich zahlen willst, habe auch mit Ecke, der einen Tag hier war, über ihn gesprochen und man wird versuchen, ihn unterzubringen.

Ich bekam heute 1000 Mark per Postanweisung von Felix Bloch Erben und habe bei ihnen angefragt, wie diese verwendet werden sollen. Möglicherweise kommt das Geld von Dir für Hans Hauptmann, da ich nicht annehmen kann, daß mir Felix Bloch Erben tausend Mark schenken wollen, oder hast Du etwas anderes Weihnachtliches damit im Sinne?

Alles Gute für Dich und Grete für Weihnachten und das neue Jahr.

Herzlichst Dein Ivo

N.B. ich bin über Weihnachten in Dresden.

Dr. Pinner: Leo Pinner, Rechtsanwalt; Rechtsbeistand des S. Fischer Verlages.

1925

Ivo an Gerhart

27. Januar 1925

Mein lieber Palle,
es muß endlich zu einem Brief kommen, aber als gehetzter Angestellter bin ich kaum mehr in der Lage etwas Vernünftiges zu denken.
Du wurdest hier zur Aufführung des *Weißen Heilands* erwartet der Zeitung nach, ich habe nicht daran geglaubt, wurde aber von den verschiedensten Seiten deshalb angerufen von Leuten, die Dich sprechen wollten. Das Stück wurde besonders von Moissi gut aufgeführt. In der dekorativen Inszenierung vieles schön, im Ganzen leider etwas überladen und opernhaft. Ein Jubiläumsdiner des Theaterdirektors Röbbeling nach der Aufführung mit Reden und Tanz bis früh um sechs Uhr.
Dank für die Einladung nach dem Süden. Ich komme sehr, sehr gerne, es tut mir sogar dringend not. Grete schrieb, daß bis Ende März eure Zimmer vergeben wären, so hoffen wir also auf Ende März und halten den Zeitpunkt fest, falls es mir gelingt, hier aus dieser Broterwerbsmaschinerie loszukommen. Daß ich nicht zum Malen komme, ist schmerzlich, aber vor der Hand sehe ich dazu keine Möglichkeit. Ich verbrauche meine Kräfte völlig im Geschäft, verdiene wenig und bin nach neun Stunden Rackerei todmüde.
Sobald ich das Haus bei Otto Blumenfeld bewohne, das mir bei allem Reiz etwas als Gefängnis erscheinen will, ergeben sich vielleicht Möglichkeiten, aber ich befürchte, ich werde es ohne Malerei nicht mehr lange aushalten und mich dann lieber wieder einem ungewissen, wirtschaftlichen, heiteren Schicksal überlassen.
Île des Dames ist so schön mit seinen Mädchen, der Sonne, seinen Früchten und seinem Meer, daß es mir sehr lieb wäre, der stolze Kormoran des Kohlenhandels würde bald leck, und ich rettete mich nach Île des Dames.
Wir sind kein Kaufmannsgeschlecht, verehrter Herr von Dichter, wenn wir leben und Blüten treiben in irgend einer Form, werden wir immer noch am nützlichsten sein, selbst auf die Gefahr hin, daß wir im Moment nicht gleich dafür bezahlt werden.

Herzlichst Dein Ivo

zur Aufführung des Weißen Heilands: Versdrama in elf Szenen; Uraufführung am 28. März 1920 in Berlin, Großes Schauspielhaus.

Moissi: Alexander Moissi (1879–1935). Schauspieler, Regisseur. Leo von Königs Portrait von Alexander Moissi hing seit 1935 im Haus Wiesenstein in Agnetendorf.

Röbbeling: Hermann Röbbeling (1875–1949), von 1915 bis 1932 Intendant des Thalia Theaters Hamburg.

Île des Dames: Gemeint ist Gerhart Hauptmanns Roman *Die Insel der großen Mutter oder Das Wunder von Île des Dames. Eine Geschichte aus dem utopischen Archipelagus.* Berlin (S. Fischer) 1924.

Ivo an Gerhart

3. März 1925

Mein lieber Palle,
soeben habe ich den von Herrn Wasservogel an mich gerichteten Auftrag angenommen, von Dir eine Radierung zu machen.
Die nächste Gelegenheit werde ich benutzen, zu Euch nach Italien zu kommen, um die vorbereitenden Zeichnungen für die Platte zu machen und mit einem Aquarellkasten die Gegend abzustreifen, um neue Bilderideen zu sammeln. Ich hoffe, daß es gegen den 20. März dazu kommt, schreib mir bitte gleich, ob ich dann willkommen bin.
Erica und Harre werde ich nicht mitbringen können, einmal weil ich über Tag und Zeit des Urlaubs nicht genau [Bescheid] weiß, dann weil der Umzug nach Hamburg Anfang April stattfinden soll.
Mir geht es gut, wenn ich mir darüber auch im Klaren bin, daß der jetzige Zustand ohne Malerei nicht mehr von langer Dauer sein darf. Ich bin zu sehr Maler, als daß ich davon lassen könnte, ohne zu verkommen. Die 1 ½ Jahre, die ich dem Geldverdienen geopfert habe, haben mich zwar ein kleines Stück wirtschaftlich vorangebracht, aber ich habe diesen Fortschritt einzig und allein meinem Freund Otto Blumenfeld zu verdanken, der in großzügigster Weise mir ein Haus zur Verfügung gestellt hat, so daß ich die Miete aus Loschwitz als Zuschuß habe.
Was ich verdient habe, habe ich verbraucht, obwohl ich selbst dauernd Gast bei Otto Blumenfeld bin.

Geld zu verdienen im großen Maßstab werde ich eher noch durch Bilder, als durch Geschäfte bei Blumenfeld als Angestellter. Das licgt daran, daß die Konjunktur im Kohlegeschäft miserabel ist, erstens, und zweitens werden die vier Teilhaber sicher keinen Wert darauf legen einen fünften ohne Kapital mit herein zu nehmen, der das Kaufmannstum immer mehr als Mittel zum Zweck ansehen wird und ansehen kann. Aber auch ohne diese Einstellung wäre trotz renommierender, diesbezüglicher Andeutungen von Samson eine Anwartschaft als Teilhaber meiner Meinung nach völlig ausgeschlossen. Geld ist die Triebkraft der Geschäfte, nur Geld, Geld wird das Idol, für das man sich alles kaufen kann. Ein Geschäft besitzen und Bilder malen, das geht sehr schön, es geht aber auch, wenn Du von Renten lebst und frei bist, sei das ein Landgut, eine Fabrik, die Dir Einkünfte zufließen lassen. Anders wird die Sache, wenn Du Dich als Angestellter abrackern mußt, damit eben das Geld verdient wird, da nimmt die Rackerei überhand und das Geld verdienen vielleicht die anderen, und ehe man dazu käme Oberwasser zu bekommen, wäre man ein alter Mann, auch bei größtem Fleiß und größter Tüchtigkeit und größtem Glück.
Das kann nicht meine Absicht sein.
Nur eine wirtschaftliche Unabhängigkeit, sie mag noch so bescheiden sein, bietet heute das Fundament einer gesunden Kunstproduktion, sie wird auf die Dauer auch wirtschaftlichen Erfolg haben. Van Gogh hat in seinem Leben mit Hilfe seines Bruders vier Bilder verkauft, Cézanne meist verschenkt. Kitschiers machen den Umsatz als Geschäftsleute mit der Ware, die verkauft wird.
Ich frage Dich nun, mein lieber Palle, ob Du in der Lage bist, mich mit ca. 300 Mark monatlich mindestens zu unterstützen (Du siehst, ich bin sehr bescheiden) während einer oder zwei Jahren, während der es mir gelingen muß, das nötige Geld mit der Malerei zu verdienen. Ich würde dann versuchen, meine Geschäftstätigkeit auf das Äußerste einzuschränken, um sie allmählich aufzugeben, falls es mir gelingt, und es muß gelingen, mich und meine Familie mit Malerei über Wasser zu halten. Versucht muß es jedenfalls werden.
Augenblicklich bin ich so absorbiert durch acht- bis neunstündiges Bürositzen mit Rechungen schreiben, telefonieren, Kundenlisten, Reklamationen, Ordner und wie alle diese Herrlichkeiten sich nennen mögen, daß ich fühle, die Atmosphäre, Bilder zu malen, wird zerstört.

Du kannst einwenden, daß es völlig unnötig sei Bilder zu malen, wenn man nichts dabei verdient. Das wirst Du aber nicht tun, wenn Du Dir die tausende meiner Leidensgenossen, mir geht es immer noch sehr gut, im Vergleich zu ihnen, vorstellst, die abgeklappert wie die Droschkengäule an der Futterdeichsel ziehen müssen. Kunst ist einfach die höhere, heitere Lebensform, trotz aller inneren Kämpfe und Schmerzen, abgesehen von dem Resultat, und um wieder zu ihr zu gelangen, sollst Du mich unterstützen.
Du wirst es mir nicht übel nehmen, wenn ich mich ohne Umschweife an Dich wende, zumal ich wirtschaftlich unabhängig bin im Augenblick. Ich tue es aus diesem Grunde, da ich mir sage, meine Existenz wird durch das Kaufmannstum zerstört, während ich hoffe, daß es für Dich ein kleines Opfer ist, mich frei zu machen, damit ich wieder arbeiten kann.
Im Grunde bin ich auch dafür, daß man sich selbst helfe, aber werden es nicht mehr Freunde sein, die auch meine Bilder abkaufen, ehe sich das Kapital dieser Ware bemächtigt. Ich möchte mit dem Geldverdienen nicht allzu viel Zeit versäumen und meine besten Jahre darangeben.
So wende ich mich an meinen väterlichen Freund und bitte um einen Vorschuß. Du kannst überzeugt sein, daß es nicht verschwendet wird.
Antworte mir mein Lieber, was Du von der Sache denkst. Jedenfalls hoffe ich Euch bestimmt in Italien zu sehen.
Dein Ivo.

Ich danke Grete herzlich für den freundlichen Geburtstagsgruß.

Van Gogh: Vincent van Gogh (1853–1880). Maler.

Ivo an Gerhart

6. Mai 1925

Lieber Palle!
Ich nehme an, daß Dein Leben wieder in etwas ruhigeren Bahnen läuft, nach dem die Festlichkeiten und das Festspiel anläßlich der Eröffnung des Deutschen Museums in München verrauscht sind.
Ich komme, oder sagen wir besser wir kommen zur Ruhe, nachdem der Umzug überstanden ist. Hab Dank, mit Grete, für die schönen Tage in

Rapallo. Hoffen wir, daß für uns alle miteinander diese freundliche, belebende Sonne bald wieder erscheint.
Unser Haus hier ist ganz entzückend geworden und ich hoffe, daß Ihr, je eher desto besser, kommt, um Euch selbst davon zu überzeugen. Wenn Du es gesehen hast, wirst Du Lust bekommen, ein kleines Haus zu bauen. Ich empfehle sehr, Erica damit zu beauftragen. Auch das Malen ist in dem neuen Haus wieder lebendig geworden und ich fühle mich dementsprechend wohl und guter Dinge. Dr. Eger wird Dich in Liebenstein besuchen. Er sollte sich freuen, wenn er für Hamburg ein neues Werk von Dir bekommt. Ich habe mich verpflichtet, die Dekoration dafür zu machen.
Ich wünsche Grete einen guten Erfolg bei der Augenkur und grüße Euch herzlichst.
Dein Ivo.

das Festspiel: Gerhart Hauptmanns *Festaktus zur Eröffnung des Deutschen Museums*, aufgeführt am 7. Mai 1925.
nachdem der Umzug überstanden ist: Otto Blumenfeld ließ auf seinem Grundstück in Hamburg an der Elbchaussee ein Haus für Ivo und Erica Hauptmann bauen, wohl auch, um sie stärker an Hamburg zu binden. Das Haus wurde nach Plänen von Henry van de Velde gebaut, allerdings um ein Zehntel verkleinert. Die Innenausstattung und die Möblierung des Esszimmers wurden von Erica Hauptmann entworfen. 1925 wurde das Haus von Hauptmanns bezogen. Sie lebten dort bis 1939.
Dr. Eger: Paul Eger (1881–1947). Regisseur, Dramaturg. Von 1918 bis 1926 Direktor des Deutschen Schauspielhauses in Hamburg.

Gerhart an Ivo

Bad Liebenstein (SM), 18. Mai 1925

Mein lieber Ivo!
Wir sind sehr glücklich über die Freude die Ihr an Eurem Hause habt. Ein Haus ist meiner Ansicht nach der höchste menschliche Komfort. Wir sind aufs Äußerste gespannt Euch in Eurem neuen Zustand zu sehen und hoffen, daß es im Juli geschehen kann.
Mit Grüßen für Euch, Harre und Alles, was sich nicht ungern unserer erinnert
Palle

Ivo an Gerhart

17. Juni 1925

Lieber Palle!

Es freut mich sehr, daß wir die Uraufführung des *Veland* hierher nach Hamburg bekommen. Dr. Eger schreibt mir aus Karlsbad, daß wir Besprechungen am 10. August über die Dekorationen in dem Theater haben würden. Ich wäre Dir sehr dankbar, wenn Du Fräulein Jungmann veranlassen wolltest, mir eine Abschrift des *Veland* zuzuschicken oder S. Fischer zu veranlassen, mir einen Probedruck zu schicken. Ich möchte mich sofort mit dem Stück beschäftigen, damit ich am 10. August Skizzen für die Dekoration fertig habe. Sonst ist nicht viel Neues zu berichten. Wir erwarten Euch möglichst bald, um das Haus zu besichtigen.

Herzlichst

Dein Ivo.

Veland: Tragödie, Uraufführung am 19. September 1925 im Deutschen Schauspielhaus Hamburg. Die Uraufführung entstand in Zusammenarbeit von Gerhart und Ivo Hauptmann, Gerhart führte Regie, Ivo entwarf das Bühnenbild.

Fräulein Jungmann: Elisabeth Jungmann (1897–1959). Elisabeth Jungmann war von 1922 bis 1933 Gerhart Hauptmanns Sekretärin. Sie schrieb aber bis 1939 gelegentlich weiter für ihn bei gemeinsamen Italienaufenthalten. „Sie war Familienmitglied", so beschrieb Ivo Hauptmann ihre Position in der Familie Hauptmann. Freundschaft mit dem Schriftsteller Rudolf G. Binding, mit dem sie seit 1933 bis zu dessen Tod 1938 zusammen lebte. Als Jüdin 1939 Emigration nach England über Rapallo, wo Gerhart Hauptmann ihre Ausreise überwachte und Hermann G. Fiedler ihr die Einreise nach England ermöglichte. Dort Tätigkeit im Foreign Office. Nach Kriegsende Chefsekretärin des Kulturbeauftragten der Briten in Berlin. Betreute seit 1951 Sir Max Beerbohm, der sie kurz vor seinem Tode heiratete.

Ivo an Gerhart

21. August 1925

Lieber Palle!

Daß ich so lange nichts von mir habe hören lassen, liegt daran, daß

ich zehn Tage Urlaub hatte, an die Ostsee reiste und im übrigen von morgens bis abends gemalt habe.
Den *Veland* habe ich inzwischen von Felix Bloch Erben erhalten und werde immer mehr von der Bedeutung und der Kraft dieses Werkes durchdrungen. Einige Skizzen für die Dekoration habe ich bei Dr. Eger abgegeben. Das Entscheidende ist jedoch, daß ich ein Bild davon bekomme, wie der Regisseur, der Du in diesem Falle bist, sich die Positionen der einzelnen Gruppen denkt, nach der dann die Dekorationen, was Zu- und Abgänge anbelangt, eingerichtet werden müssen.
Solltest Du jetzt schon Zeit dafür finden, mir eine kleine diesbezügliche Grundrißzeichnung zu schicken, so wäre ich dankbar. Aber Du wirst ja bestimmt Ende dieses Monats hier sein, und da die Dekoration nicht besonders kompliziert ist, werden wir auch in den reichlich vierzehn Tagen, die uns bis zur Erstaufführung zur Verfügung stehen, leicht damit zu Rande kommen.
Meine Freunde Otto Blumenfeld und Samson bieten Euch an, in ihrem Haus in Borstel zu wohnen. Es würde dann, wenn Du geneigt bist dort zu wohnen, sich empfehlen, ein Mädchen mitzubringen, da nur ein dienstbarer Geist dort angestellt ist. Das Haus ist bequem eingerichtet, allerdings wäre es wohl nötig, daß Du Dir für die Zeit Deines Hierseins ein Auto mietest, da das Haus vor der Stadt liegt.
Herzlichste Grüße von Haus zu Haus. Auf baldiges Wiedersehen!
Dein Ivo.

Gerhart an Ivo

Villa Carlevaro, Rapallo
8. Dezember 1925

Lieber Ivo
Es gehen Euch 1000 Mark (eintausend) zu. Das soll einen Weihnachtsgruß mit Liebe bedeuten vom
Palle
An Euch alle: (d.h. Dich, Erica, und Harre.)

1926

Gerhart an Ivo

Villa Carlevaro
Rapallo
31. Januar 1926

Lieber Ivo!
In der Tat war es ungehörig, auf Deine Briefe nicht zu antworten. Umso mehr, als sie uns beiden, Greten und mir, noch mehr aber mir, ganz besondere Freude gemacht haben. Der erste zeigte Dich in einer harmonisch ausgeglichenen Stimmung, die mein väterliches Herz in eine ähnliche versetzte. Schließlich ist ja, so absurd es klingt, eine geistige Nabelschnur zwischen Vätern und Söhnen, die sich verstehen, immer vorhanden.
Dein neuester Brief zeigt Dich wieder in leichten Schwankungen, die Kritik der kaufmännischen Monotonie gewinnt wieder die Oberhand. In dieser Kritik liegt unbedingt viel Wahres. Welche Folgen Du eines Tages aus ihr ziehst, ist Deine eigenste Angelegenheit, und was zu Deinem Glücke dient, und von Dir als Lebensnotwendigkeit empfunden wird, hat meine innerste Billigung.
Zunächst nähert sich ja Deine Frühjahrsreise und damit für uns ein Wiedersehen mit Dir, womit wir rechnen, und worauf wir uns ganz herzlich freuen.
Grüß die liebe Erica und den ausgezeichneten Meister Harre, und sei selbst gegrüßt von Grete und Deinem, durch qualvolles Modellsitzen (Maler Leo v. König aus Berlin) bis aufs Blut gereizten Vater. Im Ernst: Leo Königs Bild ist ein schönes Stück eingefetteter Leinwand. Schade, daß Du nicht jetzt schon hier bist und die weiland Agnetendorfer Genossenschaftsmalerei sich wiederholt.
Dein Vater Gerhart Hauptmann

[Zusatz von Leo von König:]
P.S. Der Meister King schließt sich den Grüßen seines gereizten Modells auf das herzlichste an!
herzlichst Leo König

Agnetendorfer Genossenschaftsmalerei: Gerhart Hauptmann spielt damit auf das 1909 stattgefunden habende gemeinsame Malen von Leo von König, Emil Orlik und Ivo Hauptmann an.

Ivo an Gerhart

9. September 1926

Lieber Vater Gerhart.

Vielen Dank für Deinen Brief aus Liebenstein. Als ich erfuhr, daß Ihr noch auf Hiddensee wäret, erzählte mir zu gleicher Zeit Meier-Gräfe, daß Ihr Leo König zu Besuch gehabt hättet, der sich in Berlin nach den anstrengenden, anregenden Abenden bei Euch erst einmal ausruhen mußte und drei Tage im Bett blieb. Es scheint also, daß Ihr in alter teutonischer Frische dem Leben näher tretet, wozu ich Euch nur gratulieren kann. Die naiv-unschuldige Ungebundenheit, die die Insel Hiddensee hat und von der Du schreibst, sagt meiner Persönlichkeit ungeheuer zu, nur schade, daß auch das Leben gerade in die schuldige Gebundenheit geführt hat, in der ebenfalls höchstens sonntags eine Störung zu gewärtigen ist. Immerhin man lebt seinen Tag und wie ein Schiffer auf seinem Segelschiff sieht man nach allen Richtungen mit einem Fernrohr, ob nicht bald Land in Sicht ist, auf dem wieder mehr das ungebundene Moment den Ausschlag gibt. Das Golfspiel ist sicher ein besonders anziehender Sport, weil er in den mannigfaltigsten Geländen auf die vielseitigste Art ausgeübt werden kann. Ich kann mir denken, daß Dir das Golfspiel besonders zusagt, weil es das Spazierengehen auf schönem Gelände mit den sportlichen Aufgaben der verschiedenen Schläge vereint.

Ich hoffe, daß Grete die Kur beim Grafen Wieser wie bisher gut bekommen möge, wahrscheinlich sind es aber auch die vielen Kavaliers, die sich in Liebenstein vereinigt haben, um ihr die Kur zu machen, die Schuld daran sind, daß die Genesung unter besonders günstigen Bedingungen vor sich geht.

Fünf Vorträge sind keine geringe Strapaze. Wirst Du Dich nur mit dichterischen Dingen befassen, oder wirst Du auf das Gebiet der Politik übergehen, welches Gebiet gerade im Rheinland vielleicht ein besonders heikles ist.

Zur Aufführung von *Dorothea Angermann* wirst Du mich bestimmt Ende Oktober, Anfang November in Berlin sehen. Ich lese auch von

einem Vortrag oder vielmehr von einer Vorlesung, die Du im Reichstag halten willst.
Alles Gute, mein lieber Vater Gerhart und seid herzlich gegrüßt! Auf baldiges Wiedersehen.
Dein Ivo

Meier-Gräfe: Julius Meier-Graefe (1867–1935). Kunsthistoriker, Schriftsteller. Emigrierte nach 1933. Gut bekannt mit Gerhart Hauptmann.
die Kur beim Grafen Wieser: 1926 unterzog sich Margarete Hauptmann einer Augenbehandlung bei dem Augenarzt Graf Wieser in Bad Liebenstein.
Dorothea Angermann in Berlin: Schauspiel in fünf Akten; Ringuraufführung am 20. November 1926 in Wien und an 16 anderen Orten.
Vorlesung, die Du im Reichstag halten willst: Am 30. Oktober 1926 hielt Gerhart Hauptmann eine Vorlesung über den *Till Eulenspiegel* im Plenarsaal des Reichtags.

Ivo an Gerhart

12. November 1926

Lieber Vater Gerhart,
als treuer Sohn, der ich nun einmal bin, will ich Dir mit diesem Brief zum Geburtstag gratulieren. Wünsche werden Dich genug begleiten, so sollen auch die meinen dabei sein als besonders gut.
Es hat mich besonders gefreut, Dich einmal wiederzusehen. Immerhin scheint es mir notwendig und wünschenswert, daß man sich auf weniger vulkanischem Boden als dem Berliner trifft. Wenn wir uns in 5000 Jahren einmal wiedersehen, so denke ich mir das ähnlich unserem letzten Beieinandersein. Einem fremden Willen untergeordnet, werden wir hierhin und dorthin geworfen, ab und zu uns begegnend, dann wieder auf fremde Bahnen geworfen, kreisen wir umeinander, ohne recht zu begreifen, warum und wieso. Wenn wir einmal wieder im Süden beisammen sein werden unter einem Dache, dann werden wir uns näher sein, als in diesem Taubenschlag-Hotel, in dem man genauso telefoniert, als ob man durch viele hundert Kilometer getrennt wäre.
Viel Freude bei der Aufführung von *Dorothea Angermann* und auch sonst alles Gute.
Dein Ivo

Ivo an Gerhart

20. November 1926

Mein lieber Vater Gerhart,
sollte man am Leben nicht stutzig werden, wenn man erfährt, daß man unschuldig in die Misere kommt. Oder sind die in der Misere lebenden die Reichen und die Reichen die Armen, oder aber ist es ganz gleich, ob reich oder arm, ob krank oder gesund. Sehr viele Fragen, keine Antworten, man sehe sich das Leben selbst an und lebe bergauf, bergab in Einöden, in fruchtbaren Gärten, mit schönen Frauen, alleine mit sich selbst beschäftigt, oder eingespannt in einen Gelderwerb, um zu erfahren.
Dorothea Angermann ist ein bedeutendes Menschenschicksalsmonument; gesehen von den Höhen der Gebirge, an deren Füßen die kleinen Ameisen herumschaffen, sich abzappeln, sich kränken, lieben, bestehlen, raffen, hassen und verfluchen.
Eine heldenmutige Frau, diese Dorothea Angermann, wie sie kämpft gegen die Unbilden der Menschheit, die ihr in den Weg geschleudert werden, bis sie ermattet, bedeutend, überlegen sich abwendet von dieser Bühne, um sich auszuruhen.
Und der Vater, ein Bonvivant, jovial, brutal, energisch, Egoist bis dorthinaus, verblendet, jähzornig, ohne Gefühl für sein eigenes Kind, ein Verbrecher, dabei Pastor, Seelsorger und Lebenskünstler, im Vollgefühl seiner Vollkommenheit, ein wohlsituierter Bürger. Wunderbar! Mein Lieber.
Und der Koch, der Don Juan, der Skrupellose, der Verführer [drei Worte nicht lesbar] Unwürdige, der Rohe, der Mann, der Schuft, der Unterhaltsame, der Lustige und Freche, der entmenschte Mensch, der Feind des wohlsituierten Bürgers, dabei ihm so verwandt nur in besonderer Weise.
Diese beiden zermahlen das Mädchen wie zwei Mühlsteine, es gibt kein Entrinnen.
Die Retter sind zu schwach, sie sind gut, aber ihre Güte ist schwach und sie helfen nicht, sie sind zu schwach.
Ein wundervolles Werk, lieber Vater Gerhart, schreib doch mehr davon und wirf den Menschen ihre Spiegel hin, damit sie sich bestaunen wie sie die wilden Tiere bestaunen im Zoologischen Garten.

Leb wohl mein Lieber,
Dein Ivo

Ivo an Gerhart

21. Dezember 1926

Lieber Vater Gerhart,
Dank für Deine und Gretens Grüße aus Lugano. Inzwischen ist es Weihnachten geworden und ich nehme diesen Umstand zur Veranlassung, Euch unsere besten Wünsche von Haus zu Haus zu senden. Solltest Du uns ein Weihnachtsbonbon wie andere Jahre zugedacht haben, so muß ich Dir die traurige Mitteilung machen, daß dasselbe bisher nicht eingetroffen ist. Hoffen wir, daß alleine die Saumseligkeit der Post an diesem Umstand Schuld ist.
Man lebt so seinen Stiebel weiter, anders kann man es augenblicklich nicht bezeichnen, man bemüht sich, leider allzu selten, dem Vergnügen, Bilder zu malen, obzuliegen. Man sieht den Malerfreund Monet, allerdings nur in der illustrierten Zeitung, vermittels einer Schubkarre zu Grabe gefahren werden, am Grabe selbst seinen alten Freund Clemenceau, was einen berührt. Hier starb vor kurzem Herr Ruben, den Du von der Feier Deines 60. Geburtstages in Hamburg her kanntest und der zu gleicher Zeit Chef unserer Firma war, auch ein Opfer seiner Tretmühle, die ihn allmählich zermahlen hat.
Nicht trübe sein, mein Lieber, von heute an werden die Tage wieder länger.
Herzliche Grüße Dein Ivo

Herr Ruben: Albert Ruben (1855–1924), Kaufmann und Kunstsammler. Erster Vorsitzender der Literarischen Gesellschaft in Hamburg.

Feier Deines 60. Geburtstages: Die *Literarische Gesellschaft* in Hamburg veranstaltete zum 60. Geburtstag Gerhart Hauptmanns am 13. September 1922 eine Feier im Hamburger Rathaus mit einer Festrede von Julius Bab.

1927

Ivo an Gerhart

6. Januar 1927

Lieber Vater Gerhart,
hab Dank für die *Dorothea Angermann* mit Deiner freundschaftlichen Widmung. Nicht zu vergessen das Weihnachtsbonbon kam nachträglich ganz überraschend, daher doppelt erfreulich, denn nach Lage der Dinge hat ein Familienoberhaupt, welchen zweifelhaften Titel ich mir im Laufe der Zeit zuzulegen das Vergnügen habe, gerade zu Weihnachten mit starker Anspannung der liquiden Mittel zu rechnen.
Man kann gegen das Geld sagen, was man will, so hat es ab und zu doch ganz liebliche Möglichkeiten das Leben vorrübergehend zu verklären, sei es durch einen schmucken Kleiderstoff für natürlich die Frau Gemahlin, sei es die Möglichkeit eines kleinen Imbisses mit leckerem Tropfen anläßlich einer liebevollen „Tanzpartie" natürlich mit der Frau Gemahlin, oder aber diese und jene Möglichkeit wächst wie ein Pilz auf der Erde und basiert auf dem jeweils gefüllten oder leeren Portemonnaie.
Allzu große Leere, sei es im Portemonnaie, Magen, Darm oder Herzen, ist von schlechten Folgen für die Gesundheit. Daher bin ich neuerdings etwas mehr für die Fülle, sei es beim Portemonnaie, einer angenehmen Frau oder aber der oben genannten Herzen, auf dessen freundliches Schlagen, wir doch einmal angewiesen sind.
Euch im Süden wünsche ich daher [ein Wort nicht lesbar] Fülle an Sonne, allen soeben erwähnten Reizen, wozu sich noch die guten Gedanken gesellen mögen, die uns, man wird nie fertig mit dem, was man alles braucht, das Leben vielleicht doch reichlich leicht abspielen könnte.
Nun bitte ich darum, diesen meinen letzten Satz dahin zu verstehen, daß es bei aller Vollkommenheit menschlichen Denkens und Wirkens in den äußersten Grenzgebieten, die zu erfassen und zu deuten, dem einen oder anderen vorbehalten ist, es letzten Grundes einer, sagen wir Eingebung von unbekannter Seite bedarf. Die Fülle dieser guten Gedanken neben der Gesundheit am eigenen Körper, neben der Hei-

terkeit und Freude am Leben im Allgemeinen, da hätten wir alle die schönen Dinge am Schopfe gefaßt.
Gehabt Euch wohl, lieber Vater Gerhart, habt Dank und wenn Gott es will, erscheine ich wieder einmal zu Chianti und Mittelmeer.
Dein Ivo

Gerhart an Ivo

10. Juli 1927

Lieber Ivo!
Ich höre, Erica und Klaus seien im Hotel Adlon gewesen, hätten dort gewohnt. Haben sie gewußt, daß Benvenuto auch in diesem Hotel wohnt? Ich nehme an, sie haben es gewußt, denn Testorpf und Frau wußten es, mit denen Erica und Klaus zusammen gewesen sind. Wenn Sie es aber gewußt haben, was konnte der Grund sein, ihn dadurch offensichtlich und absichtlich zu verletzen, daß sie es vermieden, ihm Guten Tag zu sagen. Darüber wüßte ich gerne Bescheid. Sollte etwas wie ein versteckter Krieg gegen Benvenuto und seine Mutter bei Euch an der Tagesordnung sein, so möchte ich dagegen sagen, daß dies, abgesehen von etwas anderem, eine Absurdität wäre. Benvenuto ist in seiner Gesinnung Euch gegenüber allzeit ein rührender Bruder gewesen, dem die geringste Schärfe Euch gegenüber mangelt. Wodurch also würde er die verletzende und beleidigende Handlungsweise von Erica und Klaus verdienen. Seit 35 Jahren lebe ich in einer glücklichen Ehe, vielleicht ist dieser und jener unter Euch geneigt, äußere Kurzangebundenheit für mangelndes Wohlwollen zu nehmen. Täuscht Euch nicht. Ich habe viel mehr Wohlwollen bei Grete für Euch als bei Euch für Grete gefunden. Ich nehme die Kriegszeit aus, wo der Mensch zugleich unmenschlicher und menschlicher war. Macht Euch bitte klar: ich betrachte alles was etwa an Kälte, Übelwollen und Gehässigkeit aus dem Hamburger Familienkreis deutlich spürbar wird, wenn es auch Greten und Benvenuto treffen soll, indirekt auf mich gezielt, oder könnt Ihr glauben, daß ich sinnlose Verbohrtheiten, mehr oder weniger verkappte Befeindungen, die eine Frau treffen wollen, mit der ich seit 35 Jahren in treuer und enger Gemeinschaft lebe, abgebrüht und charakterlos hinnehmen kann.

Ich schreibe an Dich, weil Du der Älteste bist, und weil Du bei Deiner mir vertrauten Art am wenigsten bei dieser Angelegenheit in Betracht kommst und ich beauftrage Dich, Klaus und Erica zu fragen, ob bei dem Übergehen Benvenutos ein Affront beabsichtigt war und welche Ursache es hat. Ich erwarte ihre aufklärenden Äußerungen. Vermute nicht und vermutet nicht, daß Grete hinter diesem Briefe steckt. Sie hat mir schlechthin und durchaus abgeredet und abgeraten ihn zu schreiben. Mein Bedürfnis nach Klarheit jedoch läßt sich nicht mehr zurückstellen. Ich will wissen, ob Grete sich täuscht und ob ich mich täusche, wenn wir eine versteckte Feindschaft spüren gegen unsere Gemeinschaft, gegen unser Leben, gegen unser Haus, bei einer Anteillosigkeit bei allem was uns betrifft, die fast an sich schon beleidigend ist. Ich will deutlicher sehen. Und wenn diese Fremdheit wirklich existiert, so will ich das unzweideutig wissen, um daraus diejenigen Folgerungen zu ziehen, die ich unserer Selbstachtung schuldig bin.

Testorpf: Krafft Christian Tesdorpf (1892–1959). Pilot. Vorbild für die Figur des Till Eulenspiegel im gleichnamigen Versepos.

1928

Ivo an Gerhart

10.4.1928

Lieber Vater Gerhart,
von allen Seiten bestürmt, sitze ich wieder in meinem Büro, draußen Schnee und Regen und habe mich bereits mit Herrn Rogan über die Kokspreise für den Sommer, mit Herrn Brenner über das Schmieren der Wagen und mit Herrn Hang über die Abnahme des Kohlebunkers herumgeschlagen, nachdem ich leichtsinnigerweise der warmen Sonne den Rücken kehrte.

Schon beginnt wieder der Hagelschlag des täglichen Geschäfts auf den Schirm zu trommeln. Geld verdienen... Geld verdienen... Geld verdienen bedeutet jedes Hagelkorn.

Geliebte Pflanzen der Phantasie werden hart mitgenommen. Sei standhaft Freund, und spanne einen Regenschirm auf, auch diese Wolke geht vorüber. Wehe denen, die sich nicht retten können, ihre Seelen wurzeln wie [in] ein ödes Land. So wie ein Mensch geblendet wird von dem Licht, das er wieder sieht, so trat ich Dir wieder nahe. Vielleicht auch etwas fremd einer Welt des Geistigen gegenüber, [die] so gegensätzlich ist zu der hageren, gegenwärtigen [...]. Eine schöne, reiche Welt mit Höhen und Tiefen, in welche das Fernrohr hinabsieht. Wo bleibt der Mensch? Um zu leben, stirbt er. Ivo, sei vorsichtig, sonst sitzt Du eines Tages, ehe Du Dich versiehst, an einem Lebensabend, dessen Bilder sich wiederholen wie Pflastersteine.

Schön sind Olivenfelder, die Berge bedecken, soeben wurde mit Inspektor Jung die Instandhaltung der Autos nochmals beredet, schön sind die Wellen, die gegen Ufer schlagen. Menschen, die sich im Freien bewegen. Trostlos, gefährlich sind die Büros mit den Zahlen, die gespenstisch über die Papiere tanzen.

Ich bin heiter, denn ich habe eine gute Idee im Ranzen. Langsam werde ich die Anker lichten und mich hinaustreiben lassen auf das freie Meer, damit ich sehe, wie es sich jetzt gebärdet. Mit dem Pinsel in der Hand, muß es erobert werden. Hab Dank und sei gegrüßt von einem Deiner ältesten Freunde und Sohn Ivo.

Grüße Bocchi und sage ihr, ich hätte bedauert, sie zum Abschied nicht mehr zu sehen, und danke ihr herzlich für ihre Gastfreundschaft.

Ivo an Gerhart

19.12.1928

Mein lieber Vater Gerhart,
an meiner Seite liegen zwei an Dich angefangene Briefe, einer vom 18. November, 4 Seiten lang, der andere vom Dezember, 2 Seiten lang. Es scheint, als ob einen alle Gedanken verlassen, wenn man so als Mühlrad drinnen steht in dem Geschäftsbetrieb, so daß das tägliche Einerlei darüber hinwegstürmt und das Rad in Bewegung hält. Mein lieber Freund, es ist schwer als Angestellter selbst bei Freunden und mit äußerster Tüchtigkeit und Umsicht Oberwasser zu bekommen, da diese Burschen einen in der Hand haben und in der Hand behalten wollen, damit man als Droschkengaul sich allmählich tottrabt zum Zwecke der Portemonnaieerweiterung. In solchen Augenblicken des Versagens und im Anblick dieser wirtschaftlichen Boxkämpfe kommt das wohlgeformte 1000-RM-Päckchen in besonders lieblicher Gloriole vom Carlevarisch-Mendelssohnschen Himmel herabgeflogen. Der edle Vater sei bedankt. Pläne müssen erdacht werden aus der Zwickmühle herauszukommen, ehe es zu spät ist. Wir sind bei guter Gesundheit. Harre ist gestern hier angekommen. Wir grüßen Euch alle herzlich zu Weihnachten. Wie wärs mit einem Osterbesuch im Süden?
Herzlichst Dein Ivo

1929

Ivo an Gerhart

10. Februar 1929

Lieber Vater Gerhart!
Wir danken Dir für Deinen Brief und freuen uns, Ostern bei Euch zu sein.
Augenblicklich leben wir in sibirischer Kälte und meine Abteilung hat nicht Hände, Telefone, Wagen und Kohlen genug, um alle die Wünsche der frierenden Kunden zu befriedigen. Wie Dir schon Yvette schrieb, wird sie mit Harre schon gegen den 20. März bei Euch sein, während ich wohl bis Ende des Monats März werde hierbleiben müssen. Hoffentlich hat bis dahin die Kälte hier nachgelassen, da es sonst für mich sehr schwer sein wird, meinen geschäftlichen Posten hier aufzugeben.
Von meiner Ausstellung in Berlin wirst Du gehört haben! Ich hatte, in Anbetracht der nur geringen Zeit, die ich auf die Malerei während der letzten Zeit verwenden konnte, Bedenken, die Ausstellung zu machen, aber Dr. Gold, bei dem die Bilder ausgestellt sind, riet mir sehr dazu. Zeitungen, die über die Ausstellung berichtet haben, äußerten sich im Allgemeinen freundlich, sodaß man von einem gewissen Erfolg für mich sprechen kann. Leider sind die Einnahmen aus meiner ziemlich angespannten Tätigkeit als Kohlenhändler vor der Hand nicht so, daß ich in absehbarer Zeit mit einer persönlichen wirtschaftlichen Freiheit rechnen kann, aber da das Leben nicht immer vorauszusehen ist, so hoffe ich auch in dieser Beziehung auf eine günstige Wendung zum Besseren von irgend woher.
Auf Wiedersehen in Rapallo!
Herzlichst Dein Ivo

Yvette: Erica Hauptmann.
Dr. Gold: Alfred Gold (1874–1958). Kunstkritiker, Redakteur, Kunsthändler. Leitete als verantwortlicher Redakteur die von Paul Cassirer gegründete Kunstzeitschrift *Kriegszeit* während des Ersten Weltkrieges. Gold besaß eine Kunsthandlung in Berlin in der Viktoriastraße und organisierte 1929 eine Ausstellung mit Bildern von Ivo Hauptmann.

Ivo an Gerhart

21. Dezember 1929

Lieber Vater Gerhart!
Schicke Euch allen die herzlichsten Weihnachtsgrüße. Inzwischen ist der Winter bei uns schon eingezogen und der Wind bläst einem um die Ohren. Harre ist vorgestern aus Spetzgart hier eingetroffen, sieht wohl und gesund aus und scheint auch vernünftiger geworden zu sein. Dein *Buch der Leidenschaft* lese ich gerade und bin am Ende des ersten Bandes. Ich glaube, man kann Dir zu diesem Werk nur gratulieren, insofern, als es eine Schilderung von menschlichen Beziehungen darstellt, die in der Vielseitigkeit der Verknüpfungen des dafür und dawider nicht ihresgleichen hat. Wenn diese Zeit, in der die Aufzeichnungen für dieses Buch gesammelt worden sind, für mich nicht gerade heiter waren, so mutet es besonders erstaunlich an, wenn diese Zeit sich in einem fernen Abglanz wieder vor einem erhebt. Die Meisterschaft der Schilderung ist so unübertrefflich durch die Schwankungen der Seele der dargestellten Persönlichkeiten, so vielseitig, die Sprache so klar und einfach, daß meines Erachtens nach dieses Buch zu Deinen bedeutendsten Werken gehört. Ich werde den zweiten Band lesen, und werde Dir dann noch einmal ausführlicher schreiben.
Ich hoffe, daß Du die Wiener Zeit nach Deiner Kur in Berlin gut überstanden hast, und daß die freundliche Sonne des Südens Euch in meinem Namen von mir grüßt.
Herzlichst Dein Ivo

Spetzgart: Ivos Sohn, Gerhart Heinrich Ivo Hauptmann, erhielt seine Schulausbildung in Salem (Spetzgart) zusammen mit Erik Blumenfeld, dem Neffen Otto Blumenfelds.

Buch der Leidenschaft: Autobiographischer Roman, erschienen 1929 bei S. Fischer.

1930

Ivo an Gerhart

29. Juli 1930

Lieber Vater Gerhart!
Ich erfahre soeben, nachdem ich von meinem Urlaub ins Geschäft zurückkehre, daß Du Anfang Juli hier nach mir gefragt hast. Ich hatte die Absicht, das Ende meines Urlaubs bei Euch zu verbringen, erfuhr aber von Otto Blumenfeld, der von Berlin zurückkam, daß er Euch im Hotel Adlon gesehen hätte.
Ich habe im Süden sehr viel gearbeitet, in Frankreich viel Neues gesehen, van de Velde in Brüssel besucht und die letzten acht Tage hier verschiedene Bilder gemalt. Ich sitze nun wieder im Geschäft und das tägliche Einerlei da und dort beginnt von Neuem.
Ich wäre Dir dankbar, wenn Du mir schriebst, wo ich Euch eventuell auf zwei Tage treffen könnte. Außerdem hatte, so viel ich weiß, Harre an Euch geschrieben, ob er Euch besuchen könnte.
Herzlichst Euer Ivo

Ivo an Gerhart

[12.11.1930]

Lieber Vater Gerhart!
Ich gedenke mit besonderer Freude unseres letzten Zusammenseins in Hamburg, und habe, außer Bekannten, die Ansprachen von Dir im Radio gehört haben, Zeitungsnotizen über Dich und über das Erscheinen Deines neuen Buches *Die Spitzhacke* nichts Persönliches von Euch erfahren. Ich hoffe, daß es Euch gut geht und möchte nicht versäumen, Dir zu Deinem Geburtstag zu gratulieren.
Ich hatte eine kleine Ausstellung meiner Bilder hier im Kunstverein gemacht, die sich allenthalben großen Zuspruchs erfreute, aber der kunstfremden Einstellung Hamburgs und der Hamburger Bevölkerung gemäß, hat man sich zu Einkäufen, sowohl von Seiten des Publikums, als von Staatswegen nicht entschlossen. Es scheint mir über-

haupt, als ob die Kunst in unserer Zeit durch Dinge ersetzt würde, die sich den Deckmantel der Kunst umhängen, im übrigen aber rein geschäftliche Interessen verfolgen. Vielleicht ist diese Tatsache nicht nur für unsere Zeit zu bemerken, sondern es hat sich auch andererseits gezeigt, daß die starken künstlerischen Potenzen überwuchert werden in der Öffentlichkeit von einer Scheinkunst, die sich breit macht.
Ich kann nicht sagen, daß meine kaufmännische Tätigkeit irgendwelchen Bezug auf meine Persönlichkeit hat, außer der Erfahrung und dem einen, im Augenblick von wirtschaftlicher Not bewahrt zu sein. Das menschlich durchaus zweckklassige eines solchen Milieus zu schildern, wäre wahrscheinlich das beste Gegengift. Leider ist es mir durch die Hellsichtigkeit meiner kaufmännischen Freunde nicht gelungen, meine wirtschaftlichen Tätigkeiten für sie und für mich so auszunutzen, daß ich mich mit einer königlichen Rente schon jetzt ganz der Malerei widmen könnte, sodaß es fürs Erste notwendig sein wird, dieser durchaus zweifelhaften Tätigkeit als Kaufmann weiter nachzugehen. Im übrigen spielen sich in unseren verschiedenen Firmen allerlei Umwandlungen ab, man muß abwarten, wohin der Weg führt. Sieht man um sich, so ist es in Deutschland ziemlich ausgeschlossen, für einen Maler sein Brot durch den Verkauf seiner Produktion zu verdienen. Es ist von diesem Gesichtspunkt aus bestimmt das Richtige gewesen, daß ich eine geldbringende proletarische Tätigkeit ergriffen habe, und es ist vielleicht ein Umweg, über den man versucht, der eigenen Produktion in der Kunst förderlich zu sein.
Lieber Vater Gerhart, ich nehme an, daß Ihr das Frühjahr wieder im Süden verbringen werdet und ich würde mich freuen, wenn unser allmählich regelmäßiger Besuch, der in diesem Jahr leider ausfallen mußte, sich im nächsten Jahr wiederholen würde.
Indem ich Euch herzliche Grüße von Haus zu Haus sende,
bin ich
Dein Ivo

Die Spitzhacke: Die Novelle *Die Spitzhacke. Ein phantastisches Erlebnis* erschien Ende 1930 (vordatiert auf 1931) bei S. Fischer, Berlin.

Ivo an Gerhart

18. November 1930

Lieber Vater Gerhart!
Ich habe Deinen Geburtstag gefeiert, indem ich Dein neues Buch *Die Spitzhacke* gelesen habe. Wenn einem schon zu Beginn des Buches der 71-jährige Johannisberger angenehm in die Nase steigt, so entwickelt sich dieses geheimnisvolle Gelage höchst romantisch und graziös, indem die deutschen Städte die Abgesandten ihrer Gasthöfe zu einer Feier senden, die sich in der alten „Preußischen Krone" abspielt.
Was mir besonders zusagt, ist die Einsamkeit des Erzählers, die bevölkert wird von einer Unzahl der abenteuerlichsten Vorstellungen. Die Geschichte steigert sich ins ungeheuer Phantastische, sobald sich die Festteilnehmer aufmachen, um in die Lüfte zu steigen und dorthin zu eilen, woher ihre Ahnen gekommen sind. Es scheint mir, als ob in dem kleinen Büchlein das Äußerste vom Reichtum der Erfindung in der schönsten und klarsten Form erreicht ist und ich könnte mir denken, daß die „Preußische Krone" auf diese Weise zu einem Wallfahrtsort in der Geschichte der deutschen Literatur wird.
Herzlichst Dein Ivo

Ivo an Gerhart

23. Dezember 1930

Lieber Vater Gerhart!
Euch allen unsere herzlichsten Weihnachtsgrüße. Es wird schön sein, ein Weihnachten wieder einmal im Gebirge zu verleben, und ich kann mich der schönsten Weihnachtsfeste und Neujahrsfeiern in Agnetendorf erinnern. Ich würde Euch gern dieses Jahr besuchen, aber die angespannten wirtschaftlichen Verhältnisse erlauben es nicht, augenblicklich meinen Posten zu verlassen. Ich werde mir die Feiertage nehmen und einige Bilder malen.
Neulich schrieb mir Herr Fischer, daß Du Hülsen für den *Gerhart Hauptmann Preis* vorgeschlagen hättest für seinen *Schatz im Acker*. Ich freue mich sehr für ihn.

Harre ist gesund und kräftig aus Spetzgart auf Weihnachtsurlaub gekommen. Wir freuen uns, daß es ihm gut geht und hoffen, daß er auch im Leben später tüchtig sein wird.
Alles Gute, lieber Vater Gerhart,
herzliche Grüße von Haus zu Haus
Dein Ivo

Hülsen: Hans von Hülsen (1890–1968). Schriftsteller, Journalist. 1920 erster Besuch von Hans von Hülsen und Ilse Reicke-von Hülsen in Agnetendorf bei Gerhart Hauptmann. Seit 1927 Veröffentlichungen über Gerhart Hauptmann. 1932 erscheint seine Biographie über Gerhart Hauptmann *Siebzig Jahre seines Lebens.*

1931

Ivo an Gerhart

1. April 1931

Lieber Vater Gerhart!
Es freut mich, daß Ihr wieder in Rapallo gelandet seid. Hier ist es noch ziemlich kühl und winterlich. Das Geschäft geht seinen eintönigen Gang weiter und wenn man nicht darauf angewiesen wäre davon zu leben, würde man es je eher desto lieber an den Nagel hängen.
Die Kunst ist eine Angelegenheit, die leider nicht wie im alten Griechenland das ganze Volk durchdringt, sondern nur sehr vereinzelt noch eine Resonanz hat.
Wir haben hier in Hamburg ein besonders verdorrtes Gelände und um die Menschen etwas aufzurütteln und anzuregen, haben wir einen Künstlerklub gegründet, der regelmäßig in der Woche tagt und an dem ein Freund des Klubs ein kurzes Referat über ein Thema hält, über das im Laufe des Abends diskutiert wird. Es wird viel geraucht und eine Menge getrunken, die Luft ist trotz Ventilators für Reichsmark 60,– nicht besonders gut, aber die Stimmung ist meist sehr angeregt.
Leider können wir dieses Jahr, wie Grete schreibt, nicht nach Rapallo kommen, aber ich hoffe, daß wir uns in Hiddensee im Sommer ein Rendezvous geben können.
Harre ist auf Urlaub hier, er sieht sehr gesund und wohl aus. In der Schule ist er ganz beliebt. Seine Leistungen, was den Unterricht anbelangt, scheinen jedoch zu besonderen Lobesbezeugungen keinen Anlaß zu geben.
Indem ich Euch alle herzlich grüße und Euch ein frohes Osterfest wünsche, bin ich
Dein Ivo

Danke bitte Grete, wenn auch verspätet, herzlich für die Geburtstagskarte.

Ivo an Gerhart

8. Juni 1931

Lieber Vater Gerhart!
Ich habe Dich hoffentlich diesen Morgen nicht aus dem Schlaf geweckt, da ich kurz vor meiner Abreise noch mal bei Dir klopfte, um Dir das amerikanische geographische Magazin zurückzugeben.
Ich bin inzwischen wieder in meinem Laden und denke darüber nach, daß eine Form gefunden werden müßte, die mich wieder meiner Malerei ganz zur Verfügung stellt. Ich schrieb schon Grete, daß ich verschiedene Einladungen für Ausstellungen auf meinem Schreibtisch vorfinde und mich am liebsten gleich hinsetzen möchte, um einige Dinge, die mir vorschweben, auszuführen.
Die Tage mit Euch in Eilsen haben mich sehr belebt und angeregt und ich würde auch Dich bitten, Deinen reichen Einfluß für mich zu verwenden, um eine Möglichkeit zu suchen, mich wieder ganz der Malerei zuzuführen. Selbstverständlich werde auch ich von meiner Seite aus versuchen, neue, gute Bilder zu malen, um mich aus der Umklammerung des Geschäfts zu befreien, andererseits brauche ich dazu gute Freunde, die mir helfen und mich unterstützen und ich möchte meinen, daß Du einer der wichtigsten dabei wärst.
Vielen Dank für die schönen Stunden.
Herzlichst Dein Ivo

Die Tage mit Euch in Eilsen: In Bad Eilsen hielten sich Hauptmanns fast jährlich auf, um in dem Sanatorium des Grafen Wieser Margarete Hauptmanns Augenleiden behandeln zu lassen.

Ivo an Gerhart

11. August 1931

Lieber Vater Gerhart!
Inzwischen bin ich wieder in meinem Büro gelandet und erinnere mich mit Freuden der Tage, die ich auf Hiddensee in Eurem Kreise verlebt habe. Ich hatte eigentlich die Absicht Euch noch mal zu besuchen, entnahm aber dem Telefongespräch mit Grete, daß Euch

Ruhe ebenso angenehm wäre, zumal Grete durch ihr Augenleiden die Ruhe braucht und Du in Deiner Arbeit ebenfalls möglichst ungestört sein solltest.
Ich bin inzwischen einige Tage in Travemünde gewesen, wo ich Fischers und Bermanns traf, mit denen ich einige angenehme Abende verlebt habe. Auch dort hatte ich meinen Aquarellkasten mit und habe an der schönen Mündung der Trave allerlei Reizvolles entdeckt.
Unterdessen ist der Volksentscheid nicht durchgegangen und wie wir verschiedentlich uns bereits auf Hiddensee besprachen, habe ich immer den Standpunkt vertreten, daß Europa nur durch eine internationale Verständigung genesen könne und ich nicht der Ansicht sei, daß Gewalttaten, die im übrigen sich mehr oder weniger nur in Gesten äußern könnten, uns im Augenblick aus unserer heiklen Lage befreien könnten. Ich begrüße daher den Misserfolg des Volksentscheids und glaube, daß bei ruhiger Beurteilung der Lage sich die allgemeine Besserung, allerdings langsam, wird entwickeln können.
Von Fischers hörte ich, daß Deine neue Arbeit gut vonstattengeht und ich hoffe, daß nach den unruhigen Zeiten der ersten Notverordnungen die allgemein ruhigere Auffassung in der Gesamtlage auch Dir zustatten kommt, so daß Du die Atmosphäre gewinnst, die für das gute Ausreifen eines Kunstwerkes notwendig ist.
Harre arbeitet jeden Morgen in einer Auto-Reparaturwerkstatt, was ihm viel Freude bereitet. Wie ich höre, stellt er sich sehr gut an und der Meister ist mit ihm sehr zufrieden. Er hofft, Euch noch auf Hiddensee besuchen zu dürfen. Sein Urlaub ist Anfang September zu Ende, sodaß, falls Ihr ihn noch sehen wollt, Ende August der letzte Zeitpunkt wäre.
Indem ich Euch herzliche Grüße von Haus zu Haus sende,
bin ich Dein Ivo

Bermanns: Dr. Gottfried Bermann-Fischer (1897–1995). Arzt und Verleger. Verheiratet mit Samuel Fischers Tochter Brigitte (1905–1991). 1925 trat Bermann in den S. Fischer Verlag ein und wurde 1928 Geschäftsführer. Seit 1936 Vorbereitungen zur Emigration der Familie und des Verlages. Über die Schweiz und Schweden 1940 Emigration in die USA. 1950 Wiedergründung des S. Fischer Verlages in Deutschland in Frankfurt am Main.

Volksentscheid: Am 9. August 1931 fand auf Initiative des republikfeindlichen Stahlhelm-Bundes, der dabei von anderen rechten Gruppierungen, aber auch von der KPD unterstützt wurde, eine Abstimmung über die Auflösung des preußischen Landtags statt. Der Antrag erhielt 37,1 % der Stimmen und scheiterte damit.

Deine neue Arbeit: Das Drama *Vor Sonnenuntergang* (Uraufführung am 16. Februar 1932 im Deutschen Theater Berlin).

Ivo an Gerhart

12. November 1931

Lieber Vater Gerhart!

Durch Vermittlung der Familie Fritz Fischer, Agnetendorf, ist es mir gelungen zu erfahren, daß Ihr Euch in Locarno im Hotel Esplanade aufhaltet.

Ihr habt recht getan, Euch aus diesem in jeder Beziehung unwirtlichen Norden in die beruhigte, sonnenreichere Landschaft der Schweiz zurückzuziehen und ich freue mich, Dir meine herzlichen Wünsche zu Deinem diesjährigen Geburtstag dahin senden zu können.

Die Verhältnisse in Deutschland spitzen sich weiter zu und man wird es größtenteils der Zeit überlassen müssen, aus diesem Wirrwarr einen Ausweg zu finden. Deutschland ist wie ein Körper, dem man einige Liter Blut abgezapft hat und der nun umhertaumelt und nach diesem und jenen Mittel sucht, um seinem Körper wieder Kraft zu geben. Es scheint wirklich, als ob die kapitalistischen Formen den Unternehmern über den Kopf gewachsen sind, so daß sie, soweit es ihnen möglich ist, ihr Heil in der Flucht suchen, oder aber mit Hängen und Würgen die Industriebescherung wieder anzukurbeln suchen. Es ist durchaus nicht ermunternd und belebend sich in dieser Atmosphäre aufzuhalten, wenn auch in unserem Betriebe eine besonders schwierige Situation fürs erste nicht vorliegt, so kann man jedoch nie wissen, was der nächste Tag einem an unangenehmen Überraschungen bringen kann. Ich bin genau so wie in den Krieg, wider meinen Willen, in diesen Industrieapparat hineingedreht worden, und ich kann nur wünschen, daß er mich eines Tages wieder ausspuckt, da es keine Lebensformen sind, denen ich besonderen Reiz abgewinnen könnte, zumal man mehr oder weniger der Sklave einer Besitzerschicht ist, deren Kapital man nach bestem Wissen und Gewissen verwaltet, ohne selbst in die Lage zu kommen, unabhängiger zu werden. Eine Rettung aus all diesem Hin

und Her versuche ich in der Malerei zu finden und ich werde die Hoffnung nicht aufgeben, eines Tages die Brücken hinter mir abzubrechen und wieder ein Leben zu führen, das meiner Persönlichkeit entspricht. Augenblicklich findet eine Ausstellung Hamburger Maler in Göteborg statt und nach den schwedischen Zeitungen zu urteilen, ist es für uns alle ein Erfolg gewesen und wie man mir sagt, komme ich bei den Kritikern besonders gut weg. Selbstverständlich ist es, daß bei meiner Anspannung im Geschäft meine Malerei etwas zu kurz kommen könnte, sodaß ich meine Bilder augenblicklich mehr improvisieren kann, als daß ich sie mit Ruhe durchdenken könnte.
Indem ich Euch alle herzlich grüße, schüttle ich Dir die Hand.
Dein Ivo

Hamburger Maler in Göteborg: Kunstverein Göteborg im November 1931.

Ivo an Gerhart

22. Dezember 1931

Lieber Vater Gerhart!
Das letzte Mal hörte ich von Euch aus Wien, woher die Zeitung berichtete, daß Du große Ovationen beim *Fuhrmann Henschel* erhalten hättest.
Eine begeisterte Kritik über die *Hochzeit auf Buchenhorst* lege ich bei. Ich schließe mich Herrn Raoul Auernheimer an, indem ich Dir nur sagen möchte, daß auch auf mich das Büchlein den Eindruck eines abgeklärten, heiteren, entzückenden Meisterwerkes gemacht hat.
In Deutschland sieht es im übrigen wenig verlockend aus. Die graue Atmosphäre, die über Hamburg liegt, ist Sinnbild für die gesamte Wirtschaftslage, die sich gleicherweise für die Arbeitslosen, als für die, die noch Arbeit haben, ungünstig auswirkt. Wenn auch zu besonderen Klagen kein Anlaß vorliegt, so ist immerhin das Resultat meiner achtjährigen wirtschaftlichen Tätigkeit, abgesehen von dem, was ich für das Geschäft geleistet habe, und das ich ein bürgerliches Auskommen habe, sehr wenig befriedigend, sodaß man sagen kann, daß man wieder von vorne anfangen muß. Jedoch man ist gesund und wird den Mut nicht sinken lassen. Es heißt eben, sich durch das Gestrüpp des

Lebens durchzuschlagen. Vielleicht findet man eines Tages doch noch eine reizvolle Wiese, auf der man etwas gemächlicher sich die Umwelt einmal ansehen kann.

Herzliche Weihnachtsgrüße von Haus zu Haus,

Dein Ivo

Fuhrmann Henschel: Schauspiel in fünf Akten, Uraufführung am 5. November 1898 im Deutschen Theater Berlin.

Hochzeit auf Buchenhorst: Novelle, erschienen 1932 bei S. Fischer.

Raoul Auernheimer: 1876–1948. Österreichischer Jurist, Feuilletonist und Schriftsteller. Autor von Novellen und Lustspielen.

1932

Ivo an Gerhart

4. Februar 1932

Lieber Vater Gerhart!
Verschiedentlich versuchte ich mit dem Hotel Adlon und Dir telefonisch eine Verbindung zu bekommen, was leider mißglückt ist. Ich versuche nun auf diesem Wege Dich zu erreichen und würde mich freuen, wenn sich die Gelegenheit bieten würde, Dich und Grete vor Deiner Amerikareise noch zu sehen. Vielleicht rufst Du bei mir an, um etwas darüber zu vereinbaren.
Ich höre, daß Du in Berlin den Proben von *Fuhrmann Henschel* mit Jannings [beiwohnst,] nehme daher an, daß Du Dich in Berlin aufhältst. Wann ist die Erstaufführung von *Vor Sonnenuntergang*, zu der ich unbedingt nach Berlin kommen möchte.
Otto Blumenfeld hat sehr erfreut von seiner Begegnung mit Euch auf dem Semmering erzählt.
Herzliche Grüße von Haus zu Haus,
Dein Ivo

Amerikareise: Im Februar und März des Goethejahres 1932 hielt Gerhart Hauptmann an mehreren US-amerikanischen Universitäten Vorträge über Goethe. Auf dieser Reise wurde ihm die Ehrendoktorwürde der Columbia-Universität (New York) verliehen.
Jannings: Emil Jannings (1884–1950). Schauspieler. Jannings kam 1914 nach Berlin zu Max Reinhardt an das Deutsche Theater. Er verkörperte mehrere Figuren aus Hauptmanns Dramen und wurde besonders bekannt mit der Rolle des *Fuhrmann Henschel*.
Vor Sonnenuntergang: Schauspiel in fünf Akten, uraufgeführt am 16. Februar 1932 am Deutschen Theater in Berlin.

Ivo an Gerhart

4. April 1932

Lieber Vater Gerhart!
Das herrlichste Frühlingswetter hat sich inzwischen in Hamburg ein-

gestellt und ich nehme an, daß die Insel Hiddensee Deine Erwartungen nicht enttäuscht.
Unsere Amazone Yvette ist am Freitag voriger Woche beim Springen vom Pferd gestürzt und hat sich zwei Rippen gebrochen. Sie ist in ärztlicher Behandlung, hat nach drei Tagen kein Fieber, sodaß mit einem normalen Verlauf der zwar schmerzhaften, aber wohl zu Besorgnissen keinen Anlaß gebenden beiden Rippenbrüche gerechnet werden kann.
Du nimmst es mir nicht übel, wenn ich Dich bitte, mir die RM. 200,–, die ich Dir leihweise einhändigte bald möglichst überweisen zu lassen, da ich das Geld notwendig gebrauche und ich annehmen muß, daß die Angelegenheit sonst in Vergessenheit gerät.
Die lebendigsten Erinnerungen an Euren Hamburger Aufenthalt unterbrechen das verhältnismäßig eintönige Leben eines wirtschaftlich tätigen Menschen und ich hoffe sehr, daß zu einem neuerlichen Zusammensein bald Gelegenheit gegeben wird.
Indem ich Euch die herzlichsten Grüße von Haus zu Haus sende,
bin ich Dein Ivo

Yvette: Erica Hauptmann.
Euren Hamburger Aufenthalt Vom 26. bis 28. März 1932 hielt sich Gerhart Hauptmann nach seiner Rückkehr aus Amerika für zwei Tage in Hamburg auf, um seinen Sohn zu besuchen.

Ivo an Gerhart

15. April 1932

Lieber Vater Gerhart!
Dein Telegramm betreff eines Kranzes für Adele habe ich erhalten und den Kranz besorgt. Die Trauerfeier auf dem Sülldorfer Friedhof und die Beisetzung gingen an einem schönen Tage in einer bescheidenen Form vor sich. Kuni war aus Madrid und Susi aus Jena gekommen. Wir hatten beide einen Abend bei uns. Kuni sah sehr wohl aus; Susi gealtert, aber nicht unzufrieden mit dem Leben in Jena, wo sie ihre drei Kinder erzieht.
Yvette geht es viel besser, obwohl sie noch den größten Teil des Tages im Bett liegen muß. Dieser Rippenbruch hat sich nicht als gefährlich erwiesen, nur sind solche Angelegenheiten schmerzhaft und ziemlich

langwierig. Sie hat sich sehr über die Karte von Grete gefreut und ich nehme an, daß sie sich persönlich schon bedankt hat.
Herzliche Grüße von Haus zu Haus,
Dein Ivo.

RM 200,– habe ich erhalten.
RM 12,– Auslagen für den Kranz

Adele: Adele Hauptmann (1858–1932). Frau von Gerhart Hauptmanns Bruder Georg.

Ivo an Gerhart

14. Oktober 1932

Lieber Vater Gerhart!
Gestern wurde ich von Staatsrat Zinn für heute ins Ratshaus gebeten, um über den Empfang zu beraten, den der Senat für Dich vorbereitet.
Ich schickte Dir folgendes Telegramm:
Senat bittet mich anzufragen, welche Tage noch frei während Hamburger Aufenthalt.
Zu gleicher Zeit bat der Staatsrat, was ich im Telegramm habe vergessen zu erwähnen, Deine Adresse nach dem 15. Oktober aufzugeben, damit der Senat Dir seine Einladung übermitteln kann. Ich wäre Dir dankbar, wenn Du mir Deine Adresse nach dem 15. Oktober übermitteln ließest, damit ich sie an den Senat weiterleiten kann.
Falls Deine Zeit nicht voll mit Empfängen und Aufführungen im Theater in Anspruch genommen wird, würde ich Dich sehr bitten, damit ich Dich in meinen eigenen Räumen wieder einmal male. Ich könnte mir denken, daß ich in kurzer Zeit ein gutes Portrait von Dir zustande brächte.
Es wird Dich interessieren, daß die Hamburger Kunsthalle, als deren Leiter Professor Pauli mich besuchte, zwei Bilder von mir dem Kuratorium zum Ankauf vorschlagen wird. Wenn ich auch erwähnt habe, das der Preis, da ich anderweitig Gelegenheit hätte Geld zu verdienen, nicht entscheidend auf den Entschluß des Kuratoriums sein dürfte und ich mit einem sehr niedrigen Preis rechnen muß, so freut es mich doch,

daß ich meine Idee durchsetzen konnte, neben meiner angespannten wirtschaftlichen Tätigkeit meine Arbeit als Maler fortzusetzen.
Laß bitte bald von Dir hören und grüße Bocchi,
herzlichst Dein Ivo.

Staatsrat Zinn: Alexander Zinn (1880–1941). Schriftsteller und Politiker. In Hamburg seit 1927 zuständig für die „Senatskommission für Kunstpflege". 1929 zum Staatsrat gewählt, 1933 nach der nationalsozialistischen „Machtergreifung" entlassen.
Hamburger Aufenthalt: Anlässlich des 70. Geburtstages von Gerhart Hauptmann am 15. November wurden vom 28. bis 31. Oktober 1932 in Hamburg festliche Veranstaltungen und eine Feier im Rathaus in Anwesenheit des Dichters durchgeführt.
Professor Pauli: Gustav Pauli (1866–1938). Kunsthistoriker. Seit 1905 Direktor der Bremer, seit 1914 der Hamburger Kunsthalle. 1933 aus politischen Gründen entlassen.
Bocchi: Margarete Hauptmann.

Ivo an Gerhart

28. Oktober 1932

Lieber Vater Gerhart!
Soeben ruft mich Staatsrat Zinn an und bittet mich, Dir das Programm für den Empfang im Rathaus um fünf Uhr zu übermitteln.
Du wirst gebeten, ca. fünf Minuten nach fünf Uhr im Rathaus einzutreffen. Staatsrat Zinn würde Dich um fünf Uhr im Hotel Atlantic abholen. Man versammelt sich im Bürgermeistersaal. Die Gäste werden durch Handschlag vom Bürgermeister begrüßt. Der Bürgermeister geleitet Dich in den Kaisersaal. Der Bürgermeister nimmt Platz hinter einem kleinen Stehpult, Du wirst gebeten davor Aufstellung zu nehmen. Der Bürgermeister wird eine Ansprache an Dich halten und Bezug nehmen auf das Wort, das Du vor zehn Jahren geprägt hast, daß Du in Salzbrunn das Licht der Welt erblickt hättest, in Hamburg erst das Licht der wirklicheren weiteren Welt. Zu gleicher Zeit wird Dir mitgeteilt, daß eine Oberrealschule Deinen Namen erhalten hat. Du wirst gebeten hinter das Pult zu treten und eine Erwiderung auf die Worte des Bürgermeisters zu machen. Die Ansprache zwischen dem Bürgermeister und Dir soll durch das Radio übertragen werden.

Darauf begibt man sich in einen weiteren Saal, wo der Tee an Tischen eingenommen wird. Der Tee dauert vierzig Minuten. Man begibt sich zurück in die anderen Säle, wo Gelegenheit gegeben werden soll, verschiedene Hamburger Persönlichkeiten mit Dir in Berührung zu bringen.
Es steht dann bei Dir, ob Du Dich rechtzeitig ins Hotel begeben, oder ob Du im Rathaus Dich bis kurz vor acht Uhr aufhalten willst, da um acht Uhr in der Musikhalle eine Festlichkeit arrangiert ist, die mit einem Konzert unter dem Dirigenten Papst eingeleitet wird.
Ein Vortrag von Dr. Andersen in Kiel über Deine Persönlichkeit wird folgen. Des weiteren werden Rezitationen aus verschiedenen Deiner Werke folgen.
Ich schreibe Dir dieses, damit Du über den Gang der Ereignisse informiert bist und hoffe, Dich um ein Uhr am Bahnhof empfangen zu können.
Herzlichst Ivo

Dirigent Papst: Eugen Papst (1886–1956). Komponist und Dirigent. 1922–1934 zusammen mit Karl Muck Leiter der Hamburger Symphoniker.
Dr. Andersen: Nicht ermittelt.

Ivo an Gerhart

10. November 1932

Lieber Vater Gerhart!
Wen freut es nicht, daß Dein 70. Geburtstag allerseits festlich begangen wird. Wenn wir uns auch persönlich von Angesicht zu Angesicht an diesem Tage sehen werden, so möchte ich Dir doch auf diesem Wege schon meine herzlichen Wünsche zu diesem Geburtstage, der sozusagen Dein Werk krönt, übermitteln. Es wird am 15. November selbst vielleicht keine Gelegenheit sein Dich zu sprechen, da das ganze Volk auf Dich einstürmt und verehren wird.
Als Mann, der im Leben steht und im Leben ringt, nicht nur wirtschaftlich, sondern auch als Künstler, kann ich übersehen, welches ungeheure Ausmaß dazu gehört, um den Platz zu erreichen, an dem Du heute stehst.

Du sprachst scherzhafterweise von den lachenden Erben und Du wirst mir nachfühlen können, daß dieses Erbe nicht nur zum Lachen Anlaß gibt, sondern das zu gleicher Zeit eine Verpflichtung in sich birgt, die zu übernehmen schwer ist und zwar aus dem einfachen Grunde, da das Vorbild ungeheuer ist.
Man könnte schon die Stellung eines Thronfolgers und Souveräns von Gottes Gnaden einnehmen, und als Puppe dieser Last entsagen, oder man versucht von sich aus einen Weg zu schreiten, um sich dem Thron zu nähern, den der Vater aufgebaut hat. Das ist kein leichter Weg und der Leidensweg, den ein jeder zu diesem selbst erworbenen Thron gehen muß, ist schön, doch nur mit Aufbietung aller Kräfte zu beschreiten. Wehe dem Schwächling, der ihn beschreiten will, er muß unterwegs erdrückt werden, wenn er es nicht versteht sich über die Klüfte zu erheben und den Kampf aufzugeben.
Du weißt, daß ich die Philosophie der Heiterkeit und der Lebensbejahung in jeder Form predige und das ist gut, denn glaube mir, meinem Charakter gemäß wäre ich leicht versucht, den Phantasiegebilden der Nacht [4–5 Worte fehlen]
Auch Du wirst wie ein Nachtwandler durch alle Deine Feiern gehen, die Brandungen aller dieser verehrenden Wogen werden sich an Dich nicht heranwagen, da Du der Mensch unter den Menschen bleibst, wenn Du auch dereinst mit den Unsterblichen an einem Tische sitzen wirst.
Daß ich Maler bin weißt Du und wenn es mein Stern, von dem Du beim *Fuhrmann Henschel* in der Gerhart-Hauptmann-Schule sprachst, will, so wird auch mein Werk nicht ohne Bedeutung sein, wenn ich vorübergehend auch abgedrängt worden bin und es für notwendig hielt, eine wirtschaftliche Basis zu finden. „Gehe Deines Weges grade, schenken wird Dir Gott die Gnade".
Ich sitze in meinem Büro, vor mir das Bestandsbuch für die Kohlen, die auf meinem Lager liegen, jedoch meine Sinne wenden sich oft fort. Ich male ein Bild fertig, ich denke an die Zukunft, ich denke an die unendlichen Möglichkeiten, die einem das Leben offen läßt, wenn man gesund bleibt. Ich denke an die Kämpfe der Menschen, einer gegen den anderen. Ich denke an Deine väterliche Größe und ich denke auch daran, daß wir, obwohl viel getrennt, zu gleicher Zeit sehr nahe sind. Wie schön, einen Dichter als Vater zu haben, dessen geistige Spuren

man in die kleinsten Wege in den vielseitigen Schriften verfolgen kann. Wie schön, einen Vater zu haben, dessen grandiose Gestalt klar und gefestigt in sich selbst und durch sich selbst dasteht, in einer Zeit der geistigen Wirrnis, des geistigen Elends, des körperlichen Elends und der geistigen und körperlichen Armut.
Ich schließe diesen Brief nicht weil ich nicht weiterschreiben könnte, ich könnte noch viel schreiben und vielleicht werde ich noch mal schreiben, aber ich wollte dem Gruß, den ich Dir an Deinem Geburtstage persönlich bringe, einen Vorgruß voranschicken.
Ivo

Ivo an Gerhart

22. Dezember 1932

Lieber Vater Gerhart, liebe Bocchi,
ein kurzes Lebenszeichen. Wo Ihr seid, weiß ich nicht. Man las von einem Empfang in München. In Zürich hatte man an das Haus, in dem ich wohl mit residiert habe, eine Tafel angebracht.
Ich nehme an, daß Ihr am Mittelmeer wandert und schreibe Euch, um Euch die herzlichsten Weihnachtsgrüße zu senden und Euch zu sagen, daß es uns allen gut geht.
Herzlichst Euer Ivo

Bocchi: Margarete Hauptmann.
In Zürich hatte man...: Aufenthalt von Gerhart und Marie Hauptmann mit ihren Kindern 1888 in Hottingen bei Zürich, Freie Str. 6, um Bruder Carl und Frau Martha Hauptmann zu besuchen, die zu der Zeit in Zürich lebten, wo Carl Hauptmann wissenschaftlich arbeitete.

1933

Ivo an Gerhart

27. Mai 1933 Hamburg

Lieber Vater Gerhart,
wenn es irgend möglich gewesen wäre, hätte ich Euch diesen Sonntag meinen Besuch gemacht. Leider liegen die Zugverbindungen so ungünstig, daß ich die Reise heute nicht unternehmen konnte.
Seid Ihr Pfingsten noch in Eilsen? Ich würde versuchen das Pfingstfest mit Euch zu verleben, um mit Dir Rücksprache zu nehmen über die vielen Probleme, die einen jeden Deutschen heute beschäftigen müssen.
Wenn Ihr den Sommer wieder in Hiddensee verbringt, wird Euch Euer Weg vermutlich über Hamburg führen und wir können Näheres verabreden, um unser jährliches Sommerzusammensein wieder für den Juli festzulegen.
Es geht uns allen gut, die Wirtschaft läßt zu wünschen übrig. In der Kunst sind unendlich viele Kräfte im Gange, um die verschiedenartigsten Probleme von den verschiedensten Seiten zur Geltung zu bringen, oder aber auch zu bekämpfen.
Ich erfuhr von Ecke Euren Aufenthalt und freue mich, daß die Entfernung zwischen uns kleiner geworden ist, so daß die Hoffnung besteht, sich bald wiederzusehen. Herzlichst
Dein Ivo.

Ivo an Gerhart

19. Oktober 1933

Lieber Vater Gerhart,
wie man aus den Zeitungen erfährt, hat die zarte *Goldene Harfe*, die Du angeschlagen hast, lauter durch Deutschland geklungen als man erwarten konnte.
Ich freue mich, daß diese nicht laute aber umso eindringlichere Musik auch heute noch gehört wird, während die Welt sich immer mehr überschlägt in Lautheit, Äußerlichkeit und Lärm.

Ich hatte in Berlin zu tun und hoffte Euch vielleicht zu treffen, leider vergebens. Sollte Euch der Weg in die Nähe von Hamburg führen, so laßt es mich wissen, damit ich mich aufmachen kann, Euch zu treffen und bei einem Glas Wein mit Dir zu feiern.
Herzlichst Dein Ivo.

Goldene Harfe: Am 15. Oktober 1933 Uraufführung des Schauspiels *Die goldene Harfe* in den Münchner Kammerspielen.

Gerhart an Ivo

Agnetendorf i. R.
6. Dezember 33

Lieber Ivo!
Eigentlich haben wir vor am 27. Dezember die Rapallofahrt anzutreten. Eine Möglichkeit, daß wir über Neujahr bleiben, ist aber nicht durchum ausgeschlossen. Du erhältst Nachricht, wenn die Entscheidung gefallen ist. Dein Besuch würde den ganzen Wiesenstein erfreuen. Die Kaffeeangelegenheit habe ich aufgegeben.
Nehmt innige Grüße
Palle

Kaffeeangelegenheit: Aus gesundheitlichen Gründen sollte Gerhart Hauptmann auf starken Kaffeegenuss verzichten. Dies fiel ihm lange sehr schwer.

1934

Ivo an Gerhart

Hamburg,
23. April 1934

Lieber Vater Gerhart!
Nachdem ich den Winter über etwas abgekämpft war, habe ich mich über Ostern zehn Tage in Arosa sehr erholt und gekräftigt, so daß es mir augenblicklich gesundheitlich wieder sehr gut geht.
Da ich annehme, daß Ihr demnächst nach Eilsen fahrt, so wäre mir ganz lieb zu hören, wann Ihr dort sein werdet, da ich die Möglichkeit erwäge, Euch Pfingsten dort zu besuchen.
In der *Neuen Rundschau* las ich Deine Erinnerungen aus der Erkner-Zeit. Es hat einen besonderen Reiz, wenn man von einer Zeit hört, von der man glaubt, daß sie endgültig im Nichts verschwunden ist, da man sie selbst nicht erlebt hat, sozusagen aber mit dem eigenen Vorleben zu tun hat.
Grüß die Bocchi sehr herzlich und laßt einmal von Euch hören.
Dein Ivo.

Deine Erinnerungen: Es handelt sich um Gerhart Hauptmanns Artikel *Lebenswende*, in: Neue Rundschau, Jg. 45 (1934), Bd. 1, S. 241–259.

1935

Ivo an Gerhart

1. Januar 1935

Lieber Palle!
Seit gestern bin ich wieder voll im Betriebe tätig, und da einer der Prokuristen krank ist, so hat mich das Geschäft wieder voll in Anspruch genommen. Es ist kaum mehr wahr, daß ich jemals in Agnetendorf gewesen bin, daß da ein schönes Haus steht, in dem wir zehn Tage mit Dir und Grete in angeregtester Weise Weihnachten und Neujahr verlebt haben. Es gibt wohl nichts Gegensätzlicheres als das Milieu, in dem ich hier tätig bin und die Atmosphäre, die auf dem Wiesenstein lebendig ist.
Du brachtest neulich das Gespräch auf Deine privaten geschäftlichen Angelegenheiten und regtest an, daß ich mich darum kümmern sollte. Dazu bin ich selbstverständlich jederzeit gerne bereit, würde Dich jedoch bitten, mir jeweils Deine Wünsche in dieser Richtung aufzugeben, damit ich die Angelegenheiten auch mit den nötigen Vollmachten verfolgen kann.
Ich habe wieder eine Menge Anregungen aller Art durch Dich aufgenommen und bin davon überzeugt, daß sie mir und meinen Bildern, die ich weiter male, in irgendeiner Form zugutekommen.
Du sagtest beim Abschied vorgestern morgen, es sei bedauerlich, daß wir uns nicht öfters sähen. Ich kann hinzufügen, daß ich das auch bedauere, umso mehr als ich weiß, daß es für mich jederzeit von großer Bedeutung ist.
Da die Eisenbahnen immer schneller werden und die Entfernungen immer kleiner, so würde es mich freuen, wenn es uns gelingen würde in Zukunft die Begegnungen, die mir so sehr am Herzen liegen, möglichst zahlreich herbeizuführen.
Also nochmals herzlichen Dank. Ich wünsche Dir Gesundheit, Arbeitsfreudigkeit und eine gute Reise nach Italien.
Herzlichst
Dein Ivo

Ivo an Gerhart

23. Februar 1935

Lieber Vater Gerhart!
Ich hatte am letzten Sonnabend die Freude *Griselda* in Berlin anzusehen. Leider verpaßte ich die ersten Aufzüge, da ich am Abend von Hamburg kam. Ich hatte jedoch trotzdem einen sehr lebendigen Eindruck von dem Stück. Die Dorsch als Griselda war sehr überzeugend und ausgezeichnet, sowohl was das als Bäuerin anbelangt, als das Spiel der Bäuerin, die zur Markgräfin erhoben war. Man hatte bei ihr als Bäuerin den Eindruck einer bäuerlich aristokratischen Persönlichkeit, wie man sie sehr oft findet, während man in der Rolle der Markgräfin in der Szene, in der der Markgraf sich auf seine Hütte zurückgezogen hat, empfindet wie das Fremde des Milieus sie beunruhigt. Auch die Treppenszene war sehr gut. Am Schluß machte man vielleicht den Fehler, daß man den Ablauf der Szene etwas zu schnell spielte. Ich hätte es vorgezogen, wenn der Markgraf sie vielleicht einige Zeit mit dem Kinde beobachtet und erst zu ihr eilt, sobald er ihren Klageschrei hört, anstatt daß er nicht sehr überzeugend aus dem Schloß herausstürmt. Die Aufführung war wie gesagt sehr gut. Kleine Variationen wird man sich als produktiver Zuschauer immer vorbehalten und für die Regie hinzudichten.
Ich saß zufällig neben Adolf Arnhold mit seiner Schwester, die abends auf eine Hiddenseefeier gingen. Fräulein Jungmann habe ich angerufen, jedoch nicht angetroffen.
Seid herzlich gegrüßt von Haus zu Haus.
Dein Ivo

Griselda: Lustspiel in zwölf Szenen, Uraufführung 1909.
Die Dorsch: Käthe Dorsch (1890–1957). Schauspielerin.
Adolf Arnhold: Nicht ermittelt.

Ivo an Gerhart

28. Mai 1935

Lieber Palle!
Mitten in dem geschäftlichen Trubel brachte mir der Postbote Deinen freundschaftlichen Gruß mit dem *Meerwunder.* Du weißt, daß mir dieses Buch besonders am Herzen liegt und es will mir scheinen, als ob man mit den höheren Jahren sich immer mehr einer Welt zuneigt, die ihre eigenen Gesetze hat und einer freieren Phantasie entspricht.
Das Geschäft hat mir einen kleinen Opelwagen angeschafft und ich sehe mir die Welt einmal vom Steuerrad an und stelle fest, daß sie dem Lokomotivführer nicht unähnlich ist. Ich selber würde immer vorziehen zu wandern, um meinen Augen Gelegenheit zu geben, nicht nur immer auf die Straßen, rote und grüne Signale, weiß bearmte Schutzleute und vor mir fahrende Autos zu achten, abgesehen von den Benzindämpfen, die der Vordermann einem freundlichst zuführt.
Ich hoffe, daß wir uns bald wiedersehen können und grüße Euch herzlichst Ivo.

Meerwunder: *Das Meerwunder. Eine unwahrscheinliche Geschichte.* Erschienen 1934 bei S. Fischer.

Ivo an Gerhart

15. Oktober 1935

Lieber Palle!
Ich hörte gestern von Herrn Dr. Ziegenfuss, daß es Euch gut geht und Ihr in Schandau anregende Stunden verlebt habt.
Ich kann Dir aus Hamburg berichten, daß hier eine ausgezeichnete Aufführung der *Winterballade* im Thalia Theater zu sehen ist. Es tut gut, wenn man sich in dem politischen Trubel wieder auf die menschlichen Dinge und die Kunst besinnt. Ich hatte den Eindruck, daß die Aufführung eine starke Resonanz im Publikum hinterließ, und da man heute das Nordische in den Vordergrund stellt, so ist zu bemerken, daß dieses Werk diesen Anforderungen voll entspricht, wenn es auch nicht überall erkannt wird.

Ich war zwölf Tage am Rhein, an der Mosel und in der Eifel. Yvette und ich sind mit dem Rucksack gereist, wir haben uns Trier angesehen und man wird nicht leugnen, daß auch die Römer zu ihrer Zeit eine große Kultur mit sich führten, als sie in die germanischen Länder vorstießen. Ich habe den Platz Manderscheid in der Eifel für mich entdeckt, schöne Wälder, ein tiefes Tal, durch das die Lieser fließt, die später in die Mosel mündet, romantische Burgen auf Lavafelsen, schöne Spaziergänge, ein ausgezeichnetes, billiges Hotel bei Herrn Zenz, vorzüglicher Mosel- und Ahrwein. Ich habe viel gearbeitet und bin dabei, einige Bilder zu malen, die die Eindrücke dieser Reise zum Ausgangspunkt haben.
Ich plane, mit Yvette und Harre zum *Hamlet* zu kommen. Schreib mir bitte, wo Ihr bei der Erstaufführung sein werdet.
Inzwischen haben wir gestern Harre's 21. Geburtstag gefeiert. Er gehört nun auch zu den Erwachsenen und ich bin gespannt, wie er sich das Leben aufbauen wird. Ich weiß, daß er bewußter und wirtschaftlicher denkt als wir früher, die wir ausgesprochen als Idealisten gefühlt haben und noch fühlen.
Herzlichst von Haus zu Haus
Dein Ivo

Dr. Ziegenfuss: Werner Ziegenfuß (1904–1975). Literatursoziologe. Mehrere Veröffentlichungen über Gerhart Hauptmann seit 1932. Autor von *Gerhart Hauptmann. Dichtung und Gesellschaftsidee der bürgerlichen Humanität*, erschienen 1948 bei de Gruyter, Berlin.

Winterballade: Tragödie von Gerhart Hauptmann nach Selma Lagerlöf, Uraufführung am 17. Oktober 1917.

Hamlet: Das Drama *Hamlet in Wittenberge* wurde am 19. November 1935 gleichzeitig am Alten Theater Leipzig, am Stadttheater Altona und am Deutschen Nationaltheater in Osnabrück uraufgeführt.

Ivo an Gerhart

14. November 1935

Lieber Palle!
Den *Hamlet* habe ich gelesen und freue mich auf die Aufführung. Warum soll man sich nicht mit rein geistigen Gestalten abgeben, da an den anderen lebendigen manchmal so wenig daran ist. Ich hatte

eigentlich vor nach Leipzig zu kommen, höre jedoch, daß Ihr am 21. hier sein werdet, so daß wir gemeinsam der Aufführung in Altona beiwohnen können. Deines Geburtstages gedenke ich herzlich, es ist notwendig, daß die geistigen Zentren dem Volke erhalten bleiben, damit sie die Fülle ihrer Erfahrungen und Erkenntnisse in einem langen Leben reich gestalten können.
Der *Hamlet* ist schön durch die Farbigkeit und Vielseitigkeit der Gestalten, der Situationen und die Noblesse des jungen Hamlet. Der Reichtum der Erfindung wird diesen Hamlet dem älteren Hamlet sehr nahe bringen, wie ja wahrscheinlich alle hochgeartete Geistigkeit verwandt ist.
Ich grüße Dich herzlichst Ivo.

Danke Bocci herzlich für Brief und Karte.

Bocci: Margarete Hauptmann.

Ivo an Gerhart

27. November 1935

Lieber Palle!
Ich bekomme soeben einen Eilbrief von Hans Leip, einem jungen Schriftsteller in Hamburg, der bei der *Hamlet* Aufführung anwesend war und Dir seine herzliche Verehrung ausdrückt. Nun kommt der geschäftliche Teil:
Er bittet mich, Dich zu bitten, für „einen Hamburger Seefahrts-Almanach einen so heiß ersehnten Beitrag Ihres so sehr verehrten Herrn Papa's" vermitteln zu wollen. Er bittet aus dem „wundervollen derzeit unveröffentlichten (in Buchform) Vorwort zur *Insel der Großen Mutter* etwa hundert Zeilen nachzudrucken oder aber zwei bis drei der bislang nicht veröffentlichten Meeresgedichte für diesen Almanach zu erhalten. Er schreibt weiter „indem ich Sie bitte, das mögliche Honorar von RM 150,– in seiner für diese Sache gräßlichen Geringfügigkeit (so weiß der Himmel: nicht) nicht als Kränkung annehmen zu wollen – möchten Sie es doch mit seinem von Herzen verehrenden Gruß Ihrem lieben Vater schonend zuflüstern."

Ich wäre Dir nun dankbar, wenn Du mir diesbezügliche umgehende Antwort würdest zukommen lassen können.
In Erinnerung der angeregten, wenn auch kurzen Stunden in Hamburg.
Herzlichst Dein Ivo.

Hans Leip: 1893–1983. Maler, Dichter, Schriftsteller norddeutscher Thematik. Leip war der Dichter des Textes zu dem Lied *Lilli Marleen*.

Ivo an Gerhart

6. Dezember 1935

Lieber Palle!
Bestätige dankend den Empfang Deines Schreibens vom vierten des Monats. Die Angelegenheit ist mit Herrn Leip geordnet. Er hat nur die Absicht, ca. 100 Zeilen zum Abdruck zu bringen, so daß die Genehmigung des S. Fischer Verlages nicht notwendig sein wird.
Ich war vorgestern in Berlin und habe eine ausgezeichnete Aufführung von den *Jungfern vom Bischofsberg* gesehen. Das Theater war sehr gut besucht und die Stimmung eine ausgezeichnete.
Herzlichst von Haus zu Haus
Dein Ivo

Jungfern vom Bischofsberg: Lustspiel in fünf Akten. Uraufführung 7. Februar 1907, Lessingtheater Berlin.

Ivo an Gerhart

18. Dezember 1935

Lieber Palle!
Herzliche Wünsche für Weihnachten und das neue Jahr. Diesmal bin ich hier leider nicht abkömmlich und so muß ich mit der Erinnerung an das vorjährige Weihnachts- und Silvesterfest bei Euch vorliebnehmen. Vielleicht läßt sich dieses (nächstes) Jahr eine Begegnung und ein Besuch im Süden einrichten.

Ich werde die Zeit hier benutzen, um mich mit meinen Leinwänden zu beschäftigen. Vielleicht schreibst Du mir eine Zeile, ob die beiden Bilder, die Du Dir ausgesucht hattest, in Agnetendorf angekommen sind.
Herzlichst von Haus zu Haus
Dein Ivo.

1936

Gerhart an Ivo

Hotel Adlon,
Berlin W. Unter d. Linden 1
Am Pariser Platz
[2.6.1936]

Das Gespräch, lieber Ivo, das wir in E. a. d. Zimmer geführt haben, bitte ich Dich zu behandeln, als ob es niemals stattgefunden hätte. – Dagegen steht Dir die Stradivarius-Geige jederzeit, gegen Erlegung einer Summe von 200 000 RMK, (natürlich noch lieber 250 000 RMK) jederzeit zur Verfügung. Bleibt gesund, seid gegrüßt
Palle

in E. a. d. Zimmer: Sachverhalt nicht ermittelt. Möglicherweise bedeutet die Abkürzung: „in Eilsen auf dem [oder Deinem] Zimmer".
die Stradivarius-Geige: Gerhart hatte Margarete Marschalk 1899 eine Stradivari-Geige geschenkt. Vermutlich bezieht sich die Briefstelle auf einen Streit zwischen Vater und Sohn um finanzielle Angelegenheiten.
jederzeit: Doppelung im Original.

Ivo an Gerhart

16. Juni 1936

Lieber Palle!
Der *Wirbel der Berufung* hat mich begeistert. Du hattest nicht unrecht, daß man das Buch zu Ende liest, sobald man es angefangen hat. Die verschiedensten Betrachtungen über ein Drama von der Entstehung bis zur Aufführung mit Schauspielern, Autoren sind auf das glücklichste nebeneinander gestellt. Es kommt mir vor wie eine Fuge, die das Thema in verschiedenen Variationen nebeneinander hergehen und sich vereinen läßt. Die literaturhistorischen Betrachtungen des *Hamlet* vom Standpunkt eines Dichters, vom Standpunkt eines Wissenschaftlers, sind bei der lyrischen Zartheit des Ganzen ein starker Gegenpol. Das Verflechten des jungen Dichters mit dem *Hamlet*, den er aufzu-

führen hat und wiederum das Aufgehen des *Hamlet* in Shakespeare, bringt die lebendige Unsterblichkeit der wahren Kunst zum Bewußtsein. Die Widerstände im Leben selbst, die Schwäche der physischen Natur, die Belastungen durch die ins Phantastische gesteigerten Ereignisse um ihn herum, steigern die Person des schwachen Künstlers ins Heroische, nicht zu vergessen, der völlig körperliche Zusammenbruch kurz vor dem irdischen Erfolg. Die Landschaft, in der sich das ganze abspielt, ist mir bekannt und die Zurückgezogenheit des Städtchens sowie des Hofes, der darin residiert sowie die Jahreszahl 1886, über die fünfzig Jahre Sturm und Erschütterungen aller Art hinweg gebraust sind, geben dem Ganzen die Stellung eines ewig leuchtenden Sternes, der sich über die Jahrhunderte erhält und der noch leuchtet, wenn er bereits hunderte von Jahren nicht mehr besteht.
Ich verzage nicht, es stärkt und befestigt mich, wenn diese zarten und starken und unsterblichen Dinge immer wieder entstehen und wenn ich weiß, daß sie in einer menschlichen Region geboren werden, die, wie die Eiswolken, weit über die Erde schweben.
Ich schließe meinen Brief für heute und grüße Dich
Dein Ivo

Der Wirbel der Berufung: *Im Wirbel der Berufung. Roman.* Erschienen 1936 bei S. Fischer.

Ivo an Gerhart

17. November 1936

Lieber Palle!
Ich habe mich gefreut, an Deinem Geburtstag wenigstens vorübergehend Deine Stimme zu hören und Dir meine guten Wünsche zu sagen, obwohl das Telefon bald versagte und wir das Gespräch abbrechen mußten, da angeblich eine Störung in der Leitung Breslau/Hermsdorf vorlag.
Wie ich Dir sagte, habe ich letzten Donnerstag die Aufführung von *Schluck und Jau* in der Berliner Volksbühne miterlebt. Das Publikum war angeregt und begeistert, zum Teil wurde der Applaus während der Szene gespendet. Die Aufführung selbst war ausgezeichnet, zumal

George einen Jau spielte, der die Bedeutung dieser Figur für alle Zeiten festlegt.

Ich glaube, daß die gute Kunst sich von der Nicht-Kunst dadurch unterscheidet, daß sie immer lebendig sein wird und daß sie immer wieder Zeiten finden wird, in denen man glaubt, daß das Werk soeben entstanden sein müsse, nachdem ein Künstler Jahrzehnte vorher Figuren und Situationen erfand, die einzig und allein dem umfassenden Wissen und Fühlen des Künstlers über Menschen und Dinge zuzuschreiben sind. Es kam dies bei der Aufführung klar zu Tage und es wird späteren Generationen immer wieder klar zu Tage treten.

Wie ich Dir schon sagte, verbrachte ich den Sonnabend-Mittag mit Benvenuto, der mir dieses und jenes erzählte. Ich trank bei seiner Familie mit Frau und nettem Sohn den Tee, wurde auf die Bahn gebracht und landete wieder in Hamburg.

Professor Klimsch, den ich in der Akademie sah und sprach, sagte mir, daß Du ihm soeben geschrieben hättest. Mich hat es sehr interessiert, eine Übersicht über das bildhauerische Schaffen Deutschlands in den letzten hundert Jahren zu sehen und ich habe den Eindruck gewonnen, als ob Rauch, Schadow und Schlüter stärker sind als die lebendige Generation.

Für Weihnachten werde ich mich freuen, Euch zu sehen. Solltet Ihr früher nach Berlin kommen, so sendet ein Zeichen, damit ich Euch dort treffen kann.

Herzlichst von Haus zu Haus

Ivo.

Schluck und Jau: Komödie. Uraufführung 3. Februar 1900, Deutsches Theater Berlin.

George: Heinrich George (1893–1946). Schauspieler. George verkörperte zahlreiche Rollen aus Hauptmanns Dramen. 1932 spielte George bei einer Festaufführung in Stettin zum 70. Geburtstag Gerhart Hauptmanns den *Florian Geyer*. 1946 starb George als vom NKWD Inhaftierter in Sachsenhausen. George und Hauptmann waren gut befreundet.

mit Benvenuto: Benvenuto Hauptmann lebte zu dieser Zeit mit seiner dritten Ehefrau Annalise und seinem Sohn Arne in Berlin.

Professor Klimsch: Fritz Klimsch (1870–1960). Bildhauer. Mitglied der Berliner Freien Secession. Professor an den Vereinigten Staatsschulen für freie und angewandte Kunst in Berlin-Charlottenburg. 1921 Besuch bei Gerhart Hauptmann in Agnetendorf.

Rauch: Christian Daniel Rauch (1777–1857). Bildhauer. Wichtigster Vertreter des Klassizismus in Deutschland. Seit 1819 Professur an der Berliner Akademie.

Schadow: Johann Gottfried Schadow (1764–1850). Bildhauer, Grafiker, Zeichner. Vertreter des Klassizismus. Seit 1815 Direktor der Berliner Akademie.

Schlüter: Andreas Schlüter (um 1659/1664–1714). Bildhauer und Architekt des Hochbarock.

Ivo an Gerhart

[17.12.1936]

Lieber Palle!

Die herzlichsten Grüße zu Weihnachten und alles Gute für das neue Jahr von uns zu Euch.

Leider wird es mit der Reise nach Agnetendorf dieses Mal zu Weihnachten nichts werden, da Harre seinen Urlaub erst Neujahr bekommt. Er hat sich beim Militär ganz gut eingelebt, nachdem die erste Zeit durch eine Grippe, die er hatte, für ihn nicht besonders erfreulich war. Er steht ganz in der Nähe von uns und wird ab Januar voraussichtlich Gelegenheit haben, den Sonntag regelmäßig bei uns zu verbringen. Er ist aufgefordert worden, einen Vortrag über seinen Großvater zu halten und hat sich von uns allerlei Bücher zu diesem Zweck zusenden lassen. Ich bin Mitglied vom Rotary-Club geworden, dem Fritz Brehmer in Hamburg präsidiert, und habe gestern meine Antrittsrede über die Arbeit der Künstler gehalten. Es waren ca. hundert einflußreiche Leute anwesend und ich hatte den Eindruck, daß meine Ausführungen Interesse gefunden hatten.

Ich habe zuerst die Entstehung eines Bildes erörtert, habe mich dann über den Maler selbst geäußert, habe das Publikum in seiner Beziehung zu Bildern geschildert und habe dann einige Maler in ihrem Leben charakterisiert durch kleine Erlebnisse, die ich zum Teile hatte oder mir durch Bücher und Erzählungen bekannt geworden sind ...ich habe z. B. berichtet, daß Courbet in einem Kornfeld stand und das Meer malte, oder darüber, daß Degas auf einer Auktion war, bei der ein Bild von ihm für eine Million Franken verkauft wurde und er selbst unbekannt war. Caspar David Friedrich wurde von einem Franzosen besucht, der schildert, daß der Maler einen Malerkittel angehabt hätte,

aber er müsse annehmen, daß seine wirtschaftliche Lage so schlecht war, daß er darunter nackt war. Und anderes mehr...
Nochmals alles Gute
Dein Ivo.

Fritz Brehmer: 1873–1952. Fregattenkapitän, Generalkonsul, Schriftsteller. 1936 Vorsitzender des Rotary Clubs in Hamburg.

Courbet: Gustave Courbet (1819–1877). Französischer Maler des Realismus.

Degas: Edgar Degas (1834–1917). Maler, Zeichner, Bildhauer. Er wird häufig dem Impressionismus zugeordnet, seine Malweise hebt sich jedoch durch die Exaktheit der Linienführung und die Klarheit des Bildaufbaus von der der Impressionisten ab. Er orientierte sich an den Techniken von Ingres und den Florentiner Zeichnern des 15. und 16. Jahrhunderts.

Caspar David Friedrich: 1774–1840. Bekanntester Maler der deutschen Romantik. Lehrte seit 1824 an der Dresdener Akademie. Seine eindrucksvollen Landschaftsdarstellungen entstanden vor allem im Riesengebirge, an der Ostseeküste und auf Rügen.

1937

Ivo an Gerhart

12. Juni 1937

Lieber Palle!
Ich las von Gerhart-Hauptmann-Ehrungen an den Berliner Theatern zu Deinem 75. Geburtstag.
Es freut mich, daß man Gelegenheit nehmen wird, einen Teil Deines Werkes auf den Theatern lebendig zu machen und es ist gut, daß man sich einer menschlichen deutschen Stimme erinnert, die immer, auch über die deutschen Grenzen mit Verehrung gehört worden ist.
Eine Zeit, die das Organisatorische, das Disziplinierte geneigt ist in den Vordergrund zu stellen, tut gut daran, sich des Menschen zu erinnern, wenn sie nicht Gefahr laufen will, das wirkliche Leben zu ersticken.
Die physische Kraft ist eine schöne Sache, aber wir werden uns nicht bereit erklären, die geistige Kraft ihr unterzuordnen, da wir wissen, daß es der Geist ist, der sich aller Kräfte bemächtigen kann.
Es wird eine sehr große Familie sein, mit allen möglichen Gegensätzlichkeiten, die sich auf den Bühnen zeigen wird, aber alle werden geheiligt sein durch einen Geist, der sie in Liebe empfängt.
Herzlichst Dein Ivo.

Ivo an Gerhart

8. September 1937

Lieber Palle!
Es freut mich zu hören, daß Ihr am 15. dieses Monats schon in Stresa am Lago Maggiore, und zwar über Venedig, eingetroffen sein werdet. Die Sonne, ein großer ruhiger See und schöne bewaldete Berge werden der Erholung nützlich sein.
Meine Versuche, Euch dort zu treffen, werden daran scheitern, daß ich die nötigen Lire für eine solche Reise nicht rechtzeitig werde beschaffen können. Sollte es mir durch irgendeinen glücklichen Zufall trotzdem gelingen, so wäre ich für Eure Adresse in Stresa dankbar.

Ich war mit Dir in sehr jungen Jahren in Pallanza. Wir haben damals zusammen mit Otto M. die Isola Bella, Isola Madre besucht, paradiesische Inseln, die mit Dir wiederzusehen, mir sehr am Herzen läge.
Mein Aquarellkasten begleitet mich und was Du im Notizbuch unverbindlich notierst, sind bei mir die Aufzeichnungen über die schöne untadelige schweigsame Natur, die sich nur denen äußert, die ihr nahe stehen und die hinwegsieht über das unzulängliche Menschengewirr, das sich in ihr tummelt.
Auf bald Dein Ivo

Ich war mit Dir...: Ivo bezieht sich auf die Reise in die Schweiz, die Gerhart 1900 mit ihm und dem jungen Otto Mueller unternahm.

Ivo an Gerhart

30. Dezember 1937

Lieber Palle!
Die tausend Seiten *Abenteuer meiner Jugend* habe ich im Fluge gelesen. Der Reichtum der Ereignisse, Begegnungen, Erlebnisse etc. mit einem Wort, das Schicksal des Knaben, Jünglings, jungen Mannes, der zur gleichen Zeit mein Vorleben darstellt, ist bei aller Bescheidenheit so ungeheuer, daß die großartige Schilderung dieses Lebens unvergeßlich bleibt. Es ist erstaunlich, man verschafft sich über dieses und jenes Kenntnisse, während man von dem Leben seiner eigenen Familie nur das Geringste weiß. Umso überraschender wirkt es, wenn man plötzlich ganz unerwartet und nachträglich über Dinge erfährt, die einem normalerweise im ewigen Dunkel verborgen geblieben wären.
Ich grüße Dich und Grete herzlich und wünsche für das neue Jahr alles Gute!
Dein Ivo

N.B. Ein Geschäftsfreund, Herr Elwert, schickt einen Artikel aus dem *Svenska Dagbladet*, den er übersetzt hat, mit der Bitte, ihn Dir als Ausdruck seiner Verehrung zu übermitteln.

Abenteuer meiner Jugend: Autobiografie, erschienen 1937 bei S. Fischer.

1938

Ivo an Gerhart

26. Januar 1938

Lieber Palle!
Dank für Deine freundlichen und anerkennenden Zeilen, die mich immer freuen und mir wohl tun werden.
Ich nehme an, daß das *Abenteuer* sich besonders viele Freunde erwerben wird, da es über das Persönliche hinaus ein tröstliches Buch ist und Versagen und Bestehen, Schwäche und Kraft in heiterer, überlegener Lebensbejahung schildert, die aus den tiefsten menschlichen Schwierigkeiten hinaufführt zu den höchsten menschlichen Möglichkeiten.
Otto erzählte mir von dem Brief von Lord Glamis, der Dir weitergeschickt wurde. Ich bin sicher, er wird einer von den unendlich vielen Menschen sein, die Du zum Freunde hast.
Was die Entlüftung in Rapallo anbelangt, so würde mir eine solche sehr nützlich sein, abgesehen von dem Zusammensein mit Euch. Ich würde den nordischen, grauen, feuchten Nebeln, unter denen die nordischen Rassen groß geworden sind, gern einmal entfliehen, um mich von einer warmen, heiteren und zuverlässigen Sonne bescheinen zu lassen.
Herzlichst von Haus zu Haus
Dein Ivo.

N.B. Ich schicke Dir in der Anlage einen Ausschnitt aus dem *Temps* vom 18. Januar des Jahres über das *Abenteuer*, der Dich interessieren wird.

das Abenteuer: *Abenteuer meiner Jugend.*
Otto: Otto Blumenfeld.
Lord Glamis: Patrick Bowes-Lyon, 15. Earl von Strathmore und Kinghorne (1884–1949). Onkel der heutigen britischen Königin Elizabeth II.

Ivo an Gerhart

21. Mai 1938

Lieber Palle!

Wenn die Zeilen auch rein wirtschaftlich waren, die aus Bad Eilsen kamen und Cocktails betrafen, die unser Freund und Lord getrunken hat, so möchte ich nicht verfehlen, den Eingang zu bestätigen und die Hoffnung auszusprechen, daß der geforderte Betrag inzwischen durch die Norddeutsche Kohlen- und Cokeswerke A.G. per Postanweisung eingegangen ist!

Die 24 Stunden in Eilsen, die wir am vergangenen Sonnabend und Sonntag mit dem wirklich ausgezeichneten Lord Glamis verbracht haben, sind mir in allerbester Erinnerung und ich hoffe, daß auch Du einen Eindruck hast von einem wirklichen Aristokraten der vornehmsten Klasse.

Unsere Rückfahrt wurde kompliziert durch eine Panne, die Ebbas Wagen hatte. Ich wurde als Vorspann benutzt. Es mußten Reparaturen durchgeführt werden und ich mußte halbwegs nach Hannover den Inhalt beider Wagen befördern, ohne daß sich mein braver „Super-6" irgendwie beschwert hat!

Falls Du in Hannover den Park in Herrenhausen nicht kennen solltest, so empfiehlt es sich diese sehr schöne Anlage zu besichtigen. Ein sehr vornehmes, nicht sehr großes Schloß – ein Park mit reichen Blumenornamenten versehen, unterbrochen von flachen Teichen, die mit Springbrunnen besetzt sind, – große Buchenhecken, die das Ganze in verschieden große Räume und Korridore einteilen.

Die Reise nach Hamburg ging durch einen Heuschreckenschwarm afrikanischen Ausmaßes, sodaß die Scheiben undurchsichtig wurden durch Tiere, die durch die Geschwindigkeit des Wagens zerschlagen wurden.

Eine Weinprobe unter der ältesten Hamburger Kirche mit dem Lord, der auf Frieden und Freundschaft trank, beendete diesmal unser Zusammensein.

Grüß die guten Hofmanns, Schelli und Frau, wenn Du sie sehen solltest!

Herzlichst Dein Ivo

Grüße Bocci und danke ihr für den Zeitungsausschnitt

Ebba: Ebba Blumenfeld, Frau von Otto Blumenfelds Bruder Ernst. Ihr gemeinsamer Sohn Erik war mit Ivo befreundet und gab nach dessen Tod seine *Bilder und Erinnerungen* heraus.
„*Super-6*“: Opel Super 6, gebaut 1937–1938.
Hofmanns: Ludwig und Elli von Hofmann.
Schelli: Arnulf Schelcher.

Gerhart an Ivo

Agnetendorf 1. Juni 1938

Lieber Ivo!
Dein Brief über meinen neuen Roman traf soeben ein. Er verschönt mir einen schönen Sommermorgen, den ich im Garten zubringe. Er ist mir eine doppelte Freude, in Bezug auf mich und auf Dich. Er zeigt mir, daß Du ihm mit einem vollen, reichen, künstlerischen Gefühl begegnest und also dem Adel unserer Gilde zuzuzählen bist. Die innere Musik Deines Wesens hat also Gottseidank unter Deinem praktischen Beruf nicht gelitten. Er zeigt mir ferner die meiner kleinen Schöpfung innewohnende Kraft, so auszustrahlen, wie ich es erhoffte.
In dieser Beziehung ist Dein Brief einem anderen verwandt, den ich von Otto Gebühr erhielt. Was kann man anderes wollen und wünschen, als andere im Guten zu stärken und sich von ihnen stärken zu lassen?
Deine Bilder hängen in Bocchis Zimmer, und ich gehe oft, nur um sie zu sehen, hinein.
[Briefschluss fehlt]

meinen neuen Roman: Es könnte sich um das Werk *Sonnen* handeln, das im März 1938 abgeschlossen wurde.
Otto Gebühr: 1877–1954. Schauspieler. Nachbar Hauptmanns auf Hiddensee.
Bocchi: Margarete Hauptmann.

Gerhart an Ivo

Hotel Bellevue Dresden
d. 2. Juni 1938

Mein lieber Ivo,
hab Dank für Deine Zeilen! Deine Freundlichkeit mit Lord Glamis

verdient allerhöchstes Lob und ebensolchen Dank. Hier war allerlei Ernstes und daraus entstehendes Gutes. Es hielt mich (uns) in dem lieben Dresden fest. Morgen oder übermorgen hoffentlich Einzug in den Wiesenstein.
Auf Wiedersehen.
Palle

Gerhart an Ivo

Wiesenstein
Agnetendorf i. R. 15.7.38.

Lieber Ivo!
Dank für den Glamis-Brief. Der Mann ist ganz Gold. Bei seinem Stand eine Art Weltwunder in dieser Beziehung. Eine Frage: Hat Dich Herr von Mutius schon besucht? Nimm ihn so gut auf als nur möglich. Sein Wohlwollen für Dich hat er, wie er mir schreibt, durchaus tatkräftig bewiesen. Sei gegrüßt und grüße Deine geliebte Erica. Auch Margarete und ich huldigen ihr oft im Geist.
Dein Palle

Herr von Mutius: Erhard von Mutius (1881–1970). Offizier und Industrieller. Vgl. Peter Sprengel: Zeuge schauerlicher Tragik. Erhard von Mutius im Briefwechsel mit Gerhart Hauptmann 1933–1944. In: Carl-und-Gerhart-Hauptmann-Jahrbuch, Jg. 2 (2007), S. 7–54.

Ivo an Gerhart

18. Juli 1938

Lieber Palle!
Dank für Dein Schreiben, in dem Du mir den Empfang des Briefes von Lord Glamis mitteilst. Ich pflichte Deiner Ansicht über diesen Mann voll und ganz bei.
Herr v. Mutius hat mich bisher nicht besucht. Selbstverständlich werde ich ihn besonders freundlich aufnehmen und ich werde mich immer freuen, ihm behilflich sein zu können. Was sein Wohlwollen mir gegenüber anbelangt, so glaube ich nicht, daß er sehr viel für mich tun

kann. Ich habe den Eindruck, als ob die Entwicklung – was meine geschäftliche Tätigkeit betrifft – mir augenblicklich keine besonderen Aussichten bietet, woran Herr v. Mutius voraussichtlich auch nichts ändern wird.
Erica ist auf sechs Tage nach Dänemark zu Sonja Nørre, der Tochter von Ebba gefahren, um den ersten Geburtstag von deren Tochter Birgid zu feiern und um auf den Wiesen des Schlosses Löwenborg etwas herumzugaloppieren. Sie wird sich über Euer freundliches Gedenken freuen.
Dein Ivo

Sonja Nørre: Geboren 1913, gestorben Ende der 1990er-Jahre. Nichte von Otto Blumenfeld.

Gerhart an Ivo

Kloster a/Hiddensee
25.8.38

Lieber Ivo!
Mein Eindruck ist, daß ich mich um Deines Entschlusses willen nicht beunruhigen brauche. Was mein Bildnis, von Dir zu malen, anbetrifft, so stehe ich jederzeit mit besonderem Vergnügen zur Verfügung. Überhaupt würde ich mich freuen, Dir wieder einmal eine Zeit lang nahe zu sein. Wie lange wir noch hier bleiben ist ungewiß. Vielleicht würden Deine Entschlüsse die unseren in dieser und anderer Beziehung beeinflussen. Also schreib. Grüße die liebe Erica und Harre und nimm selbst unsere treuen Grüße.
Palle

Gerhart an Ivo

Agnetendorf im Riesengebirge
25. Oktober 1938.

Lieber Ivo,
Dein Brief trifft uns soeben in Agnetendorf. Der vergangene Sommer,

dem ich schöne Momente nicht absprechen will, war doch im Ganzen steril. In Hiddensee empfingen wir Deinen ersten Brief mit den Nachrichten über Deine veränderte Lebensform – und der Ansage Deines Besuches. Wir waren aber bereits im Aufbruch. Die Insel konnte mich diesmal nicht halten, sie war zuletzt klimatisch allzu trübselig. Dann wurden wir hin und her geworfen. Umstellungen im Haus und Krisenhaftes anderer Art ließ eigentliches Behagen nicht aufkommen. So auch nicht sichere Pläne für Agnetendorf. Augenblicklich steht es so, daß ich am 30. bei der Buchwoche in Weimar bin und daß wir des gleichen Tages in den Schlafwagen für Rapallo steigen: Margarete, Annie, die Gott sei Dank wieder bei uns ist, und ich. Ich vertrage nun einmal die Eingeschlossenheit und Kälte des Agnetendorfer Winters nicht mehr. Und er hat bereits mit der üblichen naßkalten und trübseligen Dunkelheit eingesetzt. Ich danke Gott für die Berliner Erfolge: *Fuhrmann Henschel*, *Hamlet* und *College Crampton*, die mich noch einigermaßen flott erhalten. Der Segen des Jubiläumsjahres ist durch Steuerlasten illusorisch gemacht. Es handelt sich dabei um ca. 30.000 Mark, die ich bis 1. Juli aufzubringen habe, da heißt es lavieren. Wir schränken uns ein. Aber die Familienlasten sind auch groß. Und meine Arbeit, bei der ich als dem einzigen Lebenszweck gern ausharre, hat heut nicht mehr entfernt den alten Ertrag. Andererseits habe ich Werte: das schuldenfreie Agnetendorf, ein erheblicher Besitz in Kiesewald, das als Luftkurort mit jedem Jahr beliebter wird. Ich habe außerdem Hiddensee, das ich lieber heut als morgen verkaufen möchte. Biete es in Deinen Kreisen aus, wenn Du kannst; wenn auch nicht wie „Sauerbier“.
Der neue Fischer Verlag kriecht, wo der alte lebhaft vorwärts schritt. Dies gereicht mir durchaus nicht zum Vorteil, aber schweige darüber bitte. Du hast nun inzwischen einen Versuch mit der Malerei gemacht und wie es scheint eingesehen, daß man materiell damit nicht ernstlich weiter kommt.
Dein Plan mit Klöpfer ist meiner Meinung nach aussichtslos. Man braucht bei den heutigen Bühnen große Routiniers und hat sie an der Hand. Der ganze Betrieb würde Dir überhaupt nicht liegen. Inneneinrichtung für Schiffe ist ein ander Ding. Hier könnte Deine und Ericas Zusammenarbeit meiner Meinung nach zu Erfolgen gelangen. Benvenuto scheint nun auch ein Knopf aufgegangen zu sein. Er sucht notgedrungen und mit einigem Eifer Beziehungen zum Film und zum

Bankwesen. Es scheint, daß da einiges schwebt. Er hat seine Fähigkeiten bis jetzt in einer unverantwortlichen Weise brach liegenlassen.
So, lieber Ivo, ich kann nun nichts weiter tun, als Euch Gutes wünschen.
Dich und Erica wiederzusehen, und Euch bei uns zu haben, hätte uns eine langentbehrte Freude gebracht. Aber der Augenblick versagt sie uns. Hoffentlich hören wir bald ausgesprochen Gutes von Euch.
Palle

Deine veränderte Lebensform: nach der Umwandlung der Firma Bd. Blumenfeld in die Krupp Reederei und der Entfernung Otto Blumenfelds 1938 war Ivo Hauptmann starken Repressionen seitens der Firma ausgesetzt und musste unter Zwang kündigen. Er vermietete sein kleines Haus in Blankenese und zog in eine Mietwohnung, um aus den Mieteinnahmen ein Einkommen zu erzielen.

Annie: Annie Metzkow, geborene Pollack (1906–1992). 1938–1945 Sekretärin von Gerhart Hauptmann.

College Crampton: *Kollege Crampton. Komödie.* Uraufführung am 16. Januar 1892 im Deutschen Theater Berlin.

Dein Plan mit Klöpfer: Eugen Klöpfer (1886–1950). Schauspieler und Regisseur. 1942, zum 80. Geburtstag Gerhart Hauptmanns, inszenierte die Volksbühne in Berlin den *Florian Geyer* mit Eugen Klöpfer. Aufgrund seiner Arbeitslosigkeit fasste Ivo den Plan, Bühnenbildner zu werden, und wollte sich darüber mit Klöpfer beraten.

Ivo an Gerhart

[o. D., vermutlich 1938]

Lieber Palle!
Dank für Deinen Brief vom 25. Oktober: Es ist bestimmt das Richtige für Euch, möglichst bald in den Süden zu kommen.
Die Steuerlasten bei großen Einkommen sind so beträchtlich, daß man am besten tut, von jeder Einnahme die Hälfte als Steuer zu reservieren, denn damit muß man beinahe rechnen.
Wegen Hiddensee werde ich mich gerne bemühen, vielleicht kannst Du mir eine kurze Beschreibung oder Grundriß mit der Größe des Grundstückes zukommen lassen.
Ich will durchaus versuchen auch mit der Malerei weiter zu kommen, nur im Augenblick davon zu leben wäre noch nicht möglich. Der Plan

Klöpfer ist nicht aussichtslos, was andere auf diesem Gebiet können, traue ich mir bestimmt auch zu. Klöpfer hat mir übrigens für das nächste Jahr durchaus Hoffnungen gemacht und mir sehr positiv geschrieben. Ich werde auch dieses Ziel verfolgen. Inneneinrichtungen für Schiffe ist ein gutes Ding, wenn man die nötigen Aufträge erhält und das wollen wir abwarten, nachdem wir die ersten Entwürfe eingereicht haben.

Es ist sehr erfreulich zu hören, daß Benvenuto seine brachliegenden Fähigkeiten wirtschaftlich ausbauen will.

Was das Wiedersehen mit uns und Euch anbelangt, so sind die Aussichten gar nicht so schlecht, auch wir haben Lire zugewiesen bekommen. Vielleicht bist Du so freundlich und nennst mir eine gute und billige Pension in Rapallo, wo wir uns einige Zeit aufhalten können. Wenn meine wirtschaftliche Tätigkeit für den ersten April 40 festliegt, so werde ich mir einige ersparte Kröten zu einer Reise nach dem Süden leisten und Aquarelle malen.

Also auf ein frohes Wiedersehen in Rapallo.

Arbeiten und nicht verzweifeln.

Ivo

[Zusatz von Erica Hauptmann:]

Wir haben neulich die schwedische Filmschauspielerin Zarah Leander kennengelernt. Sehr sympathisch. Hoffentlich auf Wiedersehen in Italien – vorläufig ist ja alles noch sehr ungewiß.

Herzliche Grüße, Deine Erica.

Zarah Leander: 1907–1981, schwedische Schauspielerin, Sängerin. In den Jahren zwischen 1937 und 1942 wurde sie zu einem der populärsten Filmstars der Ufa.

1939

Ivo an Gerhart

16. April 1939

Lieber Palle,
es sind nun morgen wieder vier Wochen, seitdem wir uns in Rapallo zuletzt gesehen haben. Ich hörte von Bekannten, die im Parkhotel in Lugano wohnten, daß Ihr Lugano schon vor Ostern verlassen habt, weiß aber nicht wo Ihr seid, so daß ich nach Agnetendorf schreibe.
Die Tage in Rapallo mit Dir bedeuten mir, wie immer ein Zusammensein mit Dir, nicht nur Freude, sondern auch Stärkung im Lebenskampf, und Deine Begründung, daß wir als Gleichgesinnte und der Kunst Verschworene uns mehr hätten sehen müssen in unserem Leben, muß mich trotz meiner 53 Jahre mit Stolz erfüllen. Auch wenn wir getrennt schreiten, so gehen wir zusammen, das fühlst Du und das fühle ich und während Du die Erde erschüttert hast mit den menschlichen Schicksalen, die die Theater beben ließen, umgeben mich schweigsame Bilder, die noch unerkoren eines Tages zu reden beginnen werden.
Ich verzage nicht, wenn ich auch zugebe, daß mir das Leben oft wirr erscheint, und das eigene Schiff wie in einem Wirbelsturm manchmal Mühe hat, den Kurs einzuhalten.
Laß von Dir hören, wo Ihr seid. Es wäre zu überlegen, ob Du mich nicht gelegentlich zu einer Festspielaufführung zuziehen solltest, denn glaube mir, was die anderen können kann ich auch und da es verwandtes Blut ist, das Dir nahesteht, wer sollte daran zweifeln, daß ich Deinen Vorstellungen in derartiger Hinsicht in jeder Beziehung gerecht werde, wie schon geschehen.
Ich höre von Gert Richter, der die Dekorationen zum *Sommernachtstraum* in Heidelberg macht, daß Klein die Dekorationen für *Florian Geyer* übernommen hat. Ich werde kommen, um zu sehen.
Über die Aufführung des *Fuhrmann Henschel* hat R. Brehmer schon berichtet. Diese Verherrlichung der Treue wird in alle Ewigkeiten auf Menschen wirken, solange Treue noch Geltung hat. Diese Aufführung war in jeder Beziehung lobenswert. Am Mittwoch wird man

im Schauspielhaus die *Jungfern vom Bischofsberg* spielen. Ich werde berichten.
Herzlichst von Haus zu Haus
Dein Ivo.

Grüße Bocchi.

Die Tage in Rapallo: Gerhart Hauptmann hielt sich vom November 1938 bis März 1939 in Rapallo auf. Im März 1938 lud er Ivo ein, ihn dort zu besuchen.
Gert Richter: Gerd Richter (1903–1965). Bühnenbildner.
Klein: Nicht ermittelt.
R. Brehmer: Nicht ermittelt.

Ivo an Gerhart

23. April 1939

Lieber Palle,
ich hoffe immer wieder, daß Dich meine Briefe erreichen und wenn sie es tun, so schreib einmal darauf eine Antwort, damit man nicht spricht, ohne daß der andere zuhört.
Die *Jungfern vom Bischofsberg* haben sich in sehr reizender Form auf den Brettern des Hamburger Staatstheaters bewegt und Herr Grile, der den Herrn Oberlehrer Nest spielt, gehört für dies Spiel in das Hauptmann-Bayreuth, was es leider nicht gibt, so ausgezeichnet war er.
Ein liebliches Lustspiel mit den Sorgen und Tränen all dieser jungen Damen, dem schönen Haus, dem herbstlichen Weinberg und dem zarten Ausklang in der Mondscheinnacht. Ich habe mir wieder gesagt, daß diese Dinge alle Zeiten überdauern werden, weil es Menschen sind, die ihre Schicksale gegeneinander tragen, wirkliche Menschen gesehen und geformt von dem Übermenschen, der Du in diesem Falle bist. Ich gratuliere Dir zu dieser umfassenden Gestaltungskraft, und freue mich, Dir nachspüren zu können.
Von Oskar Hang, der Dich auf der Bank ansprach, und Dr. Kestner, der mich hier anrief, erfuhr ich Deinen Aufenthalt in Baden-Baden. Ich bin augenblicklich Handlungsreisender und mache den Leuten klar oder ich versuche sie davon zu überzeugen, bei mir oder der Firma, die

mich bezahlt, Kohlen zu kaufen, eine Tätigkeit, die an der Würde eines Menschen zehren könnte, wenn er nicht stark und stolz ist.
Ich würde mich freuen, wenn Du mir einmal einen Auftrag für eine Bühnendekoration übertragen würdest, es ist für Dich ein Leichtes und im übrigen kein Risiko, wie wäre es mit dem *Ulrich von Lichtenstein* in Wien, gleich hinge ich den ganzen Kohlenhandel an den Nagel.
Herzlich wie immer
Dein Ivo.

Herr Grile: Nicht ermittelt.
Oskar Hang: Nicht ermittelt.
Dr. Kestner: Wahrscheinlich Erhart Kästner (1904–1974). Schriftsteller und Bibliothekar; von 1936 bis Ende 1937 Sekretär und Archivar Gerhart Hauptmanns.
Ulrich von Lichtenstein in Wien: Am 11. November 1939 wurde Gerhart Hauptmanns Komödie *Ulrich von Lichtenstein* im Burgtheater in Wien uraufgeführt.

Gerhart an Ivo

Agnetendorf, 27. April 1939

Lieber Ivo!
Von meiner Korrespondenz scheinst Du Dir nicht den rechten Begriff zu machen. Sonst würdest Du Dich nicht so sehr wundern, wenn sich die Antwort von einem Brief bei mir manchmal etwas hinausschiebt. Um Dich nun nicht wieder in irrtümliche Auffassung von meiner Gleichgültigkeit geraten zu lassen und aus natürlichem Trieb antworte ich diesmal sofort.
Habe also zunächst Dank für Deinen Bericht über die Bischofsberger Jungfrauen. Ich freue mich unendlich über die schöne Wiederbelebung des mir so lieben Werkes. Intendant Wüstenhagen erwartet anschließend an Hamburg seine gesamte Deutschland-Renaissance. Möge der verdienstvolle Mann recht behalten. Du sprichst von einem Bayreuth für meine Dramen. Wenn ich noch fünf Jahre in der Welt aushalte, bahnt sich vielleicht in dieser Beziehung etwas an.
Schon Dein Wunsch nach einem Bayreuth für mich macht mir Freude. Um Deine Tätigkeit als Geschäftsreisender beneide ich Dich ganz

gewiß nicht. Es ist nicht schwer einzusehen, welche Überwindung sie Dich kosten muß.
Aber was tun?
Meinen eigenen Etat balanciere ich nur unter Schwierigkeiten. Trotzdem habe ich für unerwartete Glücksfälle immer noch dankbar zu sein. Neue Unterstützungen, die ich Dir anbieten könnte, sind ein Ding der Unmöglichkeit.
Was nun die Bühnenmalerei betrifft, so hätte ich es für richtig befunden, wenn Du das vergangene freie halbe Jahr zum praktischen Studium dieses Kunstzweiges genutzt hättest. Es verlangt eine große Routine, denn es hat sich, was Beleuchtung und dergleichen betrifft, sehr, sehr kompliziert. Mit malerischen Entwürfen allein ist es dabei durchaus nicht getan.
Das Gebiet weist heute eine Menge großer Praktiker, ja, Virtuosen auf. Fast jede Bühne verfügt über den ihren.
Es ist gar nicht auszudenken, daß eine Bühne darauf eingehen würde, wenn für das Dekorative ich Dich fordern würde.
Dagegen möchte ich Dir noch einmal sagen, daß ich Dich als Maler, so wie Du bist, hoch schätze und als Könner hohen Ranges und Meister betrachte.
Genug für heute. Sei mit der lieben Erica von Herzen von uns beiden gegrüßt[.]

Intendant Wüstenhagen: Karl Wüstenhagen (1893–1950). Schauspieler, Regisseur, 1932 bis 1945 Intendant des Deutschen Schauspielhauses in Hamburg.

Ivo an Gerhart

13. November 1939

Lieber Palle,
nachdem die heiter ernste *Tochter der Kathedrale* an mir in ihrem Glanz vorübergezogen ist, versinken wir wieder in dem Ernst des Krieges. Eine Aufführung der *Rose Bernd* im Altonaer Volkstheater bewies, daß es sich um ein klassisches Drama handelt, in dem die Gewalt der Verzweiflung eine Mutter zertrümmert. Ich schreibe an Deinem Ge-

burtstag, den ich schon in allen Spiegelungen der Zeitumstände mit Dir gefeiert habe. Diesmal hängen die dunklen Wolken des Krieges wieder über uns und wir sind jeden Augenblick gewärtig, daß sie Verderben auf die Menschheit herabschleudern. Deine umfassende Weisheit wird Dir schon vor diesen Unbilden die Ruhe schenken, mit der man diesem Gewitter begegnen muß. Wir schwanken auf der stürmischen Erde und suchen Halt.
Ich wünsche Dir Gesundheit, Klarheit des Geistes in alle Ewigkeit.
Von uns zu Euch, Dein Ivo.

Tochter der Kathedrale: Dramatische Dichtung, Uraufführung am 3. Oktober 1939 im Staatlichen Schauspielhaus Berlin.

Rose Bernd: Schauspiel, Uraufführung am 31. Oktober 1903 im Deutschen Theater Berlin.

1940

Ivo an Gerhart

Hamburg 19. August 1940

Lieber Palle,
ich will mich gern von den zwei Aquarellen, den Tempel von Segesta darstellend, trennen, wenn Dir die Blätter Freude machen! Ich schlage vor, daß ich sie hier in Passepartouts unter Glas und hellen Eichenrahmen bringen lasse – und ich würde den Rahmenmacher beauftragen, Dir das Paket per Nachnahme zu schicken. Ich nehme an, daß Du circa 15,– RM für je einen Rahmen mit dem Passepartout rechnen mußt.
Falls ich nichts Gegenteiliges von Dir höre, nehme ich an, daß Dir der Vorschlag recht ist, und werde das Nötige veranlassen.
Ich wäre Dir dankbar, wenn Du mir mitteilen würdest, unter welchen Bedingungen Du mir das eingezäunte Grundstück überlassen könntest. Ich würde dann versuchen, eine Unterkunft aus Holz mit einem Arbeitsraum bauen zu lassen, für den Fall, daß die Wirtschaft mich aus ihren Klauen läßt.
Die Tage in Hiddensee waren herrlich! Es hat mich gefreut, Dich und Bocchi wohlauf anzutreffen und ich wünsche Dir gute Arbeit für Deine Iphigenie!
Herzlichst von uns zu Euch!
Dein Ivo.

eingezäunte Grundstück: Gerhart Hauptmann hatte seinem Sohn ein Grundstück neben dem eigenen auf Hiddensee angeboten. Er zog sein Angebot kurz darauf mit der Begründung zurück, dass man wetterbedingt jährlich nur kurze Zeit auf der Insel verbringen könne.

Deine Iphigenie: *Iphigenie in Delphi*, Tragödie. Letzter Teil der *Atriden-Tetralogie*. Uraufführung 15. November 1941, Staatliches Schauspielhaus Berlin.

Gerhart an Ivo

Haus Seedorn
Kloster auf Hiddensee (Rügen)
Am 16. September 1940.

Lieber Ivo!
Deine sizilianischen Aquarelle sind eingetroffen. Ich hatte sie einige Tage in uneröffneter Kiste gelassen, weil ich sie gleich nach Agnetendorf befördern wollte. Mein Wunsch, sie zu sehen, war aber zu groß, und so hängen sie jetzt, Gott sei Dank, hier an der Wand.
Laß Dir sagen, daß sie mir eine große Freude sind. Auch Margarete, die den Ort gewählt hat, wo sie jetzt hängen, erlabt sich an dieser gesunden Kunst, die den herrlichen Objekten so wundervoll gerecht werden.
Wir bleiben noch einige Zeit hier, wohl kaum länger als eine Woche. Ich habe mein angefangenes Werk *Iphigenie auf Delphi* vollendet, und so hat mir das Inselchen wieder etwas geschenkt. Wir denken oft in Sorge Eurer wegen des Fliegeralarms.
Die Grundstücks-Frage angehend, habe ich in Deinem Interesse allerlei Bedenken gehabt. Die Zeit, die man hier zubringen kann, ist doch eben beschränkt.
Lebt wohl, Du und die liebe, herzlich verehrte Erica, und seid von uns beiden vielmals gegrüßt.
Dein Palle

Ivo an Gerhart

Rehagen 4 (Hamburg)
13. November 1940

Lieber Palle!
Zu Deinem Geburtstag wie immer unsere herzlichsten Wünsche! Dein Brief über meine sizilianischen Aquarelle und die Freude, die Du und Grete an den Blättern habt, sind für mich wertvollste Bestätigung einer herrlichen Kunst, der ich mein Leben gewidmet habe. Ich bin bisher mit Anerkennungen nicht überhäuft worden, aber die Freude an der Malerei erfüllt mein Herz und läßt mich eine Zeit überstehen, deren tödliche Pfeile täglich auf die Menschheit niedergehen.

Ich hoffe, daß Ihr durch die guten alten Berge behütet seid vor den Eindringlingen, die der Krieg in alle Richtungen sendet! Wir können uns nur noch auf uns selbst besinnen und dem Organisationsfanatismus eines Krieges unserer Tage zusehen, wie er mit riesigen Polypenarmen bisher Europa, bald die Erde überspannen wird!
Ich freue mich zu hören, daß Hiddensee Dir seinen Dank abgestattet hat, indem Du die *Iphigenie in Delphi* dort vollenden konntest!
Es geht uns Allen gut! Wir grüßen Dich und Bocchi herzlich!
Dein Ivo

Bocchi: Margarete Hauptmann.

Ivo an Gerhart

28. Dezember 1940

Lieber Palle!
Leider ist mir Euer Aufenthalt unbekannt und ich hörte von Kuni, daß Ihr in Berlin gewesen seid, wohin ich gern hätte zu Euch kommen können. Ich habe sehr oft darum gebeten, wenn nicht anders, so durch die Sekretärin, mir eine ganz kurze Mitteilung über einen Aufenthalt Eurerseits im weiteren Bereich Hamburgs zukommen zu lassen. Ich bedauere das Unterbleiben umso mehr, als es mir wirklich am Herzen liegt, Dich möglichst oft zu sehen.
Ich schicke also diesen Brief nach Agnetendorf und hoffe, daß er Dich irgendwie erreicht.
Ich halte eben ein kleines Buch von Eduard Plietzsch über Frans Hals in der Hand und entnehme demselben, daß es in Holland üblich war, daß Maler Berufe hatten, die ihnen neben der Malerei ihr Leben sicherten. Ich habe manchmal Bedenken gehabt, ob meine wirtschaftliche Tätigkeit meiner Malerei nicht Abbruch tun könnte, nun bin ich von neuem Mut erfüllt und freue mich der kommenden Meisterwerke! Frans Hals war 34 Jahre alt, als er seine Vorsteherinnen des Altmännerhauses malte, die Alles in den Schatten stellten, und zwar mit einem ungeheuren Abstand – was er bis dahin geschaffen hatte. Das Bild, welches ich genau in der Erinnerung habe, ist so eindrucksvoll und so zauberhaft in der Ausführung, daß es einen nie verläßt.

Meindert Hobbema war 40 Jahre lang städtischer Steuerbeamter, Jan van der Heydens schuf sich seinen Wohlstand durch Erfindungen für Straßenbeleuchtung und Feuerspritzen.
Jacob van Ruysdael, an den man sich erinnert in seinen schwermütigen und dramatischen Landschaften mit den reißenden Flüssen oder den unheimlichen Grabsteinen lebte in sorglosen Vermögensverhältnissen, war nebenbei Arzt und machte die Prüfung als Doktor der Medizin. Man hat es demnach überall mit klaren Geistern zu tun, die ihre Bilder erfanden aus einem zusätzlichen Lebensbedürfnis gegenüber anderen Menschen, die sich's mit dem Broterwerb genügen lassen.
Ich sende dir einige Namen, die ich in den Kundenlisten gefunden habe, und ich danke Dir, daß sie Dich zu dramatischen Erfindungen anregen könnten: Magerfleisch, Katzfuß, Raufeisen und Sauermilch.
Ich bin gerade dabei Balzac zu lesen und kann mich des Eindrucks nicht erwehren, daß die leidenschaftlichen Spannungen in seiner *menschlichen Komödie* heraufbeschworen werden, als ob sie sich heute abspielen könnten. Die Atmosphäre ähnelt umso mehr unserer Zeit, als sie die Menschen in einem politischen Umsturz schildert, der auch bei uns eingetreten ist.
Wenn ich der Figur Napoleons gedenke, so sind die Abwandlungen unserer Tage leicht in Vergleich zu ziehen.
Ich grüße Dich herzlich, wünsche Dir ein gutes neues Jahr und uns ein baldiges Wiedersehen!
Dein Ivo

Unsere Grüße und Wünsche an Bocchi

Kuni: Konrad Hauptmann.

Eduard Plietzsch: 1886–1961. Kunsthistoriker und Kunsthändler. Sein Schwerpunktthema war die holländische Malerei.

Meindert Hobbema: Getauft 1638, gestorben 1709. Städtischer Steuerbeamter, Weinkontrolleur der Stadt Amsterdam und Maler in der Spätzeit der holländischen Landschaftsmalerei.

Heydens: Jan van der Heyden (1637–1712). Bedeutender holländischer Architekturmaler. Bekannt für seine reizvollen Städteansichten.

Ruysdael: Jacob van Ruisdael (1628/29–1682). Arzt und holländischer Landschaftsmaler.

Balzac: Honoré de Balzac (1799–1850). Französischer Schriftsteller. Wichtiger Romancier des 19. Jahrhunderts, dessen Bedeutung hauptsächlich auf seinem Hauptwerk, dem Romanzyklus *La Comédie humaine* (dt.: *Die menschliche Komödie*), beruht.

1941

Gerhart an Ivo

Wiesenstein Agnetendorf i. R.
9. Januar 1941

Lieber Ivo,
wieder einmal bin ich, sozusagen wohlbehalten, aus dem Schlaf erwacht und habe mir den einen Deiner sizilianischen Tempel neben den Frühstückstisch auf einen Stuhl gebaut. Er schafft mir täglich, seit Monaten, die geliebte sikelisch-griechische Illusion. Insofern ist eine Verbindung da und in vielen anderen Beziehungen ebenfalls: dennoch bedaure ich, wie Du, daß wir so wenig aufeinander wirken können.
Väter glauben immer, daß sie besser wissen, was den Söhnen fehlt, als die Söhne selbst. In der Tat kenne ich Deine Wesenheit, weil Du meines Blutes bist, und ich Dein Vater bin, möglicherweise objektiver als Du. Ich hätte Dir, davon bin ich überzeugt, in vieler Beziehung einen ideellen Nutzen bringen können. Im Übrigen gehöre ich unentwegt zu denjenigen, die Deine Kunst und Dein Können hochschätzen. Dein letzter Brief beweist mir, daß Du übrigens unentwegt an Deinem Aufbau arbeitest. Das Problem des praktischen Berufes neben dem künstlerischen ist in der Tat öfter, als wir gemeinhin glauben, gut gelöst worden. Und ein alter Weinstock, ein uralter, bringt mitunter die edelsten Trauben. Von einem solchen Weinstock, den er mit eigenen Augen sah, schreibt mir der liebe und ausgezeichnete Freund Schelcher aus Frankreich. Oft geht mir durch den Sinn, Du solltest Dich auch mit Illustrationen beschäftigen. Das Prinzip der Nature morte oder des Stillebens allein genügt nicht. Franz Hals ist gut, aber Rembrandts Radierungen und Zeichnungen zeigen, den Maler ergänzend, einen universelleren Geist. Rubens hat jahrelang in Italien Bilder kopiert. Auch hinter ihm steht ein Geist: der Geist der Antike. Natürlich darf man seine Grenzen nicht zu weit stecken, aber man darf nicht aufhören, ihren Bereich zu vertiefen. Vielleicht vernachlässigst Du das Figürliche zu sehr, also den Menschen und seine Dramatik. Also vielleicht: Illustration.

Um nochmals auf den praktischen Beruf neben dem ideellen zu kommen: hätte ich nicht praktisch immer wieder mit dem Institut des Theaters zu tun, das mit meinen dramaturgischen Dichtungen unlöslich verbunden ist, würde ich unbedingt zu einem sonstigen praktischen Wirken gegriffen haben.
Wir sind tief verschneit, lieber Ivo, Margaretes Geburtstag haben wir ohne Gäste gefeiert. Ericas und Dein Gruß kam zu rechter Zeit auf den imaginären Geburtstagstisch.
Ich wirke täglich an meinem Gewebe weiter, was ja der Sinn eines Lebens ist, wie wir es auffassen.
Dein Palle

Rubens: Peter Paul Rubens (1577–1640). Bedeutender Maler des Hochbarock.

Ivo an Gerhart

16.1.1941

Lieber Palle!
Ich freue mich zu hören, daß ich mit Dir am Frühstückstisch saß, wenn es auch nur in Form eines kleinen in Sizilien entstandenen Ablegers war, den Du auf einen Stuhl neben Dir aufgebaut hattest. Der Tempel von Segesta ist dargestellt, der sich in die einsamen Höhen dieser einsamen Insel zurückgezogen und dort erhalten hat. Sich eine sikelisch-griechische Illusion zu verschaffen, ist in einer Zeit der kältesten Organisation, die die Menschen gegeneinander richten, um sich zu vernichten, schöner Traum, und wenn er Dir durch mein Aquarell suggeriert wird, für mich eine große Ehre!
Eine Verbindung zwischen uns ist da, wie Du schreibst, und ich fühle die Verbindung stärker, als daß sie durch allzu häufiges Zusammensein dokumentiert wird. Und wenn Du bedauerst, daß wir so wenig aufeinander haben wirken können, so bedauere ich das auch, bin mir jedoch darüber klar, daß Deine Wirkung auf mich immer von großer Bedeutung war. Unser Verhältnis als Sohn zum Vater ist das beste, das ich mir denken könnte. Freilich, ein großes Atelier in Deiner Nähe, in dem ich schaffen könnte, in das mir die Aufträge zuflögen, in dem Modelle aller Art mir zur Verfügung ständen, und ich ganz der Malerei

in vollen Zügen leben könnte, und Du mir regelmäßig Deine Besuche machtest, ein schöner Traum, der sich nicht hat realisieren lassen. Bedrängt von wirtschaftlichen Notwendigkeiten, habe ich einen großen Teil meines Lebens auf den reinen Broterwerb und ein einigermaßen standesgemäßes Leben verwenden müssen, nachdem mir durch die Inflation meine bescheidene wirtschaftliche Basis entzogen worden war. Das wäre vielleicht der Moment gewesen, in dem Du als großer Auftraggeber meinem Leben eine andere Wendung hättest geben können, indem ich an Deiner Seite und unter Deinem direkten Einfluß geschaffen hätte. Das hat nicht sollen sein und so ist mein heiteres Leben durchwirkt worden mit einem sehr dornigen Gestrüpp von dem ich mich bisher immer noch nicht ganz befreien konnte. Bestimmt bist Du mir gegenüber objektiver, als ich mir selber gegenüber bin, wenn ich mir auch darüber klar bin, daß jeder Einzelne den Anderen anders sieht und man selbst die Übersicht am leichtesten verlieren könnte, zumal wenn man in Not gerät und das Schiff sehr stark schaukelt.
Die Dinge, die Du mir über Malerei gesagt hast, waren immer richtig und gut, wenn sie auch dahin zielten, eine andere Persönlichkeit aus mir zu machen als ich sie nun einmal bin, außerdem hatten Anregungen in mir gewirkt, die für Dich als gereiften Mann nicht sosehr die Bedeutung hatten, die sie für mich als den Jüngeren haben mussten, obwohl sie alle wie auch die Deinen auf dem richtigen und wichtigen Wege lagen. Der ideelle Nutzen, den ich durch Dich habe, ist bedeutend. Ich glaube, daß meine Bescheidenheit zu groß war und mein Kampf zu ehrlich und meine Ziele zu weitgesteckt, als daß ich über den Wert meiner Arbeiten genügend Bescheid gewußt hätte.
Ich bin heute der Meinung, daß es in Deutschland nur sehr wenige Maler gibt, die sich mit mir messen könnten und ich weiß weiter, daß mein Weg auch in Zukunft sehr hart sein wird. Daß Du meine Kunst und mein Können hoch schätzt, stärkt mich in diesem Kampf, und wenn der gute alte und bescheidene Cézanne erklärte, daß letzten Grundes die Malerei nur für wenige ist und daß man dem Lob der Allgemeinheit mißtrauisch gegenüber stehen müsse, so hat er, der sein ganzes Leben gedacht und gemalt hat, bestimmt nicht Unrecht gehabt. Das Problem des praktischen Berufes neben dem künstlerischen ist heute Notwendigkeit, wenn man nicht anderweitig die nötigen Einnahmen hat, um wenigstens bei seiner Arbeit ungestört zu sein. Und

wenn mein Leben sich weiter abspielen sollte, wie ich es mir vorstelle und wünsche, so müßte ich mit 90 Jahren in meiner Kunst auf dem Höhepunkt meines Lebens stehen, wie es Frans Hals und Tizian erlebt haben.
Ich bin auch ein Freund des Weinstockes und freue mich, daß der gute Schelcher in Frankreich eine Begegnung mit einem dieser Würdenträger hatte.
Ich bin einverstanden, ich werde Dir bis zu Deinem nächsten Geburtstag ein Buch illustrieren, schicke mir das Buch, das Du illustriert haben willst und ich kann meine Abende gut dazu verwenden.
Das Prinzip der nature morte oder des Stillebens genügt nicht allein, wie Du schreibst, ich glaube, Du hast nicht recht, denn ich kenne Stilleben, die alle Herrlichkeiten, deren die Malerei fähig ist, in sich tragen, ich gebe aber zu, daß den Dramatiker hauptsächlich der Mensch als Erscheinung interessiert in der Beziehung zum Menschen und wer hätte dieses Thema universeller dargestellt als Rembrandt in seinen Zeichnungen? Sobald Du wieder nach Haarlem kommst, vergiß nicht im Altmännerhaus die Vorsteherinnen, von Frans Hals gemalt, anzusehen. Das Bild ist nicht nur gut, sondern es hält stand dem herrlichsten Rembrandt, wenn es ihn nicht an Haltung und Größe übertrifft! Der Geist der Antike, der hinter Rubens steht, ist ihm geblieben, nachdem er in Italien Bilder kopiert hat, wenn auch seine Antike überschäumt vor Sinneslust, Fleisch und Üppigkeit.
Du schreibst, daß man seine Grenzen nicht zu weit stecken dürfe, aber wo sind die Grenzen [?], und ihr[en] Bereich zu vertiefen, [das] bringen die Arbeit und das Leben mit sich. Ich bin später wieder zu dem Figürlichen gekommen und bin gerade dabei Akte zu malen, nachdem ich mich jahrelang mit der Landschaft auseinandergesetzt habe. Es gibt so viele Möglichkeiten in der Kunst und ich würde gerne tausend Jahre alt, um ihnen allmählich allen gerecht zu werden.
Du hast das große Glück, daß Deine Kunst Dich empor gehoben hat über die Menschen, Du hast das Glück, unabhängig Dein Leben leben zu können, weil Dich Dein Werk vor den kleinlichen Unbilden des täglichen Erwerbs schützt und ich bin mir klar, daß der Kampf, den auch Du gekämpft hast, bestimmt ein harter gewesen ist, wenn auch sehr häufig das Glück seine Sonne mit allen Strahlen auf Dich hat niederscheinen lassen, wie es nicht allen Menschen zukommt.

Mir ist der tiefverschneite Wiesenstein in Erinnerung, als wir mit Gongs den Wald tönen ließen und ein romantisches Silvester das alte Jahr beschloß.
Vielleicht gelingt es mir, mich auf einige Tage freizumachen und Euch zu besuchen, haltet mich auf dem Laufenden, falls ihr in Agnetendorf noch etwas bleibt.
Ich freue mich, daß Du an Deinem Gewebe weiter wirkst! Auch ich werde das meine tun und den mir aufgetragenen Teppich weiter weben, um alle Herrlichkeiten und Sorgen meines Lebens weiterzubringen.
Dein Ivo

Tizian: Tiziano Vecellio (um 1477–1576). Maler, führender Vertreter der Hochrenaissance. Tizian hatte großen Einfluss auf die abendländische Malerei des 17. und 19. Jahrhunderts durch seine Maltechniken und Kompositionsauffassungen.

Ivo an Gerhart

Hamburg, 16. Oktober 1941

Lieber Palle,
eine Aufführung der *Einsamen Menschen* im hiesigen Thaliatheater ist der Anlaß, daß ich Dir schreibe. Man hat sich bei der Aufführung viel Mühe gegeben, die Wirkung des Dramas auf das Publikum war stark und ich muß Dir sagen, daß auch ich den allerstärksten Eindruck hatte. Zu sehen, wie Dein Jugendwerk erneut wie vor fünfzig Jahren gefangen nimmt, ist eine große Freude. Was mir auffällt, ist die Detailmalerei der Figuren bis ins Einzelne, womit die großen, dramatischen Linien der sich berührenden Charaktere heraufbeschworen werden. Ein dunkles Geschick reißt den bedeutenden und schwachen Johannes Vockerat in den Tod, er wird ihm ohne Erbarmen zugetrieben. Die frommen Eltern haben ihren Sondererfolg.
Ich freue mich, Dich bei guter Gesundheit zu wissen und in voller Arbeitskraft.
Immer Dein Ivo

Einsamen Menschen: Drama, Uraufführung am 11. Januar 1891 in der Freien Bühne Berlin.

Ivo an Gerhart

20. Dezember 1941

Lieber Palle,

Dank für Bocchis Zeilen. Mich hätte die Reisesperre nicht betroffen, da ich wirtschaftstätig bin und damit die Erlaubnis zum Reisen gegeben wird. Verlegen wir das Zusammensein auf ein anderes Mal, ich erfahre gern, wann es Euch paßt.

Morgen schicke ich Dir eingeschrieben zwei farbige Skizzen für die Bühne zur *Iphigenie in Delphi*. Die eine, etwas düster, läßt sich durch Beleuchtung sehr viel düsterer darstellen, die andere heiter, wird für die Wiedergeburt des Orest gedacht sein. Ich habe vorerst das Bühnenbild entworfen und werde noch einige Figurinen für die Personen folgen lassen. Ich werde bei der strengen Form des Stückes sogar daran denken mit maskenartigem, zumal bei der Iphigenie selbst, Gesichtsausdruck zu wirken, wie es die Griechen selbst getan haben. Wie ich überhaupt geneigt wäre, dem Ganzen das mythische, überirdische voranzustellen, was in der Dekoration der Bühne, sowie der Darstellung durch die Schauspieler zum Ausdruck kommen müßte. Der goldene Apoll im Tempel muß dauernd belebt werden durch Kämpfer, die ihn umgeben. Die goldenen Wannenbäder müssen leuchten, wenn die Blitze niederfahren und die Phantasie der Zuschauer muß angeregt werden, indem das gesprochene Wort durch Variationen in der Beleuchtung im Ausdruck gesteigert wird. Man gebe mir Gelegenheit etwas derartiges zu machen – ich weiß und möchte annehmen, daß der Dichter, der Herr Generalintendant und das Publikum interessiert wären.

Ich grüße Euch in Euren verschneiten Bergen

Herzlichst Dein Ivo.

1942

Gerhart an Ivo

[vermutlich Januar 1942]

Lieber Ivo!
Deine Entwürfe sind eingetroffen, ich nehme sie in einigen Tagen mit nach Dresden. Sie leuchten mir sehr ein und wir würden gemeinsam Schönes entwickeln. Allerdings ist es ein bißchen spät. Die Erstaufführungen stehen nahe bevor. Deine Begabung auf diesem Gebiet ist unzweifelhaft.
Gruß Palle

Deine Entwürfe: Gemeint sind Ivos Bühnenbildentwürfe für die Aufführung der *Iphigenie in Delphi*.

Ivo an Gerhart

12. Januar 1942

Mein lieber Palle.
Dank für Dein Telegramm, dem ich dankbar entnehme, daß Dir meine Entwürfe zu Deiner *Iphigenie* einleuchten. „Gemeinsam Schönes entwickeln", welch herrliche Möglichkeit und wie weit sind wir davon entfernt. Dein *Veland* in Hamburg war es zuletzt, daß wir gemeinsam auf der Bühne standen und ich mit Dir tätig war, um mit Bühnenmitteln zu illustrieren, was Du erfunden hattest. Du warst damals sehr angetan von meiner Tätigkeit, die darauf beruhte, eine völlig verfahrene Dekoration mit vorhandenen Mitteln in kurzer Zeit zu verbessern. Ich würde dieses Stück gerne einmal mit meinen eigenen Dekorationen sehen, wie ich Dir erklärte, daß ich besser am Platz wäre für die Bühne zu arbeiten und zu malen, als jetzt in einer kleinen Bruchbude von Kohlenhandel zu sitzen und unter ungünstigsten Bedingungen Kohlen zu verhökern, um die nötigen Groschen zu verdienen. Du solltest mich zum Bevollmächtigten für alle Dekorationen zu Deinen Dramen machen. Ich würde eine ausgezeichnete Existenz mit den schönsten Anregun-

gen haben, könnte Bilder malen und Du würdest Deine Freude daran haben, wie weit es Dein Sohn gebracht hat. Ich wäre gern nach Dresden gekommen, um zu sehen, wie die *Iphigenie* aufgeführt wird, nachdem ich in Dresden, Du wirst es vergessen haben, mit den Dekorationen zu *Indipohdi* einen außergewöhnlichen Erfolg hatte. Aber ich bin augenblicklich so gebunden an meinen Laden, daß es nicht möglich sein wird. Ich wünsche Dir viel Freude bei der Aufführung und hoffe, daß meine Entwürfe noch Anregungen bringen können. Vielleicht schickst Du sie sonst zu Müthel nach Wien, der mir heute sehr freundlich und anerkennend schrieb und mir mitteilte, daß meine Entwürfe zu *Was ihr wollt* sehr beachtlich seien, daß er mir im Augenblick wegen beschränkter Aufführungszahl keinen Auftrag geben könnte, vielleicht können sie der dortigen Aufführung am 8. Februar noch nützlich sein.
Herzlichst von Haus zu Haus
Dein Ivo.

Dein Veland: Siehe die Anmerkung zum Brief vom 17. Juni 1925, S. 152.
Indipohdi: Dramatische Dichtung mit Bühnenmusik von Arthur Chitz. Uraufführung am 23. Februar 1922 im Staatlichen Schauspielhaus Dresden.
Müthel: Lothar Müthel (1896–1964). Deutscher Schauspieler und Regisseur, von 1939 bis 1945 Direktor des Wiener Burgtheaters.
Was ihr wollt: Komödie von William Shakespeare.

Gerhart an Ivo

Wiesenstein, Agnetendorf i. R.
13. April 1942

Lieber Ivo!
Bitte kaufe Dir das Aprilheft von *Der Silberspiegel*, Scherl Verlag Berlin: Charlotte Tesdorpf hat darin einen überaus liebenswürdigen und reizvollen Artikel, auch ist mein Portrait von ihr dazu abgebildet.
Es hat den Anschein, als ob für meinen 80. Geburtstag allerlei Bildnisse meiner Persönlichkeit, plastisch und als Malerei entstehen würden. Herr von Gosen in Breslau rüstet sich zu einer plastischen Statuette, Professor Behn in Wien hat meinen Kopf modelliert und will im Sommer mit dem vorbereiteten Marmor hier her kommen. Sein Werk ist für das Burgtheater gedacht. Man hat mir auch Professor Breker ange-

meldet, ich habe aber vorläufig nichts weiter davon gehört. Leo König hat ebenfalls Absichten.
Bei alledem ist mir der väterliche Gedanke gekommen, ob Du nicht auch einmal einen gediegenen und überlegten Versuch mit einem repräsentativen Potrait von mir machen solltest: nicht im Charakter einer draufgängerischen Eigenbrödelei, sondern wohl überlegt, durchdacht, mehr im Sinne des Tintoretto, als irgendeines manierierten Franzosen. Wenn das unergründliche Geschick es wollte, so könnte Dir etwas gelingen, worin Deine Reife sich kund täte. Das Bildnis würde vielleicht von einem Museum angekauft und könnte Dich als Portraitist kreieren. Diesen Gedanken zu unterdrücken, würde ich als eine Sünde gegen Dich, als meinen Sohn, ansehen. Du müßtest im Laufe der nächsten drei Monate herkommen und hier vielleicht vierzehn Tage arbeiten. Die Verpflegung würdest Du allerdings im Hotel Beyer suchen müssen, vielleicht mit Nachhilfe vom Wiesenstein. Unsere eigenen Fleischrationen sind je ein handtellergroßes Stückchen Fleisch pro Woche – etc., etc., wie überall. Harre hat ein Söhnchen bekommen. Übermittle unsere Gratulationen und bringe dem Urenkel Malte Hauptmann meinen besonderen Segen.
Im übrigen drängt es uns zu wissen, wie es Euch geht und wie Ihr die Schwierigkeiten der Zeit meistert. Für einen Menschen mit so gutem Appetit wie Du es bist, kann es nicht ganz leicht sein.
Wenn Ihr übrigens irgendetwas Legitimes an irgendeiner Art Lebensmittel für uns greifbar bekommt, so sendet und legt für uns aus: es wird alles bei Heller und Pfennig erstattet werden. Wir sind hier ziemlich hilflos geworden. Augenblicklich sind meine Bedürfnisse allerdings bei einem stark verdorbenen Magen auf einen Löffel Suppe und ein Glas Wein beschränkt, was Gott sei Dank beides noch in unserer Macht steht.
Sei Du und die liebe Erica Gott befohlen
Euer Palle

Herr von Gosen: Philipp Theodor von Gosen (1873–1943). Bildhauer, lehrte an der Kunstakademie in Breslau. Schuf eine Statuette zum 80. Geburtstag von Gerhart Hauptmann.

Professor Behn: Fritz Behn (1878–1970). Bildhauer. Erarbeitete eine Büste aus Marmor von Gerhart Hauptmann zum 80. Geburtstag zur Festaufführung des *Florian Geyer* im Burgtheater in Wien.

Professor Breker: Arno Breker (1900–1991). Bildhauer. Einer der bekanntesten Künstler des „Dritten Reiches", der die Ästhetik des nationalsozialistischen Regimes maßgeblich prägte. Breker schuf zum 80. Geburtstag Gerhart Hauptmanns mehrere Büsten des Dichters.

Tintoretto: Jacopo Robusti, genannt Tintoretto (1518–1594). Bedeutender Maler der zweiten Hälfte des 16. Jahrhunderts in Venedig. Gerhart Hauptmann verfasste einen Artikel über Tintoretto: *Über Tintorettos Bemerkungen zu seinen Bildern.* In: Neue Deutsche Rundschau 49 (1938), H. 9, S. 209–226. 1937 besuchte Gerhart Hauptmann eine Tintoretto-Ausstellung in Venedig.

Harre hat ein Söhnchen bekommen: Zweiter Urenkel Malte Gerhart Ivo Hauptmann. Geboren 1942 in Hamburg. Lebt in Johannesburg in Südafrika. Spezialist für alte Druckmaschinen.

Ivo an Gerhart

Hamburg, 21. April 1942

Lieber Palle!

Dank für Deinen Brief! Von dem *Silberspiegel* und dem Aufsatz, sowie dem Bild von Charlotte Tesdorpf hatte man mir bereits erzählt. Ich habe das Heft noch nicht in den Händen gehabt und werde versuchen, es zu bekommen. Das Bild sah ich in Berlin.

Ich freue mich zu hören, daß zu Deinem 80. Geburtstag Maler und Bildhauer antreten, um Dich darzustellen, und ich kann mir denken, daß Wertvolles dabei entstehen wird. Wenn Du dabei auch an mich denkst, so kann es sich nur um eine improvisierte Arbeit handeln, da mein Leben zwar für die Malerei bestimmt ist, das Schicksal mich jedoch als Kaufmann im Augenblick in einer Kohlenhandlung tätig sein läßt, was viel Zeit in Anspruch nimmt und viel Kraft! Nicht, daß ich mich darüber beklage!

Immerhin machen wir den Versuch, ein „gediegenes, überlegtes, repräsentatives" Portrait nach Dir zu malen, nicht „im Charakter einer draufgängerischen Eigenbrödelei, sondern überlegt, durchdacht, mehr im Sinne des Tintoretto, als irgend eines manierierten Franzosen". Natürlich kann mir etwas gelingen, worin meine Reife sich kund täte, daß jedoch das Bildnis von einem Museum angekauft würde, ist unmöglich. Wohl könnte es mich als Portraitist kreieren, da schon der Vorwurf von größter Bedeutung ist. Schade, mein lieber Palle, daß wir

diesem Gedanken nicht früher haben Rechnung tragen können, als ich mich so oft bemühte, um Dich zu sein!
Ein Jahr würde vielleicht ausreichen, um das zu malen, was Dir vorschwebt und was noch nicht gemalt worden ist. Vielleicht im Sinne des Tintoretto, auch Franz Hals, Delacroix und Courbet, auch Daumier haben schöne Portraits gemalt. Eigenbrödelei wird vielleicht immer dabei sein, es kommt darauf an, dass es die Größe und die Haltung hat, die es die Zeiten überdauern lässt, damit es nicht als zu leicht befunden wird und nicht mehr interessiert.
Ich will versuchen, mich Pfingsten acht Tage frei zu machen und wenn Du Dich einige Tage meiner Aufgabe zur Verfügung stellst, so glaube ich, auch Deinen Wünschen Rechnung tragen zu können.
Wo Ihr mich unterbringt, ist mir gleich, und es ist mir bekannt, daß die tägliche Ernährung nur mit größten Schwierigkeiten durchgeführt werden kann.
Es geht uns den Umständen nach gut – der Hunger spielt eine große Rolle im heutigen Dasein und ist nicht immer leicht zu stillen. Ich will gerne bemüht sein, irgend ein Lebensmittel für Dich zu ergattern – es ist durchaus nicht nötig, daß es bei Heller und Pfennig erstattet wird – aber es wird schwer – wenn nicht unmöglich – sein.
Wir wünschen Dir gute Besserung, was den Magen anbelangt!
Ich sehe der Portraitmalerei mit Freuden entgegen und grüße mit Erica den Wiesenstein!
Dein Ivo.

1943

Ivo an Gerhart

7. September 1943

Lieber Palle!
Du sollst von mir hören, daß ich in dem zerschlagenen Hamburg sitze, weiter meiner treuen Malerei obliege und versuche ein Wirtschaftsunternehmen wiederaufzubauen, das durch die Bombenangriffe völlig zerstört worden ist. Die Ruinen der ausgebrannten oder durch Bomben zerstörten Häuser erschrecken einen durch ihre Unzahl, wenn sie nebeneinander stehen und anklagend zum Himmel ragen. Ab und zu werden sie durch Sprengungen umgelegt, so daß eine rosa Staubwolke sich erhebt über dem einstürzenden Mauerwerk. Was für eine Welt? Was erhofft sich die Menschheit von solchen Entwicklungen. Es wird ein teuer erkaufter Frieden werden.
Erica ist am Rhein bei ihrer Nichte. Sie hat dort Ruhe, gute Kost und einen sympathischen Arzt.
Ich hoffe, daß Hiddensee seine stärkenden Kräfte Dir hat zugute kommen lassen und grüße Dich und Grete herzlich.
Dein Ivo

in dem zerschlagenen Hamburg: Vom 25. Juli bis 3. August 1943 wurde Hamburg Ziel einer Serie von Luftangriffen der britischen und US-amerikanischen Streitkräfte („Operation Gomorrha"), in deren Verlauf weite Teile der Innenstadtbebauung zerstört wurden.

Gerhart an Ivo

1. Dezember 1943

Tante Lotte ist heute Nacht gestorben. Sie wird in aller Stille beigesetzt. Unterrichte Klaus. Eine persönliche Beteiligung bitte keinesfalls in Erwägung zu ziehen.
Palle.

Tante Lotte: Johanna Charlotte Hauptmann.

Ivo an Gerhart

5.12.1943

Lieber Palle!

Dein Telegramm über den Tod von Lotte ist eingetroffen und die Erinnerung an die gute alte Tante Lotte, und Klavierstunden in meiner Jugend, den Papagei und die Sommerrosen, Ketten, die allerdings der Thilde gehörten, die mütterliche Vertretung in Abwesenheit unserer Mutter tauchen auf. Inzwischen rast der Schrecken über unser Land, sie hat nichts mehr davon gemerkt. Wohl Ihr. Ein herzliches Gedenken begleitet sie.

Dein Ivo

Lotte: Johanna Charlotte Hauptmann.
Thilde: Mathilde Jaschke.

1944

Ivo an Gerhart

11.11.1944

Lieber Palle!
Wenn ich Dir heute schreibe, so hoffe ich, daß Dich mein Brief an Deinem Geburtstag erreicht und Dir meine Grüße und Wünsche für einen baldigen Frieden übermittelt. Es sind sehr harte Zeiten, in denen wir leben müssen, die Menschen werden um einen herum zu Tausenden erschlagen und das unheimliche Geheul der Sirenen durchzuckt wie ein elektrischer Funke die Bewohner einer Stadt. Und trotzdem, ein jeder rennt und tut Alles, um sein Leben zu sichern, um sein Leben zu erhalten, offenbar in der Hoffnung, daß das Gewitter eines Tages vorübergehen muß und daß eine milde Sonne die Wunden heilt, die die Menschheit sich selber geschlagen hat. Alles strebt und arbeitet, um das fast Unerreichbare durchzuführen, Fenster werden mit Rollglas versehen oder mit Brettern vernagelt, wenn das Glas nicht mehr ausreicht. Völlig zerstörte Warenhäuser finden in irgend einem Winkel ihrer Paläste einige Räume, in denen der Verkauf stattfinden kann, und nach einigen Tagen prangt ein Schild, daß der Verkauf wieder aufgenommen wäre, als ob nichts geschehen wäre. Es ist bestimmt gut, daß der Mensch sehr vergesslich ist und daß die stärksten Eindrücke von Schrecken und Tod sich so schnell verflüchtigen, als daß sie auftreten, wenn auch im Unterbewußtsein ein dauernder Kummer und eine Furcht vor unbekannten, grausamen Möglichkeiten lebendig bleiben. Das Volk schafft Tag und Nacht. Der Krieg hat eine verzweifelte Härte aufgenommen und Schrecken begleiten seine Bahn. Wollen wir uns an die Zukunft halten und Gott bitten, daß er uns beschützen möge für eine bessere Zeit.
Wie immer Dein Ivo

Ivo an Gerhart

23.12.1944

Lieber Palle,

als ich neulich in Agnetendorf anrief, habe ich mich gefreut, Deine Stimme zu hören und zu erfahren, daß es Dir gut geht. Meine Absicht war, Euch Weihnachten zu besuchen. Mein Amt als Kohlenhändler läßt das im Augenblick nicht zu, da die Versorgung mit Feuerungsmaterial sehr schwierig ist. Die Eisenbahnen nach Westfalen haben die größten Schwierigkeiten, um das Notwendigste an Kohlen nach Hamburg zu schaffen. Ersparnisse werden da und dort empfohlen; zwischen Weihnachten und Neujahr werden die Büros nicht geheizt, die größten Anstrengungen werden gemacht, damit die Menschen Weihnachten in einer warmen Stube sitzen können; und trotzdem geht der kalte Ostwind durch das Rollglas, worunter Du Dir Papier vorzustellen hast, oder durch offene Treppenhäuser, die noch nicht wieder dicht gemacht werden konnten. Dabei ist zu bemerken, daß es uns in Hamburg noch unberufen gut geht im Vergleich zu den westlichen Städten. Dort leben die Menschen hauptsächlich in Kellern und Bunkern und die Alarmsirenen heulen Tag und Nacht. Ich bin so froh, daß ich Dich abseits all diesen Kummers weiß, und hoffe, daß Dich das alte Riesengebirge weiter beschirmen möge. Erstaunlich, daß bei all diesen Katastrophen, denen die Menschen ausgesetzt sind, der einzelne Mensch sich seines Lebens sofort wieder freut, sobald er irgend einer großen Gefahr entgangen ist. So sind wir hier schon sehr zufrieden und genießen unsere Tage, wenn die Flugzeuge anstatt auf unsere Stadt, auf andere Gegenden Deutschlands gemeldet werden, wobei man wohl an den Schrecken denkt, dem diese Leute im Augenblick ausgesetzt sein werden. In der Nahrungsfrage hat der liebe Gott für mich gesorgt. Ich habe eine junge Dänin gemalt, die ihr Portrait schon nach Dänemark entführt hat. Da die Dänen ein auserwähltes Volk sind, offensichtlich deshalb, weil sie nicht zu den Waffen gegriffen haben, so verfügen sie über unwahrscheinlich üppige Lebensmittel, die ihnen zum Teil als Konsularbeamte in Hamburg zustehen, zum Teil aber auch aus Dänemark hinzugeschickt werden. An dieser Üppigkeit bin ich nun beteiligt, indem ich mir meine Kunst durch Nahrungsmittel bezahlen lasse, als da sind Eier, Butter, Vollfettkäse, Schweinefleisch in eigenem Saft, eine Ente

wird erwartet und andere Herrlichkeiten mehr, bei denen einem das Wasser im Munde zusammenlaufen kann. Da dieser dänische Engel noch ein großes Bild erworben hat, ihr Vorgesetzter ein Rosenstilleben haben wollte, so hoffe ich, daß meine Körperformen etwas üppiger werden, denn alle diese Künste sollen in Naturalien bezahlt werden. Schade, daß ich Euch nicht bewirten kann. Sollte mich mein Weg nach Agnetendorf führen und die dänischen Ströme noch weiter fließen, so werde ich meinen Koffer voll packen und werde ein willkommener Gast sein.
Die Weihnachtsfeiertage über werde ich malen. Ich habe einige Mäzene, die sich noch portraitieren lassen wollen, bzw. soll ich die dazu gehörige Frau malen. Nichts ist schöner für einen werktätigen Mann wie mich, als eine Reihe von Tagen vor sich zu haben, an denen er sich an der Malerei erfreuen kann, einer Freundschaft, die zu pflegen das Leben lebenswert macht.
Vielleicht hat die Welt ein Einsehen und schließt das Buch dieses grausamsten aller grausamen Kriege, dann führen wir wieder ein seliges Leben, wenn es für den Einzelnen auch dann noch seinen Kummer haben wird. Meine herzlichen Wünsche begleiten Dich Weihnachten und ins neue Jahr.
Herzlichst Dein Ivo

1945

Ivo an Gerhart

16.2.1945

Lieber Palle,
daß Du von Agnetendorf nach Dresden gefahren wärest, hörte ich von Ecke. Ich bin in großer Sorge Deinetwegen und Grete wegen, da Ihr Dresden erreicht habt, kurz vor dem Angriff der amerikanischen und englischen Kampfflugzeuge. Als mir Ecke von Deinem Eintreffen schrieb, daß Dresden sozusagen Etappe geworden wäre, war beinahe zu erwarten, daß diese schöne Stadt auch das Opfer dieses Krieges werden würde. Wenn Weidner auch nicht direkt in Dresden liegt, so ist es doch exponiert und die Anlage wird leicht vom Flugzeug aus als Kaserne angesprochen werden können, so daß ich doch empfehlen möchte, wenn irgend möglich einen Platz außerhalb von Dresden zu wählen, wenn sich dazu Gelegenheit bieten sollte. Krankenhäuser sind ebenfalls sehr gefährdet und ich weiß nicht einmal, ob in Dresden Bunker gebaut worden sind, in denen die Kranken untergebracht werden können, so daß ich auch um Grete große Sorge habe. Nach Agnetendorf zurück zu kehren, wird im Augenblick wohl kaum möglich sein, obwohl ich der Meinung bin, daß man da oben in den Bergen den Kriegsunbilden nicht allzu sehr ausgesetzt ist. Und ich auch annehmen könnte, daß bei einem weiteren Vormarsch der Russen da oben, möglicherweise der Krieg nicht gespürt zu werden braucht. Auf meine Ansicht in dieser Beziehung kann ich mich nur gefühlsmäßig verlassen und es ist schwer, jemanden in diesen furchtbaren Zeiten einen guten Rat zu geben in einem Lande, das täglich von Tausenden von Flugzeugen und ihren Bomben heimgesucht wird. Hinzu kommen die Armeen, die das Land überfluten und die Menschenmassen immer mehr zusammendrängen, so daß in den Städten und den dichtbevölkerten Gegenden wohl auch noch mit Verpflegungsschwierigkeiten zu rechnen sein wird.
Ich habe Dir damals auf Hiddensee von dem Feuersturm über Hamburg erzählt und Du wirst nun persönlich Gelegenheit gehabt haben, die furchtbare Hölle zu erleben, die über eine Stadt hereinbrechen kann. Von Oberloschwitz aus wird man, wie seinerzeit in Hamburg,

die schweren Rauchwolken sich über der brennenden Stadt erheben sehen. An Deinem 81. Geburtstag gingen wir noch wie in einem Märchenland durch die Straßen und waren erstaunt, daß Alles noch beim Alten geblieben war und waren entzückt von dem Reiz, den die schöne Architektur überall ausströmte. Dresden hat lange Widerstand geleistet und man hatte fast das Gefühl, daß es erhalten bleiben könnte. Nun ist auch die letzte deutsche Großstadt in Schutt und Asche verwandelt worden. So traurig alle diese Ereignisse sind, so denke ich vor allem an die Menschen, die unter den Trümmern liegen, die durch die Flammen gejagt worden sind und zugrundegingen. Besonders denke ich aber an Dich, daß Dich der liebe Gott beschützt haben möge.
Dieser Brief wird Dich spät erreichen. Die Post wird dem Ansturm nicht gewachsen sein. Aber so bald Du die Gelegenheit hast, wäre ich um ein Lebenszeichen von Dir dankbar. Ich grüße Dich aus einer sehr furchtbaren Welt, hoffe auf eine bessere Zukunft und möchte Dich bald wiedersehen.
Dein Ivo.

da Ihr Dresden erreicht habt, kurz vor dem Angriff: Vom 13. bis 15. Februar 1945 wurde Dresden zum Ziel britischer und US-amerikanischer Luftangriffe. Große Teile der Innenstadt sowie der militärischen und industriellen Infrastruktur wurden dabei zerstört.

Weidner: Weidners Sanatorium, 1914 gegründet, gelegen im Dresdener Stadtteil Wachwitz. Gerhart und Margarete Hauptmann hielten sich dort vom 5. Februar bis zum 21. März zur Kurierung eines Lungenleidens auf.

Ich habe Dir damals auf Hiddensee…: Im vorangegangenen Jahr 1943 gelang es Ivo Hauptmann dreimal, seinen greisen Vater trotz der Kriegswirren zu besuchen. Im April reiste er über Berlin nach Agnetendorf, Anfang August, nach den schweren Bombardierungen auf Hamburg, nach Hiddensee zum Sommersitz Gerhart Hauptmanns und im November nach Dresden, wo er und Bruder Eckart den Vater zur Erstaufführung von *Iphigenie in Aulis* im Stadttheater Dresden begleiteten. Gerhart Hauptmann und sein Sohn Ivo verabschiedeten sich im Hotel Bellevue. Es war ein Abschied für immer.

1946

Ivo an Gerhart

27.4.1946

Lieber Palle,
wie sehr man bedauern kann, daß das Leben während der glücklichen Momente nicht verweilt, so ist es gut, daß es über die unglücklichen Zeitläufte hinwegläuft und Vergangenheit werden kann, daß sie sich ereignet haben.
Herr Herberg, dieser tüchtige Mann, erschien bei mir wie der Erzengel Gabriel und brachte mir Nachricht über Dich und brachte Deine Grüße. Er berichtete weiter, daß die Übersiedlung nach Berlin auf russischen Vorschlag hin beschlossen sei und daß ein Extrazug das Vermächtnis an die Deutsche Nation aus Agnetendorf abholen sollte. Ich habe meinen letzten Besuch Pfingsten 1943 bei Dir, auf Veranlassung von Tüngel (Du erinnerst Dich des Atlantis Verlages), in der Hamburger Zeitung *Die Zeit* veröffentlicht und man hat mich Deinerhalb belobt.
Ich bin Lehrer an der Landeskunstschule, male Bilder und bin ein anerkannter Maler über Nacht geworden. Man kauft meine Bilder und ich brauche keine Kohlen mehr zu verkaufen. Ich spreche im Radio und man feiert meinen 60. Geburtstag, ich bin im Vorstand des Kulturrates und bete zu Gott um seine Gnade. Nach dem Entsetzen, das die Menschen heimgesucht hat und noch heimsucht. Ich hatte daran gedacht zu Dir zu kommen, aber es ist noch nicht möglich. Wenn Du nach Berlin kommst, sind wir uns näher. Man verehrt Dich und man liebt Dich. Ich schließe mich Deinen Verehrern an. Ich habe das Glück, Dein Blut in mir zu spüren. Vergiß nicht, meine Bilder mitzunehmen, überlasse sie nicht der Zerstörung.
Ich umarme Dich
Dein Ivo

[Dieser Brief war der letzte des Sohnes an den Vater. Sechs Wochen später, am 6. Juni 1946, starb Gerhart Hauptmann auf dem Wiesenstein in Agnetendorf in Schlesien.]

Herr Herberg: Harald Herberg, keine Daten vorhanden. Sohn einer schlesischen Flüchtlingsfamilie, die 1946 auf dem Wiesenstein lebte. Er unternahm für Gerhart Hauptmann gefährliche Botengänge aus dem polnisch verwalteten Agnetendorf nach Berlin. Dabei besuchte er auch Ivo in Hamburg und überbrachte die letzten Grüße des Vaters.

die Übersiedlung nach Berlin: Direkt nach dem Ende des Krieges konnte Gerhart Hauptmann aufgrund seines dichterischen Ruhms zunächst in Agnetendorf bleiben. Im Frühjahr 1946 zeichnete sich jedoch ab, dass ausnahmslos alle Deutschen Schlesien verlassen müssten. Zu der geplanten Übersiedlung mit einem Sonderzug kam es nicht mehr, da der Dichter am 6. Juni 1946 an einer Lungenentzündung starb. Der Leichnam wurde in die Sowjetische Besatzungszone überführt und am 28. Juli in Kloster auf Hiddensee bestattet.

Tüngel: Richard Tüngel (1893–1970), Architekt, Schriftsteller, Journalist. Mitgründer und von 1946 bis 1955 Chefredakteur der Wochenzeitung *Die Zeit*.

Johanna Brade/Harriet Hauptmann

Zeittafel[1]

1862–1874

Gerhart Hauptmann wird am 15. November 1862 in Ober-Salzbrunn in Schlesien als viertes Kind von Robert Hauptmann (1824–1898) und seiner Frau Marie, geborene Straehler (1827–1906), im Hotel Preußische Krone geboren (heute: Sanatorium „Korona Piastowska", Szczawno-Zdrój). Geschwister: Georg (1853–1899), Johanna (1856–1943) und Carl (1858–1921).

1874–1885

1874–1878 Besuch der Realschule am Zwinger in Breslau (heute: Wrocław) mit Bruder Carl, im Anschluss bis September 1878 Landwirtschafseleve auf dem schlesischen Rittergut Lohning/Kreis Striegau (heute: Łagiewniki Średzkie bei Udanin) und im nah gelegenen Lederose (heute: Różana). 1880–1882 Besuch der Bildhauerklasse der Kgl. Kunst- und Kunstgewerbeschule in Breslau. 1882/83 abgebrochener Studienversuch in Jena. 1883/84 Italienreise mit dem Bruder Carl und längerer Aufenthalt in Rom. Im Sommer 1884 gibt Gerhart Hauptmann nach einem sechswöchigen Besuch der Zeichenklasse der Kgl. Akademie der Künste in Dresden die bildende Kunst auf und wendet sich ganz der Dichtkunst zu. 1884/85 Studium an der Universität Berlin für zwei Semester.

1885–1890

Am 5. Mai 1885 Heirat mit Marie Thienemann (1860–1914). Im Juli 1885 Reise an die Ostsee (Göhren auf Rügen), erster Besuch der Insel

1 Die folgende Zeittafel orientiert sich vor allem an C. F. W. Behl / Felix A. Voigt, „Chronik von Gerhart Hauptmanns Leben und Schaffen", bearbeitet von Mechthild Pfeiffer-Voigt, Würzburg 1993, an Elisabeth Südkamps Dissertation, „Ivo Hauptmanns frühe und neo-impressionistische Werke", Dissertation der Christian-Albrechts-Universität zu Kiel, Kiel 1994, Band 1, S. 255-273 sowie an Angaben aus unveröffentlichten Briefen und Aufzeichnungen.

Hiddensee. Im September aus gesundheitlichen Gründen Übersiedlung nach Erkner bei Berlin (Villa Lassen, heute: Gerhart-Hauptmann-Museum). Geburt der Söhne Ivo (9.2.1886–28.9.1973), Eckart (21.4.1887–15.3.1980) und Klaus (8.7.1889–6.4.1967) in Erkner. Kontakt zum Friedrichshagener Dichterkreis. Reisen: 1886 nach Putbus auf Rügen, 1888 längerer Aufenthalt von Januar bis Herbst bei Carl und Martha Hauptmann in Zürich, von Februar bis März 1890 Reise über Zürich nach Lugano und Bordighera. Am 20. Oktober 1889 erste Uraufführung eines Bühnenwerks (*Vor Sonnenaufgang*) von Gerhart Hauptmann in der Freien Bühne des Berliner Lessingtheaters. 1890 folgt die Uraufführung von *Das Friedensfest.* 1890 kauft Gerhart Hauptmann für sich und Bruder Carl ein Haus in Schreiberhau im schlesischen Riesengebirge (heute: Carl-und Gerhart Hauptmann-Haus/Dom Carla i Gerharta Hauptmannów, Muzeum Karkonoskie Oddział w Szklarskiej Porębie).

1891–1894
Nach Umbauten ab August Wohnsitz der Familie in Schreiberhau. 1891 zwei Reisen ins schlesische Webergebiet. Am 4. Januar 1893 Verbot der öffentlichen Aufführung der *Weber*, am 26. Februar 1893 Uraufführung der *Weber* durch den Verein „Freie Bühne" im Neuen Theater Berlin. Weitere Uraufführungen in Berlin: *Einsame Menschen* (1891), *Kollege Crampton* (1892), *Der Biberpelz* (1893), *Hannele* (später *Hanneles Himmelfahrt*, 1893). Familiäre Probleme in Schreiberhau. Im Januar 1894 Reise Gerhart Hauptmanns nach Paris, anschließend folgt er Frau und Kindern nach Amerika. Aufenthalt in Meriden/Connecticut bei Alfred Ploetz, Rückreise im Mai mit der Familie. Im September 1894 erste öffentliche Aufführung der *Weber* im Deutschen Theater Berlin, was die Kündigung der Kaiserloge zur Folge hat. Im Herbst 1894 Auflösung des Schreiberhauer Haushaltes, Umzug Marie Hauptmanns mit den Kindern nach Dresden (Franklinstr. 1 b), wo Ivo Hauptmann bis 1903 die Kreuzschule besucht. Gerhart Hauptmann zieht nach Berlin.

1895–1901
1895 Aufenthalte in Berlin, Dresden und Schreiberhau. Enger Kontakt zu Margarete Marschalk (1875–1957). 1896 und 1899 erhält Gerhart Hauptmann den Grillparzer-Preis durch die Kaiserliche Akademie

der Wissenschaften in Wien. Reisen: 1895 und 1896 mit Margarete Marschalk nach Hiddensee und auf die Insel Wollin bei Rügen. Weitere Aufenthalte dort 1897 und 1899, 1900 und 1901 mit den Söhnen (1900 in Begleitung von Otto Mueller). 1896–1901 jährliche Reisen nach Italien, darunter eine größere Reise mit Margarete Marschalk von Januar bis Mai 1897 über Wien, Graz, Triest nach Venedig. 1900 sind Ivo und Gerhart Hauptmann in Begleitung von Otto Mueller in Genf, Lausanne, Luzern und Pallanza. Am 1. Juni 1900 Geburt des Sohnes Benvenuto (gest. 1965) im Riesengebirgsort Hain (heute: Przesieka). Im Herbst 1900 Übersiedlung Marie Hauptmanns mit den Söhnen in das von Gerhart Hauptmann erbaute Haus in Dresden-Blasewitz (Hochuferstr. 12). Gerhart Hauptmann bezieht 1901 den neu erbauten „Wiesenstein“ in Agnetendorf, in dem der Sohn Ivo häufig zu Gast ist (heute: Städtisches Museum Gerhart-Hauptmann-Haus/Muzeum Miejskie Dom Gerharta Hauptmanna w Jeleniej Górze, Jagniątków).

1903–1906

1903 erster Aufenthalt Ivo Hauptmanns in Paris, Schüler der Académie Julian. Er begleitet Harry Graf Kessler und Ludwig von Hofmann in die Ateliers von Edouard Vuillard, Aristide Maillol und Maurice Denis. Erste Begegnung mit Rainer Maria Rilke. Ab Oktober 1903 Wechsel an die Berliner Kunstschule Lewin-Funcke, Schüler bei Lovis Corinth. Ivo Hauptmann ist häufig in Agnetendorf, auch nach der Scheidung der Eltern, die am 9. Juli 1904 rechtskräftig wird. Am 18. September 1904 heiratet Gerhart Hauptmann Margarete Marschalk. Am 11. Januar 1905 erhält der Dichter zum drittenmal den Grillparzer-Preis.

Im Herbst 1904 wechselt Ivo Hauptmann an die Weimarer Kunstakademie, wo er bis April 1908 Schüler bei Gerhart Hauptmanns Künstlerfreund Ludwig von Hofmann ist. Freundschaft mit Otto Illies und Hans Arp, 1906 Bekanntschaft mit Edvard Munch. Im Sommer 1906 Begegnung mit seiner späteren Frau Erica von Scheel (1881–1966) auf einem Gartenfest des Ehepaars von Hofmann. Durch sie wird die Bekanntschaft mit Henry van de Velde vertieft.

Reisen: Gerhart Hauptmann ist 1904 und 1906 in Italien (1904 von Februar bis März in Bordighera und Ospedaletti, 1906 von Oktober bis November in Venedig und am Gardasee). 1904 besucht ihn Sohn Ivo in Lugano. 1905 Reise Gerhart Hauptmanns nach England, wo ihm am Worcester College in Oxford der Ehrendoktor verliehen wird. 1906 sind Vater und Sohn an der Ostsee: Ivo Hauptmann in Hohwacht, Gerhart Hauptmann in Göhren auf Rügen. Beide treffen sich zufällig im Sommer 1906 auf Sylt.

1907–1911

Am 2. Februar 1907 Uraufführung von Gerhart Hauptmanns *Die Jungfern vom Bischofsberg* im Berliner Lessingtheater mit Bühnenbildern von Ivo Hauptmann. Im März/April bricht der Dichter mit Margarete, Benvenuto und Ivo von Triest aus zu einer großen Griechenlandreise auf, begleitet vom Ehepaar von Hofmann. In Athen verlässt Ivo Hauptmann die Familie, um über Mykene, Piräus, Neapel und Genua zurückzureisen, während Gerhart Hauptmann noch weitere Sehenswürdigkeiten wie Korinth, Delphi, Argos und Sparta besucht und von Piräus aus einen Abstecher nach Konstantinopel macht. Danach sehen sich Gerhart und Ivo Hauptmann nur in Agnetendorf und bei kurzen Treffen anlässlich von Theateraufführungen und Dichterlesungen. Ivo Hauptmann reist im August/September 1907 in den ostpreußischen Künstlerort Nidden, 1908 nach Holland und Dänemark. Den Dichter zieht es 1908 bis 1911 regelmäßig an die Riviera (Santa Margherita, Sestri Levante, Portofino, Paraggi). Im September/Oktober 1909 ist er erneut auf Sylt und trifft sich dort mit Walther Rathenau. 1909 wird ihm der Ehrendoktor der Universität Leipzig verliehen.

Otto Mueller versucht vergeblich Ivo Hauptmann für einen Beitritt zur Künstlergruppe „Brücke“ zu interessieren. 1909 zweiter Aufenthalt des Malers in Paris, Schüler der Académie Ranson bis Herbst 1910. Reisen führen ihn 1909 an die italienische Riviera (Paraggi), nach Camaret (Bretagne) und London, 1910 und 1911 nach St. Tropez (mit Erica von Scheel). Ab Sommer 1910 bis Anfang 1912 arbeitet Ivo Hauptmann freischaffend in Paris und wohnt im Pariser Hôtel Biron, wo parallel Erica von Scheel, der Dichter Rainer Maria Rilke und der Bildhauer Auguste Rodin leben und arbeiten. Seit 1910 Freundschaft mit dem Neoimpressionisten Paul Signac. Ivo Hauptmann ist von 1911 bis 1936 Mitglied in der Pariser Société des Indépendants und stellt in Paris aus.

1912–1914

1912 steht Gerhart Hauptmann auf dem Höhepunkt seines Ruhms. Nach verschiedenen Auszeichnungen (1911 Kgl. Bayerischer Maximiliansorden für Wissenschaft und Kunst, 1912 Ehrenbürgerschaft der Stadt Hirschberg) erhält er am 10. Dezember 1912 den Nobelpreises für Literatur. Am 31. Mai 1913 findet die Uraufführung von Gerhart Hauptmanns *Festspiel in deutschen Reimen* in der Breslauer Jahrhunderthalle statt. Im Sommer 1913 wird *Atlantis* als erstes seiner Werke von der *Nordisk Film Co.* verfilmt.

Ivo Hauptmann heiratet Erica von Scheel am 12. Juli 1912 in Dresden-Blasewitz. Anschließend reisen sie nach Bayreuth und verbringen sechs Wochen auf der Ostseeinsel Vilm bei Rügen. Ihr gemeinsamer Wohnsitz ist zunächst Dresden, ab 1913 Hamburg-Dockenhuden (Godeffroystraße 5). Ivo Hauptmann pflegt weiterhin Kontakte nach Berlin, wo er Otto Mueller und Edvard Munch trifft. Stark erschüttert ihn der Tod seiner Mutter am 6. Oktober 1914 in Hamburg. Am 14. Oktober 1914 Geburt seines Sohnes Gerhart Ivo (genannt: Harre, gest. 2010) in Hamburg.

Neben Besuchen in Agnetendorf verbringen Vater und Sohn von Januar bis April 1912 gemeinsame Zeit im Castello di Paraggi bei Portofino. Zuvor ist Gerhart Hauptmann in Sestri Levante. Anfang April 1913 besucht Ivo Hauptmann den Vater in seinem Winterquartier in Portofino (Villa Carnarvon). Auch Anfang 1914 weilt Gerhart Hauptmanns in Sestri Levante, in Paraggi und reist anschließend durch die Provence (Avignon, Valence, Lyon).

1915–1918

1915 wird Ivo Hauptmann zum Militärdienst eingezogen. Gerhart Hauptmann lebt während des Ersten Weltkrieges wechselweise in Berlin, Agnetendorf und auf Hiddensee. 1915 verleiht Wilhelm II. dem Dichter den Roten Adler-Orden IV. Klasse.

1919–1925

Nach Kriegsende zieht Ivo Hauptmann mit der Familie nach Dresden-Loschwitz (Malerstr. 4). Er pflegt Kontakt zu zahlreichen Künstlern und wird 1920 Vorstandsmitglied der „Freien Sezession“ in Berlin. Im März 1919 reist er mit dem kunstsinnigen Unternehmer Otto Blumenfeld auf die Ostseeinsel Alsen. Im Sommer 1921 reist er in Begleitung von Blumenfeld und dem Hamburger Bankier und Sammler Richard Samson durch Dänemark. 1923 Aufnahme einer kaufmännischen Tätigkeit bei der Hamburger Firma „Bernhard Blumenfeld KG".

Vater und Sohn sehen sich ein- bis zweimal jährlich in Agnetendorf, Dresden, Berlin und in Hamburg, wo am 23. Februar 1922 Gerhart Hauptmanns *Indipohdi* unter dem Titel *Das Opfer* im Staatlichen Schauspielhaus Dresden mit Bühnenbildern von Ivo Hauptmann uraufgeführt wird. Ab 1921 verbringt Gerhart Hauptmann wieder regelmäßig den Winter bis zum Frühjahr in Italien: 1921 Paraggi und Sestri Levante, 1922 Portofino und Paraggi, 1923 Venedig, ab 1923/24 Santa Margherita (zuerst Hotel Continental, später Villa Porticciolo) und ab 1924/25 vor allem in Rapallo. Im Sommer ist er auf Hiddensee (außer 1922 und 1925). Ivo Hauptmann besucht ihn dort 1920.

1921 erhält Gerhart Hauptmann das Ehrenzeichen der Universität Wien und die Ehrendoktorwürde von der Philosophischen Fakultät der Deutschen Universität Prag. Von Mitte Januar bis 25. September Ausmalung der „Paradieshalle" im „Wiesenstein" durch Johannes Maximilian Avenarius. Vom 11. bis 22. August 1922 finden die Gerhart-Hauptmann-Festspiele in Breslau statt (Aufführung von 14 Dramen), Verleihung der Ehrenbürgerschaft am 19. Oktober in Breslau. Am 15. November 1922 erhält Hauptmann in Berlin den Adlerschild des Deutschen Reiches, anschließend reist er Anfang Dezember nach Holland. Im Juni 1923 wird Gerhart Hauptmann in die Friedensklasse des Ordens „Pour le Mérite" gewählt.

1925–1933

1925 Übersiedlung Ivo Hauptmanns mit seiner Familie nach Hamburg. Vater und Sohn sehen sich seitdem seltener. Ivo Hauptmann kommt im August 1927 und zu Ostern 1929 nach Agnetendorf. Am 19. September 1926 Uraufführung des *Veland* im Deutschen Schauspielhaus Hamburg mit Bühnenbildern von Ivo Hauptmann. Der Dichter überwintert weiterhin in Rapallo, wo ihn der Sohn im Frühjahr 1926 besucht. Gerhart Hauptmann verbindet diese Aufenthalte mit Besuchen von Sestri Levante (1931), Locarno (1931) und Capri (1933). Die Sommer verbringt er auf Hiddensee, wo er 1930 in Kloster Haus „Seedorn" kauft und durch einen Erweiterungsbau vergrößern lässt (heute:

Gerhart-Hauptmann-Haus). Ivo Hauptmann ist seitdem jedes Jahr auf Hiddensee. Er hält sich außerdem im Sommer 1930 in Sanary-sur-Mer an der südfranzösischen Mittelmeerküste auf.
1928 wird Ivo Hauptmann Mitglied und ab November 1931 zweiter Vorsitzender der Hamburgischen Sezession bis zu ihrer Selbstauflösung 1933. Der Dichter wird im Januar 1928 Mitglied der Preußischen Akademie der Künste (Sektion Dichtkunst). Die Verleihung der Ehrendoktorwürde der Columbia University führt im Februar/März 1932 zu Hauptmanns zweiter Amerika-Reise. Am 28. August 1932 wird ihm der Goethepreis der Stadt Frankfurt am Main verliehen, weitere Ehrungen folgen.

1933–1938

Gerhart Hauptmann setzt die jährlichen Aufenthalte in Rapallo (Hotel Excelsior) bis Winter/Frühjahr 1938/39 fort. 1933 bis 1936 und 1939 ist er wiederholt in Lugano, im September/Oktober 1937 besucht er Stresa, Como, Venedig und die Borromäischen Inseln. 1937 unternimmt er Ende April eine Reise nach Holland zum Sohn Eckart.

Treffen von Gerhart und Ivo Hauptmann im Juli 1933 auf Hiddensee, im November 1934 in Berlin und im Dezember 1934 in Agnetendorf. Im November 1935 Besuch des Dichters zur Aufführung des *Hamlet in Wittenberg* (Altonaer Theater) in Hamburg.

Reisen Ivo Hauptmanns: 1934 Arosa/Schweiz, 1936 Reise mit Max Pechstein ins pommersche Seebad Leba, im Juli 1937 Aufenthalt in Glowe auf Rügen und in Paris, 1938 Urlaub in Zell am See. Im Juli 1938 wird Ivo Hauptmann nach der Arisierung der Firma Blumenfeld durch Repressalien zur Kündigung genötigt.

1939–1946

Im Januar 1939 aus finanziellen Gründen Umzug Ivo Hauptmanns mit der Familie von Hamburg-Nienstedten nach Hamburg-Eppendorf (Rehagen 4, später umbenannt: Gustav-Leo-Str. 4), Vermietung des Hauses an der Elbchaussee 124. Im Februar Reise mit seiner Frau durch Süditalien (Bozen, Genua, Rom, Messina, Taormina, Segesta, Palermo, Neapel, Rom), im März 1939 vierwöchiger Besuch beim Vater in Rapallo. Im April 1939 erhält Ivo Hauptmann eine neue Arbeitsstelle bei der „Hansa Kohlen und Schiffahrts Kontor GmbH“ von

Wilhelm Traber, in der er ab 1942 zeichnungsberechtigter Geschäftsführer ist.

Zwischen Ende Juli bis Ende Oktober 1940 besucht Ivo Hauptmann den Vater auf Hiddensee, wo sich Gerhart Hauptmann ebenfalls von Ende Juni bis August 1941 aufhält. 1942 lebt der Dichter überwiegend in Agnetendorf, wo ihm zahlreiche Ehrungen zuteil werden. 1943 treffen sich Ivo und Gerhart Hauptmann Ostern in Agnetendorf, im August auf Hiddensee und im November zum letzten Mal in Dresden. Danach ist wegen der Kriegsereignisse kein direkter Kontakt mehr möglich. Am 6. Juni 1946 stirbt Gerhart Hauptmann in Agnetendorf. Er wird am 28. Juli auf dem Friedhof von Kloster/Hiddensee beigesetzt.

1946–1950

Ivo Hauptmann wird Vorsitzender der wiedereröffneten Hamburgischen Sezession. Von 1946 bis 1951 Tätigkeit als Dozent an der Landeskunstschule Hamburg-Lerchenfeld. Ab 1946 Mitgliedschaft in verschiedenen Vereinigungen des Hamburger Kunstlebens, u. a. im „Wirtschaftlichen Verband Bildender Künstler Hamburgs" und im Förderverein des Hamburger Museums für Kunst und Gewerbe. 1949 Reise nach Oslo, Besuch des deutsch-norwegischen Malers und Grafikers Rolf Nesch. 1950 Gründungsmitglied der Freien Akademie der Künste Hamburg (Vizepräsident bis 1959, danach Ehrenmitglied und Ehrenpräsident).

1950–1960

Im April 1950 Schiffsreise nach Genua, Studien an der italienischen Riviera und auf Sylt. 1952 Reise nach England (London und Eastbourne). Im April 1956 Besuch mit seiner Frau bei Henry van de Velde (1863–1957) in Oberägeri im Schweizer Kanton Zug. 1957 und 1959 Aufenthalte in Ascona/Schweiz. 1958 Reise nach Paris und Nizza, Zusammentreffen mit Oskar Kokoschka im September in Hamburg.

1960–1973

1961 Verleihung des Bundesverdienstkreuzes 1. Klasse. 1962 Edwin-Scharff-Preis. Am 6. Oktober 1966 Tod seiner Frau Erica in Hamburg. 1972 Heirat mit der Sängerin Erna Kruse, geborene Jahn (1913–1984). 1973 Ehrenprofessur durch den Senat der Freien und Hansestadt Hamburg. Am 28. September 1973 stirbt Ivo Hauptmann in Hamburg-Eppendorf.

Quellen und weiterführende Literatur

Behl, Carl Friedrich Wilhelm/Voigt, Felix A.: Chronik von Gerhart Hauptmanns Leben und Schaffen, Würzburg 1993.

Blumenfeld, Erik: Profile. Persönliches und Politisches 1955–1970, Hamburg 1970.

Brahm, Otto: Theater, Dramatiker, Schauspieler. Auswahl und Nachwort von Hugo Fetting, Berlin 1961.

Bruhns, Maike: Kunst in der Krise. Band 2: Künstlerlexikon 1933–1945, Hamburg 2001.

de Bruyn, Wolfgang/Johanning, Antje: Gerhart Hauptmann und seine Häuser. Ein literarischer Reiseführer, Bliesdorf 2007.

Chapiro, Joseph: Gespräche mit Gerhart Hauptmann. Erste vollständige Ausgabe, Frankfurt a. M. 1996.

Chapiro, Joseph/Hauptmann, Gerhart: Briefwechsel. Hg. v. Heinz Dieter Tschörtner, Göttingen 2006.

Dörfler, Anton: Leo von König. Sechzig Bilder, Königsberg (Pr.) 1944.

Dreifuss, Alfred: Deutsches Theater Berlin, Schumannstr. 13a. Fünf Kapitel aus der Geschichte einer Schauspielbühne, Berlin 1987.

Dressler, Willy Oskar (Hg.): Dresslers Kunsthandbuch, Berlin 1930.

Hauptmann, Gerhart/Hauptmann, Ivo: Poetische Orte. Bilder und Texte. Ausstellungskatalog Schlesisches Museum zu Görlitz, Görlitz 2012.

Hauptmann, Harriet: Ivo Hauptmann. In: Carl-und-Gerhart-Hauptmann-Jahrbuch, Jg. 5 (2010), S. 195–224.

Hauptmann, Harriet/Kühne, Sonja: Lasst uns etwas Stilles lieben. Gedichte von Gerhart Hauptmann und Pastelle von Ivo Hauptmann, Fischerhude 1995.

Hauptmann, Ivo: Aquarelle und Zeichnungen. Ausstellungskatalog Altonaer Museum, Hamburg 1976.

Hauptmann, Ivo: Bilder und Erinnerungen, Hamburg 1976.

Hauptmann, Ivo: Ölbilder, Pastelle, Aquarelle. Ausstellungskatalog Galerie Herold, Hamburg 1994.

Hauptmann, Marie/Hauptmann, Eckart: Der Briefwechsel 1905–1914. Hg. v. Elisabeth Südkamp, Radebeul 2001.

Herold, Rainer (Hg.): Ivo Hauptmann – Der Poet der Farbe, Fischerhude 2007.

Hildebrandt, Klaus/Kuczyński, Krzysztof (Hg.): Weggefährten Gerhart Hauptmanns, Würzburg 2002.

Hildebrandt, Klaus/Kuczyński, Krzysztof (Hg.): Gerhart Hauptmanns Freundeskreis. Internationale Studien, Włocławek 2006.

Hilscher, Eberhard: „Ich bin bisher mit Anerkennung nicht überhäuft worden". Gerhart Hauptmann und sein Sohn Ivo. In: Zeitschrift für deutsche Philologie, Jg. 118 (1999), H. 2, S. 286–296.

Hoefert, Sigfrid: Internationale Bibliographie zum Werk Gerhart Hauptmanns. 3 Bde., Berlin 1986–2003.

Hohlfeld, Johannes: Gerhart Hauptmann (Ahnentafeln berühmter Deutscher, Bd. 5.13), Leipzig 1940.

Italiaander, Rolf (Hg.): Ivo Hauptmann, Hamburg 1957 [enthält eine autobiografische Skizze sowie Briefe an Ivo Hauptmann von Ludwig von Hofmann, Rainer Maria Rilke u. a.].

Kotowski, Georg u. a. (Hg.): Das Wilhelminische Deutschland. Stimmen der Zeitgenossen, Frankfurt a. M./Hamburg 1965.

Kuschnia, Michael (Hg.): 100 Jahre Deutsches Theater Berlin 1883–1983, Berlin 1983.

Oppens, Edith: Der Mandrill. Hamburgs zwanziger Jahre, Hamburg 1969.

Paret, Peter: Die Berliner Secession. Moderne Kunst und ihre Feinde im kaiserlichen Deutschland, Berlin 1981.

Pfeiffer-Voigt, Mechthild: Nachtrag zur Chronik von Gerhart Hauptmanns Leben und Schaffen von C.F.W. Behl und Felix A. Voigt. Bearbeitet von Mechthild Pfeiffer-Voigt, Würzburg 2002.

Schmitz, Walter: Das Haus „Wiesenstein". Gerhart Hauptmanns dichterisches Wohnen, Dresden 2009.

Schulz, Wolfgang: Große Schlesier, Berlin 1984.

Schutte, Jürgen/Sprengel, Peter: Die Berliner Moderne 1885–1914, Stuttgart 1987.

Sprengel, Peter (Hg.) nach Vorarbeiten von Martin Machatzke: Gerhart Hauptmanns Tagebücher 1906–1913. Mit dem Reisetagebuch Griechenland–Türkei 1907, Berlin 1994.

Sprengel, Peter: Der Dichter stand auf hoher Küste. Gerhart Hauptmann im Dritten Reich, Berlin 2009.

Sprengel, Peter: Die Heirat des Junggesellen Max Müller. In: Carl-und-Gerhart-Hauptmann-Jahrbuch, Jg. 5 (2010), S. 33–71.

Starz, Ingo: Verspätete Klassiker: Ludwig von Hofmann und Gerhart Hauptmann. In: Ludwig von Hofmann. Arkadische Utopien in der Moderne. Ausstellungskatalog, Mathildenhöhe Darmstadt 2005, S. 374–383.

Südkamp, Elisabeth: Ivo Hauptmanns frühe und neo-impressionistische Werke 1903–1928. Phil. Diss. Universität Kiel 1994, 2 Bde.

Tank, Kurt Lothar: Gerhart Hauptmann. Rowohlts Monographien, Hamburg 1988.

Wack, Edith: „...es ist nichts mit dem Allein stehn". Die Briefe Mathilde Jaschkes an Lotte Hauptmann. In: Carl-und-Gerhart-Hauptmann-Jahrbuch, Jg. 1 (2006), S. 141–160.

Wietek, Gerhard: Ivo Hauptmann. Maler zwischen Frankreich und Deutschland (1979). In: Gerhard Wietek: Begegnungen mit Kunst und Künstlern, Neumünster 1983, S. 187–190.

Ziesche, Rudolf: Der Manuskriptnachlaß Gerhart Hauptmanns. 4 Bde., Wiesbaden 1977–2000.

Abbildungsnachweis

Ivo-Hauptmann-Archiv im Gerhart-Hauptmann-Museum Erkner: Cover, Abb. 1–3, 5, 7, 8, 10–12

Ivo Hauptmann: Bilder und Erinnerungen, Hamburg 1976: Abb. 4, 13, 14

Hamburger Kunsthalle (bpk – Bildagentur für Kunst, Kultur und Geschichte): Abb. 15, 16

Staatsbibliothek zu Berlin – Preußischer Kulturbesitz, Handschriftenabteilung: Abb. 6, 9

Personenregister